“十三五”应用型人才培养规划教材·公共基础

大学生口语艺术

姜　岚 主编
陈丽莉 李连伟 冯海霞 副主编

清華大學出版社
北京

内容简介

本书是面向高等院校各专业学生的一门公共选修课教材。本书注重理论联系实际，系统阐述大学生口语的表达要素和表现形式，突出各类口语表达技能的训练，旨在培养和提高学生运用普通话进行口语表达的能力和素质，为他们将来从事各项社会工作打下坚实的基础。

本书主要内容包括大学生口语的表达要素和表现形式。上篇"大学生口语表达要素"侧重口语基础知识、基本技能的讲授和训练，包括语音技能、发声吐字、声音技巧、体态语四章内容；下篇"大学生口语表现形式"侧重大学生常用口语类别的知识讲授和技能训练，包括朗读口语、演讲口语、主持口语、发言口语、教师口语、公务口语六章内容。

本书既适合在校大学生使用，也适合社会各界人士提升自身口语表达能力使用。

图书在版编目(CIP)数据

大学生口语艺术/姜岚主编．—北京：清华大学出版社，2017
("十三五"应用型人才培养规划教材．公共基础)
ISBN 978-7-302-48757-9

Ⅰ．①大…　Ⅱ．①姜…　Ⅲ．①汉语－口语－高等学校－教材　Ⅳ．①H193.2

中国版本图书馆 CIP 数据核字(2017)第 272206 号

责任编辑：王剑乔
封面设计：刘　键
责任校对：赵琳爽
责任印制：刘海龙

出版发行：清华大学出版社
网　　址：http://www.tup.com.cn，http://www.wqbook.com
地　　址：北京清华大学学研大厦 A 座　　**邮　　编**：100084
社 总 机：010-62770175　　**邮　　购**：010-62786544
投稿与读者服务：010-62776969，c-service@tup.tsinghua.edu.cn
质量反馈：010-62772015，zhiliang@tup.tsinghua.edu.cn
课件下载：http://www.tup.com.cn，010-62770175-4278
印 装 者：北京国马印刷厂
经　　销：全国新华书店
开　　本：185mm×260mm　　**印　　张**：15.75　　**字　　数**：363 千字
版　　次：2017 年 12 月第 1 版　　**印　　次**：2017 年 12 月第 1 次印刷
印　　数：1～2000
定　　价：48.00 元

产品编号：075024-01

前言

FOREWORD

口语是人类社会交际活动中重要的交际工具之一。口语交际是听话能力和说话能力在社会实际交际中的应用。著名诗人但丁曾说:“语言之于思想是必要的工具,正如骏马之于骑士,最好的马只适合于最好的骑士。已如上述,既然如此,那么最好的语言,只适合最好的思想。”在今天人们的社会交往中,口语能力已成为评价个人素质的重要因素。大学生作为未来社会的主力军和生力军,应该学习和具备良好的口语交际能力。

大学生的口语交际,首先要求交际者具有良好的说话能力和听话能力,另外还需要在交际过程中具备分析、判断、综合、推理、概括和归纳等能力,同时还要与当代大学生的学习、生活、升学、面试、就业等各方面结合起来,使口语交际符合时代发展和个人成长的需要。所以大学生口语交际教材应该满足不同专业大学生的需要,从口语基本知识到具体语境中的说话技能,都加以学习和训练,以适应当前的社会发展。

本书源于1990年起在本、专科学生中陆续开设的“普通话语音”“通用语言文字训练”“教师口语”“普通话水平测试理论与实践”“演讲与口才”等课程。特别是2016年9月,我们建设完成了“教师口语艺术”的慕课,全国已有20多所高校使用。经过多年教学实践,我们一方面对大学生口语学习的需求有了比较全面深入的了解,另一方面也积累了丰富的相关知识和经验。本书就是在此基础上编写的一本提升大学生口语表达能力和素质的专门教材。在编写过程中,着重突出了以下三个方面。

(1) 通用性。本书面向国内高等院校各专业在校大学生,课程包括大学生口语表达要素和表现形式两方面内容。上篇“大学生口语表达要素”侧重口语基础知识、基本技能的讲授和训练,包括语音技能、发声吐字、声音技巧、体态语;下篇“大学生口语表现形式”侧重大学生常用口语类别的基本知识和技能训练,包括朗读口语、演讲口语、主持口语、发言口语、教师口语、公务口语。

(2) 实用性。口语表达要素的阐述言简意赅,重点放在偏误纠正和实践训练,突出针对性和可操作性。口语表达形式基于当前大学生在校学习、考试、求职等需求,从每一类口语的特点、表现技巧、常见失误及训练方法等方面阐述,注重举例,突出应用性和实践性。

(3) 时代性。随着当前经济社会的发展,语言也在不断发生变化,这就需要我们与时俱进,为大学生口语引入了更多新内容。本书适当列举了一些通用的新词语、流行语,使大学生在进行口语学习和训练的同时能够很好地与时代和社会接轨。

本书包括绪论在内共11章内容,每一章形成一个专题,总学时为36,每章为2～4学时。各学校各专业可结合自身特点安排教学内容和进度。如果有先修课程“普通话”,教学效果会更好。

姜岚担任本书主编,制订编写原则、思路、方法及要求,统筹策划全书的整体框架,负责全书的审核。陈丽莉负责全书的统稿和校对。各章节具体分工是(以章节的先后为序):姜岚执笔绪论、第三章、第六章;冯海霞执笔第一章;陈丽莉执笔第二章、第七章、第八章、第十章;李连伟执笔第四章;李连伟、杜永莉执笔第五章;李连伟、秦凤珍、杜永莉、牟远执笔第九章。

本书既适合在校大学生使用,也适合社会各界人士提升自身口语表达能力使用。但因编者水平有限,书中难免存在疏漏之处,恳请大家批评指正。

编　者

2017年6月

目录

CONTENTS

绪 论

第一节　口语的含义、特征及分类

一、口语的含义和特征

口语即口头语言，是人类社会交际活动中重要的交际工具之一，与书面语言相对。口语交际是听话能力和说话能力在社会实际交际中的应用。在今天人们的社会交往中，口语能力已成为认定个人整体素质的重要因素，因此大学生应该学习和具备良好的口语交际能力。

口语交际不仅包括说话能力和听话能力，还包括交际过程中分析、判断、综合、推理、概括和归纳等思维能力，分析问题和解决问题的能力，实际操作能力，创造能力等。

在人类数千年的发展史中，对口语的重视和研究历来不足。直至进入20世纪以后，随着对教学口语的不断重视和研究，口语研究才开始越来越受到学者的关注，并成为应用语言学的重要组成部分。

（一）口语的特征

1. 社会性

口语交际活动是一种社会现象，具有社会性。人类的所有口语交际都是在一定社会条件下进行的，必然带有时代烙印和社会烙印。

2. 普遍性

口语是最早被人类普遍应用的语言形式。世界上所有国家和民族都有自己的口语。书面语就是在口语的基础上发展起来的。人们每天都需要使用语言，尤其是口语，所以口语的普遍性是其重要特征。

3. 随机性

一个人只要具备良好的发音器官，就可以随时随地根据表达目的自由使用口语。在科技快速发展的今天，口语能够不受时间、空间、数量等的限制而随时运用；还可以像书面语那样借助一定的工具或设备存储起来，并流传下去。

4. 简明性

口语中的句子一般比较短小、简洁、直白。因为多数情况下，口语表达者来不及深思熟虑，所以很难临时组织起长句、整句以及结构复杂的语句。同时为了便于理解和交际的顺利进行，口语也不宜过长和过于复杂。

5. 灵活性

口语一般比较生动多变，有时一个意思可以用多种方式进行表达；有时一句话也可以重复多次或变换几种方法表述；同时口语还是零散的，有时甚至语不成句，但是以能够达到交际目的为基本要求。

6. 不可回收性

口语的主要作用是传递信息和交流情感，只要说出去了，就不可能再收回。只能说更多的话来补充、完善或者修复。

（二）口语交际的特征

1. 结构特征

口语的结构特征包括语段、交换和邻接对三方面内容。语段是指能够表达一个相对完整意思的话语段落。交换是指口语交际中的回合，一般由始发语、应答语、跟进语构成。邻接对是指说话者的行为模式，包括自身定位、达成目标等。

2. 交际特征

口语的交际特征包括话语转换、语篇标记和信息分布三方面内容。其中，话语转换具有明显的文化特征，即不同文化的转换实现方式不同。语篇标记具有族群特征，同一族群的说话者所使用的标记语会具有一些共同特征。信息分布就是指说话者采用不同的句型、语序、词语等来强调或突出某些主题和含义。

3. 体裁特征

书面语的体裁特征显著而分明，例如，小说、戏剧、散文、诗歌等。口语的体裁特征就不是十分明显。口语重在使参与者明白所交流的具体事件和内容。因此可以参照书面语体裁进行口语体裁的界定。

4. 语境制约

口语受语境制约的程度很高。口语语境包括社会环境语境和具体言语语境。口语中常常出现的情景省略，就是受语境驱动的典型口语特征，这就需要参与交际的人具备良好的语境判断能力。

（三）口语交际的原则

1. 合作原则[①]

参与到口语交际的各方都应该本着合作的态度进行交流，否则口语交际难以为继。具体地说，口语交际的合作原则包括四条准则：数量准则、质量准则、关联准则和方式准则。

数量准则是指口语交际双方所提供的信息量。一般来说，交际双方提供的信息量应该大体相当，不要差异太大。

---

① 美国语言哲学家格赖斯 1967 年在哈佛大学的讲座《逻辑与会话》中提出。

质量准则是指口语交际内容的真实程度。要力求真实可信，如果做不到，也至少要自己认为有根据，一定不要故意撒谎或信口开河。

关联准则是指口语交际双方所说内容的相关性。交际双方要注意所说的话语内容贴切，有关联，以顺利实现交际目的。不要答非所问或者故意问东答西。

方式准则是指口语交际的表达方式要得当。避免晦涩难懂或产生歧义，尽量做到简明扼要，条理清楚。

例如，一位同学下课之后回到宿舍，进门就说"今天的雨下得可真大，我打着伞都淋湿了"！虽不是提问，但是在场的三位舍友都各忙各的，没有一人吱一声或者回应一句。这三人就是没有履行好合作原则，显得冷漠，缺乏舍友之间的关心和温情。长期如此，对整个宿舍都会有不良影响。

2. 礼貌原则[①]

礼貌原则包括六条准则：得体准则、慷慨准则、赞誉准则、谦虚准则、一致准则和同情准则。

得体准则就是说话者最大限度地使别人受益，最小限度地使别人受损。

慷慨准则就是说话者最大限度地使自己受损，最小限度地使自己受益。

赞誉准则就是说话者最大限度地赞扬别人，最小限度地贬低别人。

谦虚准则就是说话者最大限度地贬低自己，最小限度地赞扬自己。

一致准则就是使口语交际双方的一致增至最大限度，分歧减至最小限度。重在对交际双方观点、看法一致性的关注。

同情准则就是使口语交际双方的一致增至最大限度，分歧减至最小限度。重在对交际双方心理感受、情感交流一致性的关注。

总的来看，合作原则和礼貌原则是互补关系。首先，礼貌原则是对合作原则的补充。合作原则在语言交际中起到调节说话气氛的作用，使交际双方在合作的基础上进行交际。其次，礼貌原则是更高层次的合作，使交际双方能够在平等、友善的气氛中顺利进行，保证了交际效果的最佳状态。最后，在一些特定语言环境中，合作原则的地位和作用更加突出。例如，"忠言逆耳"，就是说话者把"忠言"这一信息的传递看得高于一切，于是就会最大限度地遵守合作原则，而把礼貌原则放在次要位置，不去管它"逆耳"还是"不逆耳"了。

（四）提高口语表达能力的方法

要想切实提高口语表达能力，可以着重注意以下三种能力的培养。

1. 语言能力

语言能力主要是指语言的组织和运用，包括语音、词汇、语法、修辞等方面的能力，并具备在不同的交际环境中恰当地理解和表达语言的能力。其中，语言组织能力是指生成话语的能力、辨识话语的能力、理解话语的能力等，语言运用能力是指在具体语境中遣词造句进行语言表达的能力。本书上篇的语音技能、发声吐字、声音技巧等就是培养和提升语言能力的内容。

---

① 1983年英国著名学者利奇在《语用学原则》一书中提出。

2. 语篇能力

语篇是由两个或两个以上的句子,依据词语联结和修辞结构的规则而组成的篇章。语篇能力就是连句成章的能力,既体现在书面语中,也体现在口语使用中。近年来,一些学者在语篇分析研究中的起点就是口语语篇能力的组成。语篇能力的培养和训练可以使人"出口成章",言语准确到位。本书关于语篇能力的培养,散见于各个章节的具体知识和训练中。

3. 策略能力

策略能力是指为了提高口语交际效果所使用的技能,有时也指在实际口语交际中,用于弥补交际失败的技能。例如,有时故意说得语音重些,故意讲得慢些,故意大声说等;又例如,有时不了解某件事情时,不是保持沉默,而是想尽办法说出自己的一些见解,等等。策略能力既包括有声语言的快速反应能力,也包括手势、姿态、面部表情等体态语言的表达能力。具体来说,策略能力指口语交际中交谈者如何提出话题、展开话题、转换话题、结束话题等技能。本书上篇的体态语以及下篇就是对口语交际策略能力的指导和培养。

二、口语的分类

口语是以有声语言为主,以体态语言为辅,围绕一个话题而展开的口语表达艺术活动。口语从内容上,可以分为政治口语、军事口语、学术口语、法律口语、宗教口语、生活口语等多种类别。从形式上,可以分为演讲口语、朗读口语、主持口语、发言口语、公务口语、讲述口语、交谈口语等多种类别。从使用环境上,可以分为室内口语和室外口语两类。从说话者的角度,按照不同的人群会有不同的分类,例如,按教学角色可以分为教师口语和学生口语两类;按年龄角色可以分为老年人口语、青年人口语、少年人口语、儿童口语;按性别角色可以分为男性口语和女性口语两类;按职业角色可以分为公务员口语、发言人口语、主持人口语、教师口语、医生口语等。本书着重介绍了朗读口语、演讲口语、主持口语、发言口语、教师口语、公务口语六类,都是大学生经常会用到或遇到的主要口语类型,下面简要介绍一下它们的分类,具体内容将在后述章节详细介绍。

(一) 朗读口语

1. 按体裁分

朗读作为一种人们喜闻乐见的、出声的阅读方式,最常见的分类方式是按体裁分。一般可以分为诗歌朗读、散文朗读、小说朗读、戏剧朗读、记叙文朗读、议论文朗读、文言文朗读等。其中,诗歌朗读又可以分为古诗朗读和现代诗朗读。

2. 按情感投入程度分

朗读还可以按照情感投入的程度分类,根据朗读者投入感情由少到多,可以分为诵读、朗读、朗诵。其中,"诵读"投入的感情最少,语气比较平稳,无大起大落;"朗读"最常用,投入感情适中,有较好的表现力,能够感染听众;"朗诵"投入情感最丰富,激情澎湃,能够深深地打动和感染听众,使人有一种身临其境的感觉。

3. 按形式分

首先,按照有无配乐可以分为配乐朗读和普通朗读两类。

其次，按照参与朗读的情况可以分为范读、领读、伴读、齐读、轮读、接读、分读、互读、自读、抽读等。

范读指教师或水平较高的朗读者给学生或水平较低者示范朗读。

领读指教师或水平较高的朗读者读一句，其他人跟着读一句。

伴读指教师或水平较高的朗读者陪伴着学生或水平较低者一起朗读。一般陪伴者的声音会略大，被陪伴者的声音略小，可以使被陪伴者随时感知自己读得不够好的地方。

齐读指一群人一起朗读，声音的大小基本一致。可以是学生群，也可以是其他人群。

轮读指一个接着一个轮流朗读。朗读内容可以是完全相同的，也可以是不同的。

接读专指一个接着一个朗读同一篇文章的不同内容。

分读指分角色朗读。一般多用来朗读人物对话出现较多的小说、戏剧等。

互读指水平相近的两人一组，你读一句，我读一句，或者你读一段，我读一段，互相学习，取长补短。

自读指自由朗读。可以是在同一个环境里许多人各自朗读自己的，也可以是大家在不同环境里独自朗读。

抽读指通过随机抽签的方式来确定朗读者或朗读内容。

（二）演讲口语

1. 按功能分

按功能分，可以分为五种类型：使人知、使人信、使人激、使人动、使人乐。

2. 按内容分

按内容分，大致可以分为政治演讲、学术演讲、宗教演讲、法庭演讲、生活演讲等类型。

3. 按形式分

按形式分，可以分为命题演讲、即兴演讲、论辩演讲三类。这是最常用的演讲分类方式。

（三）主持口语

1. 根据文体分

根据文体分，可以分为新闻口语、通讯口语、评论口语、文艺口语、对话口语等。

2. 根据传播渠道分

根据传播渠道分，可以分为电视主持口语、广播主持口语、网络主持口语、现场主持口语等。其中，网络主持口语是近些年新兴的主持渠道，也称为网络主播口语。

3. 根据内容分

根据内容分，可以分为会议主持、活动主持等。

（四）发言口语

1. 根据内容分

根据内容分，可以分为开场发言、主体发言、讨论发言、总结发言等。

2. 根据形式分

根据形式分，可以分为讲述、复述、评述、描述等。

3. 根据是否有准备分

根据是否有准备分，可以分为即兴发言和有备发言两类。

4. 根据有无稿件分

根据有无稿件分，可以分为有稿发言和无稿发言两类。

5. 根据场合分

根据场合分，可以分为会议发言和聚会发言。其中又可细分为班会发言、家长会发言、酒会发言、座谈会发言、茶话会发言、颁奖会发言、讨论会发言、交流会发言等。

（五）教师口语

从形式上，可以分为教育口语和教学口语两类；从使用环境上，可以分为课堂口语和课外口语两类。教育口语既可以用于课堂上，也可以用于课堂外，教学口语亦是如此；反过来，课堂口语和课外口语也都能够采用教育口语或教学口语或二者兼而有之的方式。但是一般情况下，课堂口语会以教学口语为主要形式，课外口语会以教育口语为主要形式。

1. 课堂教学口语

(1) 从学科专业上，可以分为文科教学口语、理科教学口语、工科教学口语和艺术学科教学口语四类。

文科教学口语可以分为语文教学口语、英语教学口语、历史教学口语、政治教学口语等。文科教学口语的主要特点是传授性、文化性、引导性、生动性、阅读性等。

理科教学口语可以分为数学教学口语、物理教学口语、化学教学口语、生物教学口语、地理教学口语等。理科教学口语的主要特点是讲解性、逻辑性、层次性、研究性、严谨性等。

工科教学口语可以分为化工教学口语、机械教学口语、土木教学口语、建筑教学口语、计算机教学口语等。工科教学口语的主要特点是实践性、应用性、条理性、操作性、专业性等。

艺术学科教学口语可以分为音乐教学口语、美术教学口语、体育教学口语等。艺术学科教学口语的主要特点是实践性、审美性、趣味性、感染性、协调性等。

(2) 从教育层次上，可以分为学前教学口语、小学教学口语、中学教学口语和大学教学口语四类。

学前教学口语可以分为婴儿教学口语和幼儿教学口语两个阶段。具有音节化、词语化、模仿性、反复性、具体性、形象性、童趣性、简洁性等特点。

小学教学口语可以分为低小教学口语和高小教学口语两个阶段。具有浅显性、综合性、操作性、多样化、丰富性、指导性、讲授性等特点。

中学教学口语可以分为初中教学口语和高中教学口语两个阶段，具有内涵丰富、词语多样、讲解细致、分析透彻、逻辑严密、情感表现具体等特点。

大学教学口语无论本科阶段还是研究生阶段，都具有专业化、成人化、社会化、深奥性、阐发性等特点。

(3) 从教学环节和教学功能上，可以分为导入语、讲授语、提问语、应变语和总结语五类。

2. 课外教育口语

(1) 从形式上，可以分为集体教育口语和个体教育口语两类。

(2) 从教育层次上，可以分为幼儿园教育口语、小学教育口语、中学教育口语和大学教育口语四类。

(3) 从所解决的内容上，可以分为谈话语、指导语和评价语三类，分别针对学生心理、学习以及其他各方面出现的问题。

(六) 公务口语

1. 从内容上分

从内容上分，可以分为公务接待口语、公务会谈口语、公务宴请口语、政府发言等。

2. 从形式上分

从形式上分，可以分为临时口语和有备口语两类。

3. 从所代表的范围上分

从所代表的范围上分，可以分为代表个人发言和代表集体发言两类公务口语。

第二节 大学生口语概说

教育部2017年1号文件《教育部国家语委关于进一步加强学校语言文字工作的意见》中指出："学校语言文字工作是学校教育工作的重要组成部分。说好普通话、用好规范字、提高语言文字应用能力是学校培养高素质人才的基本内容。语言文字应用能力的培养要从小抓起，良好的口语、书面语表达水平和语言综合运用能力，是国民综合素质的重要构成要素，在个人成长成才过程中具有不可替代的作用。"其中，学校语言文字工作主要目标中的学生目标要求是："普通话水平达标，口语表达清晰达意，交流顺畅；掌握相应学段应知应会的汉字和汉语拼音，具有与学段相适应的书面写作能力、朗读水平和书写能力，高校学生应具有一定的书法鉴赏能力；具有对中华优秀文化的认同感、自豪感和自信心。"可以看出，普通话口语始终放在第一位，地位十分重要。

马克思认为，人是社会的人，人的本质从现实性上说是一切社会关系的总和。离开社会，个人不能存在和发展，人的社会性需要只有通过人际关系才能获得满足。随着人类社会的发展，个人对社会的依赖越来越牢固，也越来越强烈，不断发展着的社会始终在激发着人们的创造精神，使人们的才智源泉喷涌不息。个人如果离开社会，不与他人交往，人们的各种能力就像种子离开土壤、阳光和水分一样，不能开花结果。因此，一个人的口语表达能力实际上就是与他人相处的能力。良好的口语能力非常重要，能否运用恰当的表达方式正确有效地处理、协调工作生活中人与人的各种关系，不仅影响着一个人对环境的适应状况，而且影响着一个人的工作效能、心理健康、生活质量和事业成就。由此可见，大学生自觉地培养良好的口语能力是非常重要的。

语言是人类最重要的交际工具，会不会说话对一个人的社会生活影响极大。如果一名大学生工作后成为一位管理者，那么如何指挥部下就是最大的课题。另外，如何把上级的意图准确无误地传达给下级，如何激发下级的工作热情和干劲，如何控制好自己的情绪，每天处理好所有事情等，这些都需要说话技巧。大学生毕业后，无论在哪类单位工作，都要从普通职员和基层岗位干起，这就需要具备良好的说话技能。如果能够恰当地向上级汇报工作，使上级了解自己的才能，是表现自己工作能力不可多得的机会，因为上级一般会首先根据说话能力对部下进行判定和评价。另外，自己提出的建议，若想被采纳也必须得说服上级，只有善于表达才能使上级听得进去。如果没有良好的口语表达能力，即使有很大的才干，也很难取得成就。

一、大学生口语的特点

大学生口语的特点主要是思想性、科学性、规范性、艺术性、情感性、幽默感和时代性。

1. 思想性

我国著名语文教育家叶圣陶认为“语言是出声的思想”。思想是一个人对社会生活中一切事物的看法。大学生口语的思想性是指大学生要运用科学的思想观来进行口语表达，既能够学好知识，养成良好的道德情操，又能够运用辩证唯物主义世界观全面客观地分析问题和解决问题，然后通过有声语言准确地表达出来。

在全面提倡素质教育的今天，学生的思想性体现在对所学知识以及各种生活现象进行独立思考的习惯上，更体现在用什么样的词句、方法、技巧讲出什么样的话上。言语是思想的反映，一个人所说的话，能表达他的思想感情，这就是人们常说的“言为心声”。

2. 科学性

科学性是指口语应符合客观实际，应反映出事物的本质和内在规律。大学生口语的科学性表现在两个方面：其一，内容的科学性，包括话语内容是否表述准确清楚，涉及的数据、文献等是否正确无误，所讲内容是否完善，所述观点是否专业等；其二，方法的科学性，包括措辞、语气、发声、吐字、分寸、时机、场合等，都应该得体恰当，准确严谨。

3. 规范性

规范性是指大学生口语应该使用标准、规范的普通话。《中华人民共和国宪法》第一章第十九条规定：国家推广全国通用的普通话。普通话作为国家通用语言，其语音悦耳、文雅，词汇丰富、适用范围广、极富表现力和感染力，为同学们所喜爱。大学生口语，不仅语音要力求标准规范，词汇、语法和修辞方式等也都要尽量标准规范，以期为全社会语言文字的规范化做出表率。

4. 艺术性

口语是一种艺术，大学生口语也不例外。首先，大学生口语的艺术性表现在吐字的清晰饱满。需要注意锻炼自己的发声器官，使每一个音素和音节的发声到位，尽力消除方音影响和习惯性错误发音，同时要使自己的呼吸顺畅、自然，口腔、鼻腔的动作协调一致。其次，要节奏明快、语速恰当、语调丰富、停连无误，能够充分体现出普通话语音的优美和魅力，着重注意调整声音的高低、声调的升降以及抑扬顿挫的变化等，增强口语本身的灵动性，给人以语音美的感受。最后，大学生口语要自然、流畅。再精彩的内容，再好听的语

音，如果不能自然流畅地表达出来，都会给人语言能力差、水平不高的感觉。因而把想说的话能够清楚流畅地表达出来，是大学生口语艺术性表现的一个重要方面。

5. 情感性

我国当前全面推行素质教育，而人的素质结构在心理形式上分为认知层面和情感层面，因而认定一个人的素质一定要通过认知性素质和情感性素质来共同体现。大学生口语的情感性着重体现在耐心的交流、恰当的评价、仔细的聆听、委婉的批评、真诚的鼓励当中，能够让对方感受到平等和尊重。

大学生口语良好情感性的体现，是构建和谐社会的重要保证，也是和谐校园建设的重要体现和有机组成部分。能够使他们在真善美的陶冶中不断提高能力、扩展知识，形成健全的人格。

6. 幽默感

有幽默感，是一种高明的说话方法。幽默不只是为了“让人笑”，幽默的话能抓住听者的心，能吸引人，能让对方思考，还隐隐透着温暖的成分。幽默是文雅的、有教养的体现，既不粗俗，也不会令人生厌，与学历、经历关系不大，但与人品、态度、情感关系密切。大学生应该具备幽默的口语风格，做到说话风趣、谦虚、深邃、淳朴，恰如其分，使人感到舒服、温暖。

7. 时代性

随着时代和社会的进步发展，我们的语言也在不停地发生着变化，这自然而然地为大学生口语引入了许多新内容。大学生口语的时代性不是要吸收所有的语言变化，而是要有选择地吸纳有益的成分，包括掌握新读音、正确使用新词语和流行语，摒弃不雅词和粗俗用语等，使语言运用朝着健康、开放、向上的方向不断发展。语言的时代性和规范性是辩证统一的关系，作为引领时代进步的大学生，其语言运用既要讲究包容，又要注重规范，二者不可偏废。

二、提高大学生口语表达能力的途径

1. 多读书，多思考，让自己有充足的知识储备

口语表达是一个人思想观点、学识理念等的直接体现。没有良好的知识底蕴，是讲不出有见识、有水平的话的。因此，无论到了什么年龄、什么环境，始终如一地注意读书和学习的人，都不会是不善于表达的人。因此，大学生要想使自己所说的话能够“言之有物”，就应该不断学习，增长知识，增加阅历，积累经验。有了知识和见地，说话就会有底气，表达也就会自如顺畅。

2. 努力学习和掌握各种口语表达技巧

一方面，从发声用气、吐字归音，到语调、停连、重音、节奏，再到表情、姿态、手势、动作等，都应该注意学习，加强训练；另一方面，对于朗读、演讲、发言、主持等口语活动，要积极参与，在实践中锻炼自己，不断提高自己。只有这样，才能有效提高口语表达能力。

3. 善于听是走向善于说的捷径

我们有时为不能说出心中所想的话而不安，而对于善于听别人说话的重要性却很少给予关注。其实,我们从别人的说话中可以学到一些说话技巧,如别人如何措辞,如何组织语句,如何用面部表情和手势协助表达意思,如何区分不同场合、不同听众来选用不同的表达方式等。

4. 克服怯场心理,努力争取在公众场合的说话机会

首先应该认识到怯场是正常表现。如果一个人无论在何种场面,气色都毫无变化,心跳也完全没有变化,那才是异常。不过,大家往往以为怯场的只是自己,总想“为什么只有我是这样呢?”其实这并非某个人特有的表现,而是普遍存在的现象,只不过有经验的人对怯场有所应对并已形成习惯。如果由于怯场而精神紧张,把要说的事忘了,或者中间说不出话来,会造成尴尬或不良影响。应当想“怯场是正常的”,努力到人多或者是陌生的场所去讲话,这是消除怯场的第一步。为了不怯场,可以把说话对象想象为亲朋好友,这是一种有效的心理准备,因为无论是谁,与亲朋好友说话一般都不会怯场,而对陌生人说话就会拘束。为了不怯场,脑子里还可以努力浮现以前成功的场景,避免受到过去失败的影响。

5. 选择最恰当的语汇,尽量不说废话

说话离不开语汇,语汇的学习和使用是一个漫长的积累过程。丰富的语汇能增添说话的魅力,语汇贫乏将很难准确全面地表达想法。华丽的辞藻并不一定是最适合的语汇,要根据环境、情景和交际目的来选择用什么词说什么话。只有平时注意多读、多听、多说,不断积累各种语汇,才能够应付各种场合,说话既得体又吸引人。选择什么样的语汇是为说话目的服务的。说话要有谱,依靠理性掌握情绪是成功的开始。语言是生动的,在讲话过程中要注意变化,同时随时观察对方的反应,及时做出判断,或继续说下去,或及时收住不说,要尽量做到不说废话,以保证表达的有效性。

第三节　大学生口语艺术课程的性质、任务和内容

大学生口语是高等院校文、理、工、农、医、教育、管理、艺术、经济等各个学科门类所辖专业的一门公共选修课。本课程的教学任务是:以科学发展观为指导,以国家语言文字政策和法律法规为依据,贯彻理论联系实际的原则,系统地讲授大学生口语的表达要素和表现形式,加强各类口语技能训练,培养和提高学生运用普通话进行口语表达的能力,为他们将来从事各项社会工作打下坚实的基础。

本课程绪论部分:简要讲述口语的含义、特征及分类,大学生口语的意义、作用、分类、特点和提高途径,以及“大学生口语艺术”课程的性质、任务和内容。

本课程的主体部分讲述大学生口语的表达要素和表现形式两方面内容。口语是人们通过语音来表情达意的一种交流方式。口语表达由内容和形式两部分构成,内容是基础,形式是表象。内容需要借助形式来表现,良好的形式能够增强内容的表达效果。本课程重在口语表达形式的学习、训练和提高,并带动口语表达内容的提升。具体来说,上篇“大学生口语表达要素”侧重口语基础知识和基本技能的讲授和训练,下篇“大学生口语表现形式”侧重大学生常用口语类别的知识讲授和技能训练。上、下两篇总共包括十章内容。

语音技能：系统而简要地讲授普通话语音的基础知识和基本技能，包括声母、韵母、声调、音节、音变等内容，以及普通话测试，使学生对普通话语音系统有较完整的了解，较好地掌握普通话语音技能，不断提高自己的普通话水平。

发声吐字：讲授用气发声、吐字归音、口腔控制、共鸣控制等基础知识和基本技能。通过发声、共鸣、吐字等训练，提高学生驾驭口腔、控制口腔的能力。

声音技巧：讲授上升、下降、平直、弯曲四个基本语调，停连、重音的分类和表现，以及快、慢两大节奏类型等口语表达基本技巧，使学生能够在各类口语表达过程中恰当运用，不断提升自身口语表达的表现力。

体态语：讲授体态语的含义、特点；表情、姿势、动作等基本体态语的表现方法；技巧及文化差异等。使学生通过学习和训练增强对体态语的认识，掌握体态语的一般表达技巧，提高体态语辅助有声语言进行表达的能力。

朗读口语：讲授朗读的作用与要求，使学生准确把握不同体裁作品朗读的态度感情和基调，较好地运用有声语言朗诵各类作品，达到感染听众、打动听众的效果。

演讲口语：讲授演讲的含义、特征及分类，使学生能够熟练掌握演讲稿的写作方法和技巧，并从主题的确定、标题的选择、材料的收集等方面做好演讲的准备，把握好技巧，掌控好现场，成功实现演讲目的。

主持口语：讲授主持的分类、特点、要求、准备以及表现技巧等，通过训练，使学生具备一定的主持能力，为今后在职场中主持各类活动、会议等打下基础。

发言口语：讲授发言的分类、作用、准备及表现技巧等，使学生能够在社会生活中敢于发言，恰当发言。

教师口语：讲授教师口语的含义、分类，教学口语和教育口语的分类、作用和技巧、方法，教师口语艺术风格以及教师口语常见失误，为学生今后成为一名合格教师打下基础。

公务口语：讲授公务口语的分类、特点、表达技巧、常见失误及应变策略，通过训练，提高学生公务口语表达能力，为从事各类公务活动做好准备。

总之，“大学生口语艺术”作为高等院校在校大学生的一门通识类技能课程，其目的重在提高学生的口语表达能力和表现技巧，为将来从事各类社会工作和社会交流打下良好的口语基础。

上　篇

大学生口语表达要素

第一章

语音技能

第一节　普通话语音

一、语音的性质

语音是人类发音器官发出的表达词句意义的声音。语音具有物理、生理和社会三个方面的属性，其中，社会属性是语音的本质属性。

（一）语音的物理属性

语音同其他声音一样，具有音高、音强、音长、音色四种要素。

1. 音高

音高是声音的高低，它取决于发音体振动的快慢。语音的高低，跟声带的长短、厚薄、松紧有关。汉语字音的声调、句子语调的差别，主要是由音高的不同变化决定的。

2. 音强

音强是声音的强弱，它与发音体振动幅度的大小有关。发音体振动的幅度叫作“振幅”。振幅大，声音就强；反之则弱。语言中的重音、轻音是由音强的不同造成的。

3. 音长

音长是声音的长短，它决定于发音体振动时间的久暂。有的语言用音的长短来区别意义。

4. 音色

音色又叫音质，指的是声音的特色，是一个声音区别于其他声音的根本特点。音色的差别主要由物体振动所形成的音波波纹的曲折形式不同而造成的。

任何声音都是音高、音强、音长、音色的统一体，语音也不例外。在各种语言中，语音四要素被利用的情况并不完全相同。在任何语言中，音色无疑都是用来区别意义的最重要的要素。其他要素在不同语言中区别意义的作用则不尽相同。汉语中，音高的作用十分重要，声调主要是由音高决定的，声调能区别意义；而英语的音高，由于没有区别意义的作用，就不如汉语重要。汉语音长的辨义作用有限，而英语音长的辨义作用比汉语明显。

（二）语音的生理属性

语音是由人的发音器官发出来的。发音器官可分为呼吸器官，喉头和声带（嗓子）以

及咽腔、鼻腔和口腔三大部分。

1. 呼吸器官

呼吸器官是由肺、气管、胸腔、横膈膜构成的,能呼出气流,气流是语音的动力。

2. 喉头和声带(嗓子)

喉头由甲状软骨、环状软骨和两块杓状软骨组成。声带位于喉头的中间,是两片富有弹性的带状薄膜。

3. 咽腔、鼻腔和口腔

咽腔、鼻腔和口腔构成发音器官的共鸣器。

咽腔下接喉头,上边是鼻腔、口腔。发出的音只在口腔中共鸣,叫作口音。发出的音主要在鼻腔中共鸣,叫作鼻音。如果口腔无阻碍,气流同时从鼻腔和口腔呼出,发出的音在口腔和鼻腔同时共鸣,就叫作鼻化音(也叫半鼻音或口鼻音)。口腔上部可分为上唇、上齿、齿龈、硬腭、软腭和小舌。口腔下部可分为下唇、下齿和舌头三大部分。舌头又可分为舌尖、舌叶、舌面三部分,舌面又可分为前、中、后三部分,舌面后习惯称舌根。

(三) 语音的社会属性

语言是社会现象,作为语言的物质外壳,语音也是一种社会现象。这可从语音表示意义的社会性看出来。同样一个意义,比如"书",在不同的语言或方言中就用不同的语音来表示。在英语中是 book,在俄语中是 книга,在日语中是ほん(本)。也就是说,声音与所表示的意义之间没有必然的联系,而是随着社会的不同而不同,是由使用这种语言或方言的全体社会成员约定俗成的。

语音的社会属性还表现在语音的系统性上。不同的语言或方言有不同的语音系统。例如,有些音在几种语言或方言里都存在,但它们在各自语音系统里所起的作用可能是不同的。比如,送气音和不送气音在普通话里有区别意义的作用(比较"肚子饱了"和"兔子跑了"),所以说普通话的人对"b、p"很敏感,而说英语的人对送气与否却不很在意,因为它在英语中没有区别意义的作用。语音的这些差别不能仅仅从物理属性和生理属性上解释,而必须从语音的社会属性上来加以解释。

二、语音单位——音素

音素是最小的语音单位。它是从音色的角度划分出来的。一个音节,如果按音色的不同去进一步划分,就会得到一个个最小的各有特色的单位,这就是音素。例如,"爸"(bà)从音色的角度可以划分出"b"和"a"两个不同的音素。"康"(kāng)可以划分出"k""a""ng"三个音素。

音素可以分为辅音和元音两大类。辅音是气流在口腔或咽腔受阻碍而形成的音,如b、m、f、d、k、zh、s等;元音是气流振动声带,在口腔、咽腔不受阻碍而形成的音,又叫母音,如a、o、e、i、u等。辅音和元音的主要区别有以下四点。

(1) 从受阻与否看:发辅音时,气流通过咽腔、口腔的时候受到某个部位的阻碍;发

元音时,气流通过咽腔、口腔不受阻碍。这是元音和辅音最主要的区别。

(2) 从紧张度看:发辅音时,发音器官成阻碍的部位特别紧张;发元音时,发音器官各部位保持均衡的紧张状态。

(3) 从气流强弱看:发辅音时,气流较强;发元音时,气流较弱。

(4) 从响亮度看:发辅音时,声带不一定振动,声音一般不响亮;发元音时,声带振动,声音比辅音响亮。

三、汉语拼音方案

为了给汉字注音和记录汉语,人们采用过多种记音方法。现在记录普通话一般采用《汉语拼音方案》,记录方言时大多使用国际音标。下面介绍《汉语拼音方案》和国际音标。

(一) 汉语拼音方案

《汉语拼音方案》于 1958 年 2 月由第一届全国人民代表大会批准公布。它采用国际上流行的拉丁字母,既容易为广大群众所掌握,又便于国际的文化交流。

《中华人民共和国国家通用语言文字法》第 18 条规定:国家通用语言文字以《汉语拼音方案》作为拼写和注音工具,《汉语拼音方案》是中国人名地名和中文文献罗马字母拼写法的统一规范,并用于汉字不便或不能使用的领域。规定中简洁、明确地表明了《汉语拼音方案》的主要用途和地位。

《汉语拼音方案》主要包括字母表、声母表、韵母表、声调符号和隔音符号五部分内容。

汉语拼音方案

(1957 年 11 月 1 日国务院全体会议第 60 次会议通过)
(1958 年 2 月 11 日第一届全国人民代表大会第五次会议批准)

一、字 母 表

字母	Aa	Bb	Cc	Dd	Ee	Ff	Gg
名称	ㄚ	ㄅㄝ	ㄘㄝ	ㄉㄝ	ㄜ	ㄝㄈ	ㄍㄝ
	Hh	Ii	Jj	Kk	Ll	Mm	Nn
	ㄏㄚ	ㄧ	ㄐㄧㄝ	ㄎㄝ	ㄝㄌ	ㄝㄇ	ㄋㄝ
	Oo	Pp	Qq	Rr	Ss	Tt	
	ㄛ	ㄆㄝ	ㄑㄧㄡ	ㄚㄦ	ㄝㄙ	ㄊㄝ	
	Uu	Vv	Ww	Xx	Yy	Zz	
	ㄨ	ㄪㄝ	ㄨㄚ	ㄒㄧ	ㄧㄚ	ㄗㄝ	

V 只用来拼写外来语、少数民族语言和方言。

字母的手写体依照拉丁字母的一般书写习惯。

二、声　母　表

b	p	m	f	d	t	n	l
ㄅ玻	ㄆ坡	ㄇ摸	ㄈ佛	ㄉ得	ㄊ特	ㄋ讷	ㄌ勒
g	k	h		j	q	x	
ㄍ哥	ㄎ科	ㄏ喝		ㄐ基	ㄑ欺	ㄒ希	
zh	ch	sh	r	z	c	s	
ㄓ知	ㄔ蚩	ㄕ诗	ㄖ日	ㄗ资	ㄘ雌	ㄙ思	

在给汉字注音的时候，为了使拼式简短，zh、ch、sh 可以省作 ẑ、ĉ、ŝ。

三、韵　母　表

	i ㄧ　衣	u ㄨ　乌	ü ㄩ　迂
a ㄚ　啊	ia ㄧㄚ　呀	ua ㄨㄚ　蛙	
o ㄛ　喔		uo ㄨㄛ　窝	
e ㄜ　鹅	ie ㄧㄝ　耶		üe ㄩㄝ　约
ai ㄞ　哀		uai ㄨㄞ　歪	
ei ㄟ　欸		uei ㄨㄟ　威	
ao ㄠ　熬	iao ㄧㄠ　腰		
ou ㄡ　欧	iou ㄧㄡ　忧		
an ㄢ　安	ian ㄧㄢ　烟	uan ㄨㄢ　弯	üan ㄩㄢ　冤
en ㄣ　恩	in ㄧㄣ　因	uen ㄨㄣ　温	ün ㄩㄣ　晕
ang ㄤ　昂	iang ㄧㄤ　央	uang ㄨㄤ　汪	
eng ㄥ　亨的韵母	ing ㄧㄥ　英	ueng ㄨㄥ　翁	
ong （ㄨㄥ）　轰的韵母	iong ㄩㄥ　雍		

(1)“知、蚩、诗、日、资、雌、思”七个章节的韵母用 i,即知、蚩、诗、日、资、雌、思字拼作 zhi、chi、shi、ri、zi、ci、si。

(2) 韵母儿写成 er,用作韵尾的时候写成 r。例如,“儿童”拼作 ertong,“花儿”拼作 huar。

(3) 韵母ㄝ单用的时候写成 ê。

(4) i 行的韵母,前面没有声母的时候,写成 yi(衣)、ya(呀)、ye(耶)、yao(腰)、you(忧)、yan(烟)、yin(因)、yang(央)、ying(英)、yong(雍)。

u 行的韵母,前面没有声母的时候,写成 wu(乌)、wa(蛙)、wo(窝)、wai(歪)、wei(威)、wan(弯)、wen(温)、wang(汪)、weng(翁)。

ü 行的韵母,前面没有声母的时候,写成 yu(迂)、yue(约)、yuan(冤)、yun(晕);ü 上两点省略。

ü 行的韵母跟声母 j、q、x 拼的时候,写成 ju(居)、qu(区)、xu(虚),ü 上两点也省略;但是跟声母 n、l 拼时候,仍然写成 nü(女)、lü(吕)。

(5) iou、uei、uen 前面加声母的时候,写成 iu、ui、un,例如 niu(牛)、gui(归)、lun(论)。

(6) 在给汉字注音的时候,为了使拼写简短,ng 可以省作 ŋ。

四、声调符号

阴平	阳平	上声	去声
ˉ	ˊ	ˇ	ˋ

声调符号标在音节的主要母音上。轻声不标。例如:

妈 mā	麻 má	马 mǎ	骂 mà	吗 ma
(阴平)	(阳平)	(上声)	(去声)	(轻声)

五、隔音符号

a、o、e 开头的音节连接在其他音节后面的时候,如果音节的界限发生混淆,用隔音符号(’)隔开,例如,pi’ao(皮袄)。

(二) 国际音标

国际音标是为了记录和研究人类语言的语音而制定的一套记音符号。它的特点是:采用国际通用的拉丁字母,共有一百多个符号,一个符号记录一个音素。我国的《汉语拼音方案》只有 26 个字母,用来细致记录普通话、方言和少数民族语言时会碰到记音符号不够用的情况,所以本书常用国际音标记音以补汉语拼音字母之不足(见表 1-1 和表 1-2)。

四、声母

(一) 什么是声母

声母位于音节前段,主要由辅音构成。例如,音节“bǎo”里,辅音 b 就是声母。

有的音节不以辅音开头,我们习惯上叫作“零声母”。例如,“ài”开头没有辅音,是零声母音节。零声母可以写作“ø′”。

表 1-1　国际音标简表

发音方法＼发音部位			双唇	唇齿	舌尖前	舌尖中	舌尖后	舌叶	舌面前	舌面中	舌面后	喉
			上唇 下唇	上齿 下唇	舌尖 齿背	舌尖 上齿龈	舌尖 硬腭前		舌面前 硬腭前	舌面中 硬腭	舌面后 软腭	
辅音	塞音	清　不送气	p			t	ʈ		ȶ	c	k	ʔ
		清　送气	pʰ			tʰ	ʈʰ		ȶʰ	cʰ	kʰ	
		浊	b			d	ɖ		ȡ	ɟ	g	
	塞擦音	清　不送气		pf	ts		tʂ	ʧ	tɕ			
		清　送气		pfʰ	tsᵇ		tʂʰ	ʧʰ	tɕʰ			
		浊		bv	dz		dʐ	ʤ	dʑ			
	鼻音	浊	m	ɱ		n	ɳ		ȵ	ɲ	ŋ	
	闪音	浊					ɽ					
	边音	浊				l				ʎ		
	擦音	清	ɸ	f	s		ʂ	ʃ	ɕ	ç	x	h
		浊	ß	v	z		ʐ	ʒ	ʑ	j	ɣ	ɦ
	无擦通音及半元音	浊	wɥ	ʋ						j(ɥ)	(w)	

舌位高低＼口腔＼唇形＼舌位＼类别			舌面元音					舌尖元音				卷舌元音
			前		央	后		前		后		央
			不圆	圆	不圆	不圆	圆	不圆	圆	不圆	圆	不圆
元音 高	最高	闭	i	y		ɯ	u	ɿ	ɥ	ʅ	ɥ	
	近高		ɪ				ʊ					
中	半高	半闭	e	ø		ɤ	o					
	正中				ə							ɚ
	半低	半开	ɛ	œ		ʌ	ɔ					
低	近低	开	æ		ɐ							
	最低		a		A	ɑ	ɒ					

声母和辅音不是一个概念。虽然声母由辅音充当，但有的辅音不作声母，只作韵尾，如“guāng”中的 ng[ŋ]；有的辅音则既可作声母，也可作韵尾，如“nán”中的两个 n，它在音节开头充当声母，在音节末尾充当韵尾。

（二）辅音声母的发音

辅音声母发音的差异是由发音部位和发音方法不同决定的。普通话 21 个辅音声母及其发音情况，可参看表 1-3。

表 1-2　拼音字母与国际音标对照表

拼音字母	国际音标	拼音字母	国际音标	拼音字母	国际音标	拼音字母	国际音标
b	[p]	x	[ɕ]	ü	[y]	iang	[iaŋ]
p	[pʰ]	zh	[tʂ]	er	[ɚ]	ing	[iŋ]
m	[m]	ch	[tʂʰ]	ai	[ai]	ua	[uʌ]
f	[f]	sh	[ʂ]	ei	[ei]	uo	[uo]
v	[v]	r	[ʐ]	ao	[au]	uai	[uai]
d	[t]	z	[ts]	ou	[ou]	uei	[uei]
t	[tʰ]	c	[tsʰ]	an	[an]	uan	[uan]
n	[n]	s	[s]	en	[ən]	uen	[uən]
l	[l]	ɑ	[ʌ]	ang	[aŋ]	uang	[uaŋ]
g	[k]	o	[o]	eng	[əŋ]	ueng	[uəŋ]
k	[kʰ]	e	[ɤ]	ia	[iA]	ong	[uŋ]
ng	[ŋ]	ê	[ɛ]	ie	[iɛ]	üe	[yɛ]
h	[x]	i	[i]	iao	[iau]	üan	[yan]
j	[tɕ]	-i(前)	[ɿ]	iou	[iou]	ün	[yn]
q	[tɕʰ]	-i(后)	[ʅ]	ian	[iɛn]	iong	[yŋ]
/	[ȵ]	u	[u]	in	[in]		

表 1-3　普通话辅音声母总表

发音部位 / 辅音 / 发音方法			唇音		舌尖前音	舌尖中音	舌尖后音	舌面前音	舌面后音
			双唇音	唇齿音					
			上唇 下唇	上齿 下唇	舌尖 齿背	舌尖 上齿龈	舌尖 硬腭前	舌面前 硬腭前	舌面后 软腭
塞音	清音	不送气音	b[p]			d[t]			g[k]
塞音	清音	送气音	p[pʰ]	h		t[tʰ]			k[kʰ]
塞擦音	清音	不送气音			z[ts]		zh[tʂ]	j[tɕ]	
塞擦音	清音	送气音			c[tsʰ]		ch[tʂʰ]	q[tɕʰ]	
擦音	清音			f[f]	s[s]		sh[ʂ]	x[ɕ]	h[x]
擦音	浊音						r[ʐ]		
鼻音	浊音		m[m]			n[n]			
边音	浊音					l[l]			

1. 辅音声母的发音部位

发音时，气流受到阻碍的位置叫作发音部位。按发音部位分，普通话辅音声母可以分为七类。

(1) 双唇音(b、p、m) 由上唇和下唇阻碍气流而形成。

(2) 唇齿音(f) 由上齿和下唇接近阻碍气流而形成。

(3) 舌尖前音(z、c、s) 由舌尖抵住或接近齿背阻碍气流而形成。

(4) 舌尖中音(d、t、n、l) 由舌尖抵住上齿龈阻碍气流而形成。

(5) 舌尖后音(zh、ch、sh、r) 由舌尖抵住或接近硬腭前部阻碍气流而形成。

(6) 舌面前音(j、q、x) 由舌面前部抵住或接近硬腭前部阻碍气流而形成，又称“舌面音”。

(7) 舌面后音(g、k、h) 由舌面后部抵住或接近软腭阻碍气流而形成。又称“舌根音”。

2. 辅音声母的发音方法

辅音声母的发音方法是指发音时喉头、口腔和鼻腔阻碍气流的方式和状况。

可以从阻碍的方式、声带是否颤动、气流的强弱三个方面观察。

1) 看阻碍的方式

根据形成阻碍和解除阻碍的方式不同可以把普通话声母分为塞音、擦音、塞擦音、鼻音、边音五类。

(1) 塞音(b、p、d、t、g、k) 发音时，发音部位形成闭塞，软腭上升，堵塞鼻腔的通路，积蓄的气流冲破阻碍，迸裂而出，爆发成声。

(2) 擦音(f、h、x、sh、r、s) 发音时，发音部位接近，留下窄缝，积蓄的气流从缝隙中挤出，摩擦成声。

(3) 塞擦音(j、q、zh、ch、z、c) 发音时，发音部位先形成闭塞，然后积蓄的气流冲开一条窄缝，摩擦成声。先破裂，后摩擦，结合成一个音。塞擦音的前一半是塞音，后一半是擦音，前后两半结合为一个语音单位。塞擦音是一个辅音，并不是两个辅音的复合(复辅音)。

(4) 鼻音(m、n) 发音时，口腔中的发音部位完全闭塞，软腭下降，气流从鼻腔出去，声带往往颤动。

(5) 边音(l) 发音时，舌尖与上齿龈接触，两边留有空隙，气流从舌的两边通过，声带往往颤动。

2) 看声带是否颤动

发音时声带颤动明显的是浊音；声带颤动不明显的是清音。浊音声母共有 m、n、l、r 四个，其余声母都是清音。

3) 看气流的强弱

塞音、塞擦音有送气音和不送气音的分别。发送气音时，肺部(声门以下)呼出的气流比较强，共有 p、t、k、q、ch、c 六个；发不送气音时，肺部呼出的气流比较弱，共有 b、d、g、j、zh、z 六个。

3．声母的发音部位和发音方法全面描写

b[p]双唇、不送气、清、塞音。发音时，双唇闭合，软腭上升，堵塞鼻腔通路，声带不振动，较弱的气流冲破双唇的阻碍，迸裂而出，爆发成声。例如，“标本”biāoběn 里的 b。

p[pʰ]双唇、送气、清、塞音。发音的状况与 b 相近，只是发 p 时有一股较强的气流冲开双唇。例如，“批评”pīpíng 里的 p。

m[m]双唇、浊、鼻音。发音时，双唇闭合，软腭下降，气流振动声带从鼻腔通过。例如，“弥漫”mímàn 里的 m。

f[f]唇齿、清、擦音。发音时，下唇接近上齿，形成窄缝，气流从唇齿间摩擦出来，声带颤动不明显。例如，“芬芳”fēnfāng 里的 f。

d[t]舌尖中、不送气、清、塞音。发音时，舌尖抵住上齿龈，软腭上升，堵塞鼻腔通路，声带颤动不明显，较弱的气流冲破舌尖的阻碍，迸裂而出，爆发成声。例如，“定夺”dìngduó 里的 d。

t[tʰ]舌尖中、送气、清、塞音。发音的状况与 d 相近，只是发 t 时气流较强。例如，“淘汰”táotài 里的 t。

n[n]舌尖中、浊、鼻音。发音时，舌尖抵住上齿龈，软腭下降，打开鼻腔通路，气流振动声带，从鼻腔通过。例如，“能耐”néngnai 里的 n。

l[l]舌尖中、浊、边音。发音时，舌尖抵住上齿龈，软腭上升，堵塞鼻腔通路，气流振动声带，从舌头两边通过。例如，“玲珑”línglóng 里的 l。

g[k]舌面后、不送气、清、塞音。发音时，舌根抵住软腭，软腭后部上升，堵塞鼻腔通路，声带颤动不明显，较弱的气流冲破舌根的阻碍，爆发成声。例如，“巩固” gǒnggù 里的 g。

k[kʰ]舌面后、送气、清、塞音。发音的状况与 g 相近，只是气流较强。例如，“宽阔”kuānkuò 里的 k。

h[x]舌面后、清、擦音。发音时，舌根接近软腭，留出窄缝，软腭上升，堵塞鼻腔通路，声带颤动不明显，气流从窄缝中摩擦出来。例如，“欢呼”huānhū 里的 h。

j[tɕ]舌面前、不送气、清、塞擦音。发音时，舌面前部抵住硬腭前部，软腭上升堵塞鼻腔通路，声带颤动不明显，较弱的气流把阻碍冲开，形成一条窄缝，气流从窄缝中挤出，摩擦成声。例如，“将就”jiāngjiu 里的 j。

q[tɕʰ]舌面前、送气、清、塞擦音。发音的状况与 j 相近，只是气流较强。例如，“亲切”qīnqiè 里的 q。

x[ɕ]舌面前、清、擦音。发音时，舌面前部接近硬腭前部，留出窄缝，软腭上升，堵塞鼻腔通路，声带颤动不明显，气流从窄缝中挤出，摩擦成声。例如，“虚心” xūxīn 里的 x。

zh[tʂ]舌尖后、不送气、清、塞擦音。发音时，舌尖上翘，抵住硬腭前部，软腭上升，堵塞鼻腔通路，声带颤动不明显。较弱的气流把阻碍冲开一条窄缝，从窄缝中挤出，摩擦成声。例如，“庄重”zhuāngzhòng 里的 zh。

ch[tʂʰ]舌尖后、送气、清、塞擦音。发音的状况与 zh 相近，只是气流较强。例如，“车床”chēchuáng 里的 ch。

sh[ʂ]舌尖后、清、擦音。发音时，舌尖上翘接近硬腭前部，留出窄缝，气流从缝间挤

出，摩擦成声，声带颤动不明显。例如，“山水”shānshuǐ 里的 sh。

r[ʐ]舌尖后、浊、擦音。发音状况与 sh 相近，只是声带颤动更明显些。例如，“容忍”róngrěn 里的 r。

z[ts]舌尖前、不送气、清、塞擦音。发音时，舌尖平伸，抵住上齿背，软腭上升，堵塞鼻腔通路，声带颤动不明显，较弱的气流把阻碍冲开一条窄缝，从窄缝中间挤出，摩擦成声。例如，“自尊”zìzūn 里的 z。

c[tsʰ]舌尖前、送气、清、塞擦音。和 z 的发音区别不大，不同的地方在于 c 气流较强。例如，“粗糙”cūcāo 里的 c。

s[s]舌尖前、清、擦音。发音时，舌尖接近上齿背。气流从窄缝中挤出，摩擦成声，声带颤动不明显。例如，“琐碎”suǒsuì 里的 s。

五、韵母

（一）什么是韵母

韵母位于音节的后段，由元音或元音加辅音构成。例如，在“喊”(hǎn)这个音节里，“an”就是它的韵母。

但是韵母和元音不相等。韵母有的由单元音或复元音构成，如“他(tā)、瞎(xiā)、怪(guài)”中的“a、ia、uai”；有的由元音带辅音构成，如“甘(gān)、耕(gēng)、关(guān)”中的“an、eng、uan”。

（二）韵母的发音

普通话共有 39 个韵母，其中单元音韵母 10 个，复元音韵母 13 个，带鼻音韵母 16 个。

1. 单元音韵母

由单元音构成的韵母叫单元音韵母，简称“单韵母”。发单韵母(除 er 外)音时，口形(包括舌位、唇形、开口度)始终保持不变。它包括以下三类。

1) 舌面单元音韵母

普通话的舌面单元音韵母有七个，即 a、o、e、ê、i、u、ü。舌面单元音的不同主要是由不同的口形及舌位造成的。舌头的升降伸缩、唇形的展扁圆敛以及口腔的开合都可以造成不同的共鸣器，因而形成各种不同音色的元音。

发音时，舌头作用的部位叫舌位，口腔开闭的程度叫开口度。舌位可伸前缩后，也可抬高降低(开口度可大可小)，唇形可圆可不圆。可以从这三方面来观察元音。

第一，看舌位的高低(开口度大小)。舌位的降低和抬高同口腔的开闭(即开口度的大小)有关，舌位越高开口度越小，舌位越低开口度越大。根据舌位的高低和开口度的大小可以把元音分为高元音(即闭元音，如 i、u、ü)、半高元音(即半闭元音，如 e、o)、半低元音(即半开元音，如 ê)、低元音(即开元音，如 a)等。

第二，看舌位的前后。可以分为前元音(如 i、ü)、央元音(如 e[ə])、后元音(如 u、o)(见图 1-1)。

第三，看唇形的圆展。可以分为圆唇元音(如 ü、o)、展唇元音(如 i、a 等)(也称“展唇”为“不圆唇”或“非圆唇”)。

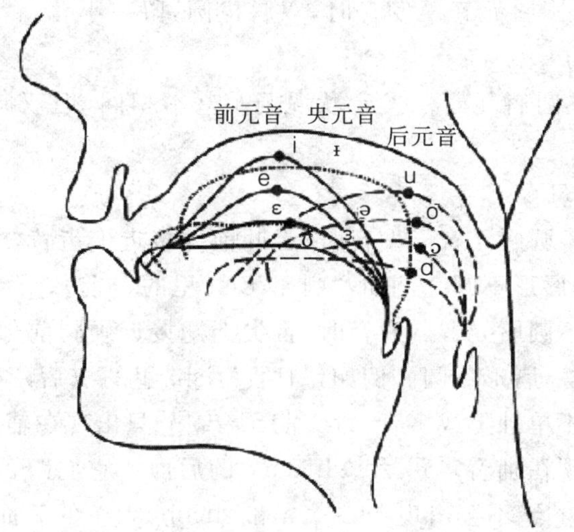

图 1-1　舌面单元音舌位示意图

普通话舌面元音的三个方面发音情况可综合起来，如图 1-2 所示。

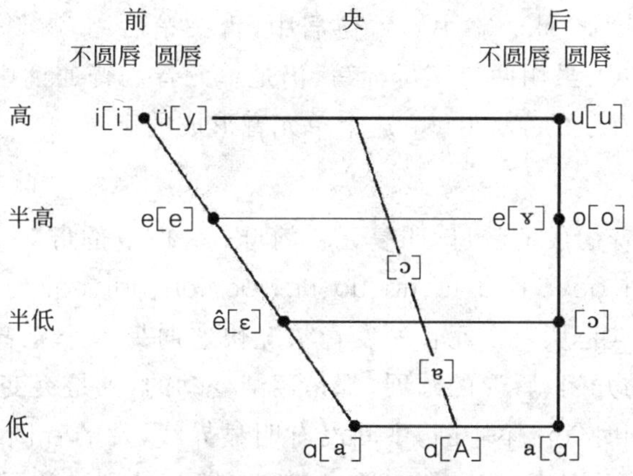

图 1-2　舌面单元音舌位唇形图

现在逐个谈舌面单元音韵母的发音。

ɑ[ʌ]舌面、央、低、不圆唇元音。发音时，口大开，舌位低，舌头居中央，嘴唇展开。例如，“蛤蟆”háma 里的 ɑ。

o[o]舌面、后、半高、圆唇元音。发音时，口半闭，舌位半高，舌头后缩，唇拢圆。例如，“薄膜”bómó 里的 o。

e[ɤ]舌面、后、半高、不圆唇元音。发音状况与 o 基本相同，但双唇要自然展开。例如，“色泽”sèzé 里的 e。

ê[ɛ]舌面、前、半低、不圆唇元音。发音时，口半开，舌位半低，舌头前伸使舌尖抵住下齿背，唇形呈扁平状。在普通话中只有“欸”这个字念 ê(零声母)。

i[i]舌面、前、高、不圆唇元音。发音时，唇形呈扁平状，舌头前伸使舌尖抵住下齿背。例如，“厘米”límǐ 里的 i。

u[u]舌面、后、高、圆唇元音。发音时，双唇拢圆，留一小孔，舌头后缩，舌面后抬起。例如，“故土”gùtǔ 里的 u。

ü[y]舌面、前、高、圆唇元音。发音状况与 i 基本相同，但双唇拢圆。例如，“须臾”xūyú 里的 ü。

2）舌尖单元音韵母

-i[ɿ]舌尖前、高、不圆唇元音。发音时，舌叶前伸接近上齿背，气流通路虽狭窄，但气流经过时不发生摩擦，唇形不圆。例如，“刺死”cìsǐ 里的-i(前)。

-i[ʅ]舌尖后、高、不圆唇元音。发音时，舌尖上翘接近硬腭前部，气流通路虽狭窄，但气流经过时不发生摩擦，唇形不圆。例如，“日食”rìshí 里的-i(后)。

这两个单元音都不单独形成字音，舌尖前元音-i[ɿ]只出现在辅音声母 z、c、s 的后面，舌尖后元音-i[ʅ]只出现在辅音声母 zh、ch、sh、r 的后面。它们跟舌面单元音 i[i]出现条件不同，舌面单元音 i[i]绝不会出现在 z、c、s 和 zh、ch、sh、r 的后面。因此，《汉语拼音方案》用 i 同时表示 i[i]、-i[ɿ]、-i[ʅ]，也不至于发生混淆。

3）卷舌单元音韵母

er[ɚ]卷舌、央、中、不圆唇元音。er 是个舌尖上翘带有卷舌色彩的央元音 e[ə]。发音时，口形略开(开口度比 ê[ɛ]略小)，舌位居中，舌头稍后缩，唇形不圆，在发 e[ə]的同时，舌尖向硬腭卷起。er 虽用两个字母标写，仍是单元音。普通话中只有“儿、而、耳、饵、尔、迩、二、贰”等为数有限的字是由 er 这个单元音形成的字音。

2. 复元音韵母

由两个或三个元音构成的韵母，叫复元音韵母，简称“复韵母”。

普通话共有 ai、ei、ao、ou、ia、ie、ua、uo、üe、iao、iou、uai、uei 13 个复元音。

复韵母的发音特点是从一个元音的发音状况快速向另一个元音的发音状况过渡，舌位的高低前后、口腔的开闭、唇形的圆展，都是逐渐变动的，不是突变的、跳动的，中间应该有一连串的过渡音；同时气流不中断，中间没有明显界线，发的音围绕一个中心形成一个整体。在复元音中，前后音素相互影响，造成韵腹、韵尾(特别是韵尾)的音素开口度、舌位前后发生变化。

1）前响复韵母

复韵母中，前音响亮的叫“前响复韵母”，共有 ai[ai]、ei[ei]、ao[au]、ou[ou]四个。发前头开口度较大、舌位较低的元音后立刻滑向后头开口度较小、舌位较高的元音，后者音值含混，只表示舌位滑动的方向。例如，“白菜、爱戴、海苔、北美、配备、黑妹、懊恼、逃跑、吵闹、丑陋、喉头、收购”。

2）中响复韵母

复韵母中，中音响亮的叫“中响复韵母”，共有 iao[iau]、iou[iou]、uai[uai]、uei[uei]四个。发音时，开口度从较小变成较大，再变成较小，舌位从较高变成较低，再变成较高。前面的元音轻短，中间的元音清晰响亮，后面的元音音值含混，只表示舌位滑动的方向。例如，“吊销、疗效、巧妙、悠久、优秀、求救、怀揣、摔坏、元帅、追悔、魁伟、水位”。

3）后响复韵母

复韵母中，后音响亮的叫“后响复韵母”，共有 ia[iA]、ie[iɛ]、ua[uA]、uo[uo]、üe[yɛ]五个。发音时，前头开口度较小的元音立刻滑向开口度较大的元音，前头的元音较短，只表示舌位从那里开始移动，后头的元音清晰响亮。例如，“假牙、花甲、画家、压榨、结业、铁屑、姐姐、挂花、耍滑、自夸、错落、哆嗦、国货、决裂、雪月、雀跃”。

3. 带鼻音韵母

带鼻音韵母由元音加鼻辅音构成，又叫鼻音尾韵母，简称“鼻韵母”。普通话共有16个带鼻音韵母，其中带前鼻音韵尾“n”的有 8 个：an、ian、uan、üan、en、in、uen、ün；带后鼻音韵尾“ng”的有 8 个：ang、iang、uang、eng、ing、ueng、ong、iong。

鼻韵母的发音要点有二：第一，元音同后面的鼻辅音不是生硬地拼合在一起，而是由元音的发音状态向鼻辅音过渡，鼻音色彩逐渐增加，最后，发音部位闭塞，形成鼻辅音；第二，鼻辅音韵尾发音时，除阻阶段不发音。

前鼻音“n”的发音已在声母里谈过了。韵尾 n 跟声母 n 的发音大同小异，不同的是 n 作韵尾时除阻阶段不发音。下面专谈后鼻音“ng”的发音。

ng[ŋ]是舌面后、浊、鼻音。发音时，软腭下降，打开鼻腔通路，舌面后部后缩抵住软腭，气流振动声带后从鼻腔通过。例如，“刚强”(gāngqiáng)里的韵尾 ng。这个辅音在普通话中不作声母，只能用作韵尾，作韵尾时跟作韵尾的“n”一样，也是除阻阶段不发音。

下面分述鼻韵母的发音。

an[an]、en[ən]、in[in]、ün[yn]发音时，先发元音，紧接着软腭逐渐降下来，增加鼻音色彩，舌尖往上齿龈移动，最后抵住上齿龈发 n，整个韵母发音完毕才除阻。例如，“展览、认真、信心、军训、参战、反感、烂漫”的韵母。

ian[iɛn]、uan[uan]、üan[yan]、uen[uən]发音时，从前面的轻而短的元音（韵头）滑到中间较响亮的主要元音（韵腹），（ian 韵母发音时，不滑到低元音 ɑ[A]，只滑到半低元音[ɛ]），紧接着软腭逐渐降下来，鼻腔通路打开，舌尖往上齿龈移动，最后抵住上齿龈发 n，整个韵母发音完毕才除阻。例如，“检验、婉转、源泉、昆仑、转弯、变迁”的韵母。

ang[ɑŋ]、eng[əŋ]、ing[iŋ]、ong[uŋ]、iong[yŋ]发音时，先发元音，紧接着舌后面往软腭移动并抵住软腭发 ng，整个韵母发音完毕才除阻。例如，“苍茫、丰盛、情形、隆重、汹涌、上场、更正、蜻蜓、总统、穷凶”的韵母。

注意： ong 韵母所发元音为 u（不是 o），iong 韵母所发元音为 ü[y]（不是 io）。

iang[iɑŋ]、uang[uɑŋ]、ueng[uəŋ]发音时，前面的韵头轻短，只表示舌位从那里开始移动，紧接着发[ɑŋ]、[əŋ]。例如，“响亮、向阳、矿床、双簧、嗡嗡”的韵母。

（三）韵母的结构

有的韵母可分为韵头、韵腹、韵尾。

1. 韵头

韵头只有 i、u、ü 三个，都是高元音，出现在韵腹前面。它的发音轻而短，只表示韵母发音的起点。韵头介于声母和韵腹之间，所以也叫介音或介母，如“jiā”（家）中的“i”，“guāi”（乖）中的“u”，“xué”（学）中的“ü”。

中国传统音韵学所讲的“四呼”就是按韵母开头的元音口形分的类。把韵母开头的发音按唇形和舌位的不同分为开、齐、合、撮四个呼。

开口呼：韵母开头不是 i、u、ü 的韵母属于开口呼。

齐齿呼：韵母开头是 i 的韵母属于齐齿呼。

合口呼：韵母开头是 u 的韵母属于合口呼。

撮口呼：韵母开头是 ü 的韵母属于撮口呼。

2. 韵腹

韵腹是韵母的主干，是韵母中不可缺少的，比起韵头、韵尾来，声音最清晰响亮，所以也叫“主要元音”。所有的元音都能出现在韵腹位置上。

3. 韵尾

韵尾只限于韵腹后头的 n、ng、i、u 四个。

韵腹加韵尾或光是韵腹(无韵尾)都可叫韵身或韵。韵文押韵的“韵”主要是指韵头后面的部分。

六、声调

(一) 什么是声调

声调是依附在音节上具有区别意义作用的音高变化格式。例如，在普通话里，“mā”(妈)、“má”(麻)、“mǎ”(马)、“mà”(骂)四个音节的声母、韵母都一样，但由于音高的平、升、曲、降的不同，就表示了不同的意义。

(二) 调型、调值和调类

汉语声调可以从调型、调值、调类三个方面来考察。

调型是指声调高低升降变化的形式。总体来说，汉语的调型不外乎有平调、升调、降调、降升调、升降调五种类型。

声调的实际读法为调值。描写调值一般采用赵元任创制的“五度标记法”。它将声调的相对音高分成五度，分别是低、半低、中、半高、高，依次用数字 1、2、3、4、5 表示。通常是画一条竖线，分作四格五度，在竖线的左侧从左至右画一条线，这条线的高低升降就反映了声调的高低升降变化。因此，普通话的调值可以用数字来表示，如“妈”[mᴀ^{55}]、“麻”[mᴀ^{35}]、“马”[mᴀ^{214}]、“骂”[mᴀ^{51}](见图 1-3)。

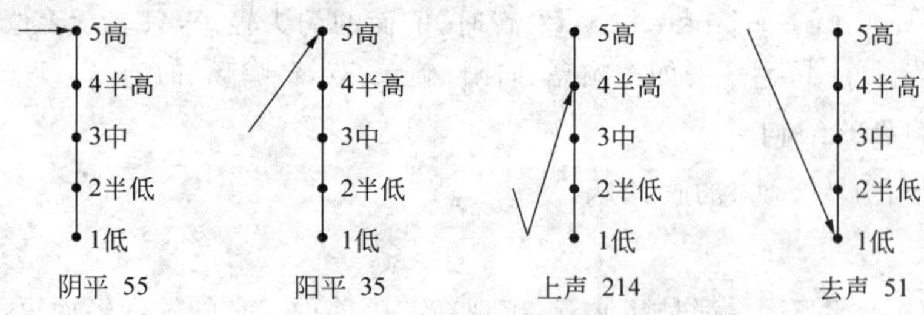

图 1-3　普通话调值五度标记图

调类是声调的种类，就是把调值相同的字归纳在一起所建立的类。在同一种方言中，有几种基本调值，就可以归纳成几种调类。汉语方言的声调非常复杂，就目前掌握的方言调查材料来看，调类少的有两个，多的有十多个，调值则更是五花八门。在不同的方言中，调值相同的字，不一定同属相同的调类；而调类相同的字，调值也不一定一样。学习调值和调类时，应该注意这种差别。

（三）普通话的声调

普通话的全部字音分属四种基本调值，所以，可归纳为阴平、阳平、上声、去声四个调类。

1. 阴平

高而平，即由 5 度到 5 度，表示声音比较高，而且基本上没有升降的变化，调值 55。因此，阴平调又叫高平调或 55 调。例如，“高、飞、天、空”的声调。

2. 阳平

由中音升到高音，即由 3 度升到 5 度，是个高升的调子，调值 35。因此，阳平调又叫高升调或 35 调。例如，“来、回、繁、忙”的声调。

3. 上声

由半低音先降到低音后升到半高音，即由 2 度降到 1 度再升到 4 度，是先降后升的曲折调，调值 214。因此，上声调又叫降升调或 214 调。例如，“勇、敢、友、好”的声调。

4. 去声

由高音降到低音，即由 5 度降到 1 度，是个全降的调子，调值为 51。因此，去声调又叫全降调或 51 调。例如，“建、设、世、界”的声调。

普通话四种基本声调的调型可以简单归结为一平、二升、三曲、四降。《汉语拼音方案》的调号就反映了这四种调型。

七、音节

音节是交谈时听觉感到的最小语音单位，发音时发音器官的肌肉每紧张一次就形成一个音节。音节由一个或几个音素组成。一般来说，一个汉字就包含一个音节，有后缀的“儿”字的是例外，它是用两个汉字记录一个音节，例如，“花儿”(huār)，“活儿”(huór)。

汉语是有声调的语言，音节上还必须附有声调才能表达意义，这种音节叫带调音节，我国古代语音学把带调音节叫作字音。普通话共有约 400 个音节，加上声调构成约 1300 个字音。

（一）音节的结构

音节分为声、韵、调三部分。韵母又可以进一步分解为韵头（又叫介音）、韵腹（又叫主要元音）和韵尾三个部分。其中韵腹和韵尾结合紧密，构成韵身，见表 1-4。

普通话的每个字音都带有声调，这使得音节界限分明。汉语有的字音声母和韵头、韵腹、韵尾四项都具备，更多的字音是四项不全的，缺少其中的 1～3 项。

表 1-4　普通话音节结构要素表

<table>
<tr><td colspan="4">声调</td></tr>
<tr><td rowspan="3">声母</td><td colspan="3">韵母</td></tr>
<tr><td rowspan="2">韵头</td><td colspan="2">韵身</td></tr>
<tr><td>韵腹</td><td>韵尾</td></tr>
</table>

普通话的音节结构有如下特点。

(1) 一个字音最多可以用四个音素符号来拼写(如“窗”),也可以用一至三个音素符号拼写。

(2) 元音在音节中占优势。每个音节总要有元音,元音符号可以多至三个,并且须连续出现。如果一个音节只有一个音素,这个音素除极个别例外都是元音。

(3) 音节中可以没有辅音。辅音大都在音节的开头或末尾出现(如“强”),在音节末尾出现的辅音只限于 n 和 ng。没有两个辅音相连的音节。

(4) 都有声调,都有韵腹(主要元音)。可以没有辅音声母(但有零声母),可以没有韵头和韵尾。

(二) 普通话的声韵拼合

普通话有 22 个声母和 39 个韵母,两者若都能相拼的话,不计声调,可以组成 858 个音节。事实上,普通话音节表里大约有 400 个有字的音节,声韵能拼合成有意义的音节(字音)的不到一半。声韵相拼是有一定规律的,见表 1-5。

表 1-5　普通话声韵配合表(基本音节表)

四呼	声母 / 韵母	唇音				舌尖中音				舌面后音			舌面前音			舌尖后音				舌尖前音			零
		b	p	m	f	d	t	n	l	g	k	h	j	q	x	zh	ch	sh	r	z	c	s	Ø
开口呼	-i[ɿ、ʅ]															知	吃	诗	日	滋	雌	司	
	a	巴	爬	妈	发	搭	他	拿	拉	嘎	咖	哈				渣	插	沙		杂	擦	萨	阿
	o	玻	坡	摸	佛																		噢
	e			么		德	特	讷	乐	哥	科	喝				遮	车	奢	热	则	侧	瑟	鹅
	ê																						欸
	er																						儿
	ai	白	拍	买		呆	胎	奶	来	该	开	海				摘	差	筛		灾	猜	腮	哀
	ei	杯	培	梅	非	得		内	雷	给	尅	黑						谁		贼			欸
	ao	包	抛	猫		刀	掏	脑	劳	高	考	耗				招	超	烧	绕	糟	操	骚	熬
	ou		剖	谋	否	兜	偷	耨	楼	沟	口	侯				舟	抽	收	柔	邹	凑	搜	欧
	an	般	潘	瞒	帆	担	摊	男	兰	干	看	寒				占	产	山	然	簪	残	三	安
	en	奔	喷	门	分	扽		嫩		根	肯	很				针	陈	身	人	怎	岑	森	恩
	ang	邦	旁	忙	方	当	汤	囊	郎	刚	康	杭				张	昌	商	嚷	臧	仓	桑	昂
	eng	绷	烹	蒙	风	登	滕	能	冷	庚	坑	横				争	成	生	扔	增	层	僧	鞥

续表

声母/韵母/四呼		唇音				舌尖中音				舌面后音			舌面前音			舌尖后音				舌尖前音			零
		b	p	m	f	d	t	n	l	g	k	h	j	q	x	zh	ch	sh	r	z	c	s	∅
齐齿呼	i	鼻	皮	迷		低	梯	泥	梨				鸡	欺	希								衣
	ia								俩				家	恰	瞎								鸦
	ie	别	撇	灭		爹	帖	捏	列				街	切	歇								耶
	iao	标	飘	秒		刁	挑	鸟	料				交	敲	消								腰
	iou			谬		丢		牛	溜				纠	秋	休								优
	ian	边	偏	面		颠	天	年	连				间	千	先								烟
	in	宾	拼	民				您	林				斤	亲	新								因
	iang							娘	良				江	腔	香								央
	ing	兵	平	名		丁	听	宁	零				京	青	星								英
合口呼	u	布	普	木	父	杜	图	奴	路	姑	哭	呼				朱	出	书	如	租	粗	苏	乌
	ua									瓜	夸	花				抓	欻	刷					挖
	uo					多	托	挪	罗	郭	阔	活				桌	戳	说	若	昨	错	所	窝
	uai									乖	快	槐				拽	揣	衰					歪
	uei					对	腿			规	亏	灰				追	吹	水	瑞	嘴	催	虽	威
	uan					端	团	暖	乱	官	宽	欢				专	川	拴	软	钻	窜	酸	弯
	uen					敦	吞		论	棍	困	昏				准	春	顺	闰	尊	村	孙	温
	uang									光	筐	荒				庄	窗	双					汪
	ueng																						翁
	ong					东	通	农	龙	工	空	轰				中	充		绒	宗	葱	松	
撮口呼	ü							女	吕				居	区	虚								迂
	üe							虐	掠				诀	缺	学								约
	üan												捐	圈	宣								渊
	ün												均	群	勋								晕
	iong												窘	穷	兄								拥

八、音变

这里谈的音变是共时的语流音变，主要是连读音变，即连着念的音节，其音素或声调有时会发生变化。普通话的音变现象主要有变调、轻声、儿化和语气词“啊”的变读等。

（一）上声的变调

上声单念时或在语流的末尾时，调值是214。两个上声或多个上声连着念时，有的上声变成35或21。这是语流的异化现象。

(1) 两个上声紧密相连,前一个调值从214变成35。

214+214→35+214 美好　委婉　冷饮

在原为上声现改读为轻声的字音前头,则有两种不同的变调。

① 214+轻声→35+轻声:小姐　法子　等等　数数

② 214+轻声→21+轻声:马虎　耳朵　点子　饺子

(2) 三个上声相连,前两个上声的变调视词语内部的语义停顿而定。

① 前两个上声音节语义紧凑,语义停顿在第二个音节后,则前两个音节都变成35。

(214+214)+214→35+35+214　展览馆　草稿纸　打靶场

② 后两个上声音节语义紧凑,语义停顿在第一个音节后,则前两个音节都变成21+35。

214+(214+214)→21+35+214　买雨伞　好产品　女领导

(3) 如果连着念的上声字不止三个,要根据词语的语法结构和语义紧密度划分语义停顿,再根据上述规律进行变调。如"理想|美好"划分两段,念成35+21+35+214。

(4) 在非上声的前面,上声调值由214变成21,在原为非上声改读轻声的字音前,变调情况也相同。例如:

在阴平前　北京　导师　敞开　雪山

在阳平前　请求　偶然　女人　导游

在去声前　比喻　表示　产物　尺度

在轻声前　尾巴　点心　斗篷　斧头

(二) "一、不"的变调

(1) "一、不"单念或用在词句末尾,以及"一"在序数中,声调不变,读原调:"一"念阴平(55),"不"念去声(51)。例如:

统一　第一　十一　始终如一　一九九一　万一　不　偏不

(2) 在去声前,一律变35。例如:

一半　一定　一道　一度　不看　不错　不对　不够

(3) 在非去声前,"一"变51,"不"仍读去声(51)。例如:

一天　一年　一起　一成　一手　一两(变读51)

不吃　不开　不同　不详　不管　不想(仍读51)

(4) "一、不"嵌在相同的动词的中间,读轻声。例如:

听一听　谈一谈　想一想　看一看

来不来　肯不肯　找不找　开不开

(5) "不"在可能补语中读轻声。例如:

做不好　来不了

(三) 轻声

1. 什么是轻声

轻声是四声在一定条件下变成比原调又轻又短的声调变体。"轻"是就音节的音强而言,轻声音节听起来声音轻些、弱些;"短"是就音节的音长而言,轻声音节比原调音节听起

来时间短些。

轻声是四种变调的总名，不是四声之外独立的第五种声调。

2. 轻声变读的规律

一般来说，新词语、科学术语里没有轻声音节，口语中的常用词才读轻声音节。下面一些成分在普通话中通常读轻声。

(1) 助词“的、地、得、着、了、过”和语气词“吧、嘛、呢、啊”等读轻声。例如：

领路的　愉快地　学得(好)

笑着　活了　看过

他呢　谁啊　算了吧　放心吧　好嘛

(2) 部分重叠词的后一音节读轻声。例如：

猩猩　饽饽

妈妈　弟弟　姑姑　娃娃　星星

坐坐　劝劝　催催　看看

(3) 双音节动词重叠式 ABAB 的第二、第四音节读轻声。例如：

研究研究　考虑考虑　打扫打扫

(4) 构词后缀“子”“头”和“们”等读轻声。例如：

鸽子　燕子　辫子　石头　馒头

木头　我们　你们　他们

(5) 表示方位的词或语素读轻声。例如：

马路上　脸上　地底下　村子里

箱子里　前边　左边　外面　火车上面

(6) 动词、形容词后面表示趋向的词“来、去、起来、下去”等读轻声。例如：

送来　进来　起来　过去　出去　上去

热起来　说出来　夺回来　跑过去　挑回去　冷下去

前头带有表示可能性的“得、不”的趋向动词不读轻声。例如：

划得来　出不去

(7) 有一批常用的双音节词，第二个音节习惯上要读轻声。例如：

伙计　喷嚏　簸箕　蚂蚱　咳嗽　云彩　蘑菇　护士　事情

脑袋　胳膊　窗户　算盘　消息　牡丹　体面　动静　应付

招呼　清楚　稀罕　石榴　力量　吩咐　客气　扫帚　喜鹊

3. 轻声的作用

有些轻声音节具有区别词义和区分词性的作用。例如：

老子就是不怕，他还能吃了我！

老子是我国古代伟大的哲学家和思想家。

这两句中的“老子”都是名词，但词义不同。前句的“老子”是男子的自称，有傲慢的意思，用于气愤或开玩笑的场合，“子”读轻声。后句的“老子”是人名，“子”是古代表示对人的敬称，读上声。

有时区别了意义，也连带区别了词性。例如：

那里有个长长的地道。

这道菜做得很地道。

上句的“地道”是“地下通道”的意思，是名词，“道”读四声；下句的“地道”指的是“正宗的、纯正的”，是形容词，“道”读轻声。

为方便大家训练与提高，列举普通话常用轻声词如下：

月亮　时辰　火候儿　功夫　狐狸　王八　畜生　牲口　骆驼　苍蝇　刺猬　蛤蟆　蚂蚱　虾米　尾巴　莲蓬　薄荷　庄家　庄稼　粮食　高粱　芝麻　萝卜　蔓菁　芫荽　黄瓜　蘑菇　豆腐　石榴　核桃　樱桃　葡萄　甘蔗　烧饼　馄饨　包袱　行头　斗篷　衣服　衣裳　窟窿　窗户　玻璃　算盘　烟筒　柴火　扫帚　笤帚　灯笼　糨糊　钥匙　簸箕　栅栏　篱笆　笊篱　牌楼　帐篷　风筝　东西　家伙　棒槌　轱辘　相声　故事　秧歌　耷拉脑袋　头发　眉毛　耳朵　嘴巴　喷嚏　唾沫　舌头　下巴　晃悠胳膊　胳臂　巴掌　指甲　脊梁　屁股　疙瘩　骨头　收拾行李　嫁妆　戒指　胭脂　称呼　大人　王爷　灶王爷　老佛爷　大爷　少爷　父亲　亲家　叔伯兄弟　弟兄　先生　丈夫　老婆（妻子）　爱人　夫人　老丈人　女婿　姑娘　闺女　媳妇（妻子）　妯娌　外甥　寡妇　丫鬟　伙计　师傅　人家（代词）　东家　财主　奴才　皇上　街坊　秀才　状元　行当　阎王　裁缝　大夫　护士　木匠　特务　和尚　喇嘛　神甫　搅和　折腾　闹腾　欺负　糟蹋　拾掇　巴结　结巴　支吾　伺候　运动（奔走钻营）　张罗　忙活　言语（动词）　佩服　商量　思量　寻思　琢磨　眯缝　笑话　难为　养活　使唤　叫唤　认识　见识　提防　应付　招呼　动弹　休息　耽搁　打呼噜　侧（zhāi）歪　侧（zhāi）棱　支棱　吆喝　吓唬　嘟囔　叽咕（小声说话）　念叨　絮叨　啰唆　哆嗦　溜达　转悠　不在乎　凑合　抓挠　扒拉　疤痢　撺掇　趿拉　约莫　咂摸　晃荡　趔趄　正经　地道（纯粹、真正）　规矩　厚道　厚实　踏实　老师　严实　结实　皮实　冒失　窝憋　窝囊　别扭　快活　舒服　舒坦　自在　消停　痛快　暖和　软和　热闹　亮堂　清楚　明白　糊涂　模糊　黏糊　含糊　迷糊　马虎　冤枉　悬乎　稀罕　世故　机灵　利索　毛糙　麻烦　顺当　顺溜　光溜　漂亮　苗条　秀气　少相　壮实　富态　阔气　大方　寒碜　便宜　厉害　客气　热乎　腻味　邋遢　德行（骂人话）　囫囵　花哨　衙门　官司　本事　能耐　知识　见识　用处　好处　事情　故事　脾气　记性　忘性　交情　亲戚　朋友　对头（仇敌、对手）　买卖（名词）　生意（商业）　价钱　佣钱　哑巴　痢疾　疟疾　地方（部位；区域；部分）　架势　态度　合同　队伍　动静　部分　意思　意识　应酬　报酬　运气　主意　门道　心思　念头　作坊　名字　妖精　苜蓿　泥巴　泥鳅　味道　出息　消息　棺材　葫芦

（四）儿化

1. 什么是儿化

普通话的“儿化”指的是一个音节中，韵母带上卷舌色彩的音变现象。卷舌化了的韵母就叫作“儿化韵”。例如“花儿”，“儿”字不是独立的音节，也不是音素，而是表示卷舌动作的符号。

2. 儿化的作用

1）区别词义

有的词儿化后具有不同的意义。例如：

头（脑袋）—头儿（领头的）　眼（眼睛）—眼儿（小孔）

火星（行星）—火星儿（极小的火）

2）区分词性

有的词儿化后，不但区别了词义，也区分了词性。例如：

画（名词、动词）　画儿（名词）

尖（形容词）　尖儿（名词）

盖（动词）　盖儿（名词）

手（名词）　一手儿（量词）

3）表示某种感情色彩

有的词儿化和不儿化，感情色彩不同。有的词儿化后表示细小、轻松或表示亲切、喜爱的感情色彩。例如：

小皮球儿　小河儿　勺儿　头发丝儿　小孩儿

也有的词儿化后，有轻蔑、鄙视的感情色彩。例如：

小偷儿　小科长儿

为方便大家训练与提高，列举普通话常用儿化词如下：

光杆儿　冰棍儿　光棍儿（单身汉）　老头儿　老伴儿　小两口儿　爷们儿　哥们儿　娘们儿　娘儿俩　大婶儿　应名儿　大伙儿　小孩儿　小名儿　心肝儿（最心爱的人）　胖墩儿　亲侄儿　小白脸儿　棒小伙儿　小人儿书　败家子儿　小偷儿　对眼儿（内斜视）　齉鼻儿　豁嘴儿　小低个儿　傻帽儿　白眼儿狼　腰板儿　羊倌儿　大腕儿　主角儿（juér）　小曲儿　单弦儿（xiánr）　嗓门儿　快板儿　模特儿　冒牌儿货　门鼻儿　门墩儿　门槛儿　对门儿　大杂院儿　茶馆儿　盖盖儿　份儿饭　春卷儿　馅儿饼　豆腐干儿　蒜瓣儿　杂拌儿　爆肚儿　老白干儿　杏仁儿　梨核儿（húr）　瓜子儿　麻花儿　饱嗝儿　刘海儿　小辫儿　脸蛋儿　酒窝儿　眼泡儿（pāor）　眼圈儿　下巴颏儿（kér）　奶嘴儿　手腕儿　指甲盖儿　指头肚儿　肚脐眼儿　拉链儿　坎肩儿　心坎儿　铺盖卷儿　网兜儿　高跟儿鞋　鞋带儿　被窝儿　裤衩儿　围脖儿　围嘴儿　针鼻儿　火星儿　烟卷儿　玩意儿　八哥儿　蛐蛐儿　奔头儿　老本儿　泥人儿　白面儿（海洛因）　枪子儿　窍门儿　人缘儿　扇面儿　火罐儿　砂轮儿　三轮儿　滑竿儿　粉末儿　芝麻官儿　病包儿　桑葚儿　白卷儿　称星儿　刀尖儿　干劲儿　节骨眼儿　坎儿井　沙瓤儿　橡皮筋儿　小不点儿　滋味儿　杠杆儿　瓜子儿脸　拐棍儿　官衔儿　花瓣儿　快门儿　零碎儿　六指儿　屁股蹲儿　片儿汤　油门儿　照面儿　包干儿　包圆儿　差点儿　纳闷儿　闹着玩儿　打滚儿　出圈儿　加塞儿　摆摊儿　串门儿　打盹儿　打鸣儿　够本儿　愣神儿　送信儿　没准儿　有门儿　串味儿　在那儿（nàr）　在哪儿（nǎr）　来这儿　耍笔杆儿　露（lòu）馅儿　拐弯儿　没词儿　挑刺儿　抽筋儿　双眼皮儿　记事儿　小心眼儿　抠门儿　转圈儿　玩儿命　玩儿完　贪玩儿　好玩儿　耍猴儿　顺杆

儿爬　黄牌儿警告　凑趣儿　压根儿　沾边儿　发火儿　翻白眼儿　没好气儿　慌神儿　解闷儿　吭气儿　抠字眼儿　靠边儿站　钻牛角尖儿　撒欢儿　一个劲儿　叫座儿　邪门儿　一块儿　一点儿　对半儿

（五）语气词“啊”的音变

用于句末的语气词“啊”ā 发音时往往受前字读音的影响而产生音变，字形也根据实际读音写作“呀”“哇”“哪”“啊”（见表 1-6）。

表 1-6　语气词“啊”音变规律表

前字末尾音素	加“啊”	读　作	写作	举　　例
i、ü、a、o、e、ê	+a	→ya	呀	鸡呀、鱼呀、他呀、磨呀、鹅呀、写呀
u	+a	→wa	哇	苦哇、好哇、加油哇
n	+a	→na	哪	难哪、新哪、弯哪
ng	+a	→nga[ŋA]	啊	唱啊、香啊、小红啊
-i[ʅ]，er	+a	→ra[ʐA]	啊	是啊、店小二啊
-i[ɿ]	+a	→[zA]	啊	真丝啊、孩子啊

注：“啊”的音变规律：尾音口大加上 y⁻（写作“呀”），其余粘连上字尾音念。

第二节　普通话测试

一、普通话测试概说

普通话水平测试是测查应试人的普通话规范程度、熟练程度，认定其普通话水平等级的一项考试，属于标准参照性考试。测试以口试方式进行。

目前，国家语言文字工作委员会以及各省、自治区、直辖市语言文字工作委员会均设有普通话培训测试中心，全国绝大部分地市（区、州、盟）和高校也都设有普通话测试站。普通话水平测试的对象从最初的教师、播音员、节目主持人扩大到各行各业需要持普通话合格证书上岗的人员。

普通话水平测试的等级分为三级，每级又划分为甲、乙两个等，共三级六等。普通话测试机构将根据应试人的测试成绩确定其普通话水平等级，由省、自治区、直辖市以上的语言文字工作部门颁发相应的普通话水平测试等级证书。普通话水平测试等级标准如下。

一级（92～100 分）

甲等（97～100 分）　朗读和自由交谈时，语音标准，词语、语法正确无误，语调自然，表达流畅。测试总失分率在 3%以内。

乙等（92～96.9 分）　朗读和自由交谈时，语音标准，词语、语法正确无误，语调自然，表达流畅。偶然有字音、字调失误。测试总失分率在 8%以内。

二级(80～91.9分)

甲等(87～91.9分)　朗读和自由交谈时,声韵调发音基本标准,语调自然,表达流畅。少数难点音(平翘舌音、前后鼻尾音、边鼻音等)有时出现失误。词语、语法极少有误。测试总失分率在13%以内。

乙等(80～86.9分)　朗读和自由交谈时,个别调值不准,声韵母发音有不到位现象。难点音(平翘舌音、前后鼻尾音、边鼻音、fu—hu、z—zh—j、送气不送气、i—ü不分、保留浊塞音和浊塞擦音、丢介音、复韵母单音化等)失误较多。方言语调不明显。有使用方言词、方言语法的情况。测试总失分率在20%以内。

三级(60～79.9分)

甲等(70～79.9分)　朗读和自由交谈时,声韵母发音失误较多,难点音超出常见范围,声调调值多不准。方言语调较明显。词语、语法有失误。测试总失分率在30%以内。

乙等(60～69.9分)　朗读和自由交谈时,声韵母发音失误多,方音特征突出。方言语调明显。词语、语法失误较多。外地人听其谈话有听不懂的情况。测试总失分率在40%以内。

三级的依据是全国语言文字工作会议的主报告《新时期的语言文字工作》中提出的"普通话三级标准"。一级是高级,二级是中级,三级是初级。

普通话水平测试设立六等的主要原因是:一方面,级的跨度大,级中分为两等,跨度缩小,能够减少进级的难度,增强应试人的进取心,同时也能够更加真实地体现大家普通话的真实水平和差异;另一方面,级的跨度大,对级的水平特征难以描述,分等以后,等的特征和界限很容易说清楚,测试员与应试人也易于掌握,评级的透明度大大提高。

另外,如果测试总失分率在40%以上,分值在60分以下就是"不入级",也称"不进级"或"不进入等级"。"不入级"说得可能不是普通话而是方言,或者说的和普通话差距很大,难以听懂。

普通话各等级的评定主要依靠测试员的主观评级和客观评级相结合的办法。各等的分数线就是客观评级的量化标准。这些分数线根据测试实践证明是可靠可信的。一般,等级特征和等级分数线的客观结合,就能够得出一个公正、合理的等级。

等级标准全国统一,这是因为普通话只有一个标准,这个唯一标准就是"一级甲等"。在现阶段,普通话水平测试针对不同方言区的各类人员做出不同的等级达标要求,既符合现实中大家说普通话的复杂情况,又能够照顾到不同方言区的人们学习普通话的难易程度,是目前最为现实也是最为合理的解决办法。

普通话水平测试的参加人员为母语为汉语,并通晓一定书面语的成年人。少数民族各类人员,如果以汉语为第一语言且具备其他条件,可以参加普通话水平等级测试;如果第一语言不是汉语,则可以参加汉语水平考试。

二、内容和样卷

2004年10月1日起施行的《普通话水平测试大纲》中规定"普通话水平测试的内容

包括普通话语音、词汇和语法”。还规定“普通话水平测试的范围是国家测试机构编制的《普通话水平测试用普通话词语表》《普通话水平测试用普通话与方言词语对照表》《普通话水平测试用普通话与方言常见语法差异对照表》《普通话水平测试用朗读作品》《普通话水平测试用话题》”。

普通话水平测试的具体测试内容共分为五项，各项的具体内容要求如下。

（一）读单音节字词：10分

共100个音节，不含轻声、儿化音节，限时3.5分钟。

1. 目的

测查应试人声母、韵母、声调读音的标准程度。

2. 要求

(1) 100个音节中，70%选自《普通话水平测试用普通话词语表》“表一”，30%选自《普通话水平测试用普通话词语表》“表二”。

(2) 100个音节中，每个声母出现次数一般不少于3次，每个韵母出现次数一般不少于2次，4个声调出现次数大致均衡。

(3) 音节的排列要避免同一测试要素连续出现。

3. 评分

(1) 语音错误，每个音节扣0.1分。

(2) 语音缺陷，每个音节扣0.05分。

(3) 超时1分钟以内，扣0.5分；超时1分钟以上（含1分钟），扣1分。

（二）读多音节词语：20分

共100个音节，限时2.5分钟。

1. 目的

测查应试人声母、韵母、声调和变调、轻声、儿化读音的标准程度。

2. 要求

(1) 词语的70%选自《普通话水平测试用普通话词语表》“表一”，30%选自《普通话水平测试用普通话词语表》“表二”。

(2) 声母、韵母、声调出现的次数与读单音节字词的要求相同。

(3) 上声与上声相连的词语不少于3个，上声与非上声相连的词语不少于4个，轻声不少于3个，儿化不少于4个（应为不同的儿化韵母）。

(4) 词语的排列要避免同一测试要素连续出现。

3. 评分

(1) 语音错误，每个音节扣0.2分。

(2) 语音缺陷，每个音节扣0.1分。

(3) 超时1分钟以内，扣0.5分；超时1分钟以上（含1分钟），扣1分。

（三）朗读短文：30分

一篇，共400个音节计分，限时4分钟。

1. 目的

测查应试人使用普通话朗读书面作品的水平。在测查声母、韵母、声调读音标准程度的同时，重点测查连读音变、停连、语调以及流畅程度。

2. 要求

(1) 短文从《普通话水平测试用朗读作品》中选取。

(2) 评分以朗读作品的前400个音节(不含标点符号和括注的音节)为限。

3. 评分

(1) 每错1个音节，扣0.1分；漏读或增读1个音节，扣0.1分。

(2) 声母或韵母的系统性语音缺陷，视程度扣0.5分、1分。

(3) 语调偏误，视程度扣0.5分、1分、2分。

(4) 停连不当，视程度扣0.5分、1分、2分。

(5) 朗读不流畅(包括回读)，视程度扣0.5分、1分、2分。

(6) 超时扣1分。

(四) 命题说话：40分

限时3分钟。

1. 目的

测查应试人在无文字凭借的情况下说普通话的水平，重点测查语音标准程度、词汇语法规范程度和自然流畅程度。

2. 要求

(1) 说话话题从《普通话水平测试用话题》中选取，由应试人从给定的两个话题中选定1个话题，连续说一段话。

(2) 应试人单向说话。如发现应试人有明显背稿、离题、说话难以继续等表现时，主试人应及时提示或引导。

3. 评分

(1) 语音标准程度，共25分。分六档。

一档：语音标准，或极少有失误。扣0分、1分、2分。

二档：语音错误在10次以下，有方音但不明显。扣3分、4分。

三档：语音错误在10次以下，但方音比较明显；或语音错误在10次到15次，有方音但不明显。扣5分、6分。

四档：语音错误在10次到15次，方音比较明显。扣7分、8分。

五档：语音错误超过15次，方音明显。扣9分、10分、11分。

六档：语音错误多，方音重。扣12分、13分、14分。

(2) 词汇语法规范程度，共10分。分三档。

一档：词汇、语法规范。扣0分。

二档：词汇、语法偶有不规范的情况。扣1分、2分。

三档：词汇、语法屡有不规范的情况。扣3分、4分。

(3) 自然流畅程度,共5分。分三档。

一档:语言自然流畅。扣0分。

二档:语言基本流畅,口语化较差,有背稿子的表现。扣0.5分、1分。

三档:语言不连贯,语调生硬。扣2分、3分。

说话不足3分钟,酌情扣分:缺时1分钟以内(含1分钟),扣1分、2分、3分;缺时1分钟以上,扣4分、5分、6分;说话不满30秒(含30秒),本测试项成绩计为0分。

下面是国家普通话水平测试样题答案和测试点覆盖情况。

国家普通话水平测试题

一、读100个单音节字词(100个音节,共10分,限时3.5分钟)

半 顶 毁 绿 盆 外 庄 怯 筛 逢

痘 蠢 曹 夫 见 杯 略 秋 仰 醉

爱 尝 匪 街 鸟 栓 雪 葱 饷 梯

忍 稻 刮 狂 女 怨 史 铆 鲤 慈

陕 勒 翁 音 疼 您 捆 管 翅 揉

洒 冲 贵 卡 攀 统 糟 饶 赌 霞

咂 鄙 浴 坐 特 偏 留 怀 而 丝

晴 斩 攥 兄 尚 灭 讲 佛 执 所

喘 航 阅 抓 训 劝 民 婚 饿 薄

扔 敌 甲 明 穷 温 皱 储 革 汇

二、读多音节词语(100个音节,共20分,限时2.5分钟)

沸腾 协作 采访 制备 规定

拆迁 大婶儿 法令 充满 次序

彼此 嫁妆 而且 老头儿 挖掘

尊严 用品 逗乐儿 苦恼 军人

胸脯 娘家 揣摩 算账 取消

脖颈儿 奥妙 党委 牛顿 空虚

损耗 卓越 怎么 衰变 死亡

呕吐 河床 原料 流水 强制

工程师 判决书 焕然一新 在家 美好

垮台 弱点 拳头

三、朗读短文(400个音节,共30分,限时4分钟)

作品17号

对于一个在北平住惯的人,像我,冬天要是不刮风,便觉得是奇迹;济南的冬天是没有风声的。对于一个刚由伦敦回来的人,像我,冬天要能看得见日光,便觉得是怪事;济南的冬天是响晴的。自然,在热带的地方,日光永远是那么毒,响亮的天气,反有点儿叫人害怕。可是,在北方的冬天,而能有温晴的天气,济南真得算个宝地。

设若单单是有阳光,那也算不了出奇。请闭上眼睛想:一个老城,有山有水,全在天

底下晒着阳光，暖和安适地睡着，只等春风来把它们唤醒，这是不是理想的境界？小山整把济南围了个圈儿，只有北边缺着点口儿。这一圈小山在冬天特别可爱，好像是把济南放在一个小摇篮里，它们安静不动地低声地说："你们放心吧，这儿准保暖和。"真的，济南的人们在冬天是面上含笑的。他们一看那些小山，心中便觉得有了着落，有了依靠。他们由天上看到山上，便不知不觉地想起：明天也许就是春天了吧？这样的温暖，今天夜里山草也许就绿起来了吧？就是这点儿幻想不能一时实现，他们也并不着急，因为这样慈善的冬天，干什么还希望别的呢！

最妙的是下点儿小雪呀。看吧，山上的矮松越发的青黑，树尖儿上顶着一髻儿白花，好像日本看护妇。山尖儿全白了，给蓝天镶上一道银边。山坡上，有的地方雪厚点儿，有的地方草色还露着；这样，一道儿白，一道儿暗黄，给山们穿上一件带水纹儿的花衣；看着看着，这件花衣好像被风儿吹动，叫你希望看见一点儿更美的山的肌肤。等到快日落的时候，微黄的阳光斜射在山腰上，那点儿薄雪好像忽然害羞，微微露出点儿粉色。就是下小雪吧，济南是受不住大雪的，那些小山太秀气。

——节选自老舍《济南的冬天》

四、命题说话（请在下列话题中任选一个，共 30 分，限时 3 分钟）

1. 我的假日生活

2. 谈谈社会公德

样题答案和覆盖情况

一、读 100 个单音节字词（100 个音节，共 10 分，限时 3.5 分钟）

*bàn　*dǐng　huǐ　*lù　*pén　*wài　zhuāng　qiè　shāi　féng
dòu　chǔn　cáo　*fū　*jiàn　*bēi　*lüè　*qiū　yǎng　zuì
*ài　cháng　fěi　jiē　*niǎo　shuān　*xuě　cōng　xiǎng　tī
rěn　dào　guā　kuáng　*nǚ　yuàn　*shǐ　mǎo　lǐ　cí
shǎn　lè　wēng　*yīn　téng　*nín　kǔn　*guǎn　chì　róu
sǎ　*chōng　*guì　*kǎ　pān　tǒng　zāo　ráo　dǔ　xiá
zā　bǐ　yù　*zuò　*tè　piān　*liú　*huái　*ér　*sī
qíng　zhǎn　zuàn　xiōng　*shàng　*miè　*jiǎng　*fó　zhí　*suǒ
chuǎn　háng　yuè　*zhuā　xùn　*quàn　*mín　hūn　*è　*bó
rēng　*dí　*jiǎ　míng　*qióng　*wēn　zhòu　chǔ　gé　huì

（以上标＊的是《普通话水平测试用普通话词语表》"表一"里频率为 1～4000 的字词。）

1. 覆盖声母情况

b:4,p:3,m:4,f:4,d:5,t:4,n:3,l:5,g:4,k:3,h:5,j:4,q:5,x:5,zh:5,ch:6,sh:5,r:3,z:5,c:3,s:3,零声母:11（其中，开口呼:3,齐齿呼:3,合口呼:3,撮口呼:3）。

总计：100 次。

未出现声母：0。

最少出现：3 次。

最多出现：6次。

2. 覆盖韵母情况

a:3，o:2，e:4，er:1，ai:3，ei:2，ao:4，ou:3，an:4，en:3，ang:3，eng:3，-i（前）:2，-i（后）:3，i:4，ia:2，ie:3，iao:2，iou:2，ian:2，in:3，iang:3，ing:3，u:3，ua:2，uo:2，uai:2，uei:4，uan:3，uen:2，uang:2，ueng:1，ong:3，ü:3，üe:3，üan:2，ün:2，iong:2。

总计：100次。

未出现韵母：ê。

最少出现：1次。

最多出现：4次。

3. 覆盖声调情况

阴平：23；

阳平：24；

上声：26；

去声：27。

总计：100个声调。

二、读多音节词语（100个音节，共20分，限时2.5分钟）

fèiténg　xiézuò　cǎifǎng　zhìbèi　guīdìng
chāiqiān　dàshěnr　fǎlìng　chōngmǎn　cìxù
bǐcǐ　jiàzhuang　érqiě　lǎotóur　wājué
zūnyán　yòngpǐn　dòulèr　kǔnǎo　jūnrén
xiōngpú　niángjia　chuǎimó　suànzhàng　qǔxiāo
bógěngr　àomiào　dǎngwěi　niúdùn　kōngxū
sǔnhào　zhuōyuè　zěnme　shuāibiàn　sǐwáng
ǒutù　héchuáng　yuánliào　liúshuǐ　qiángzhì
gōngchéngshī　pànjuéshū　huànrán-yīxīn　zàijiā　měihǎo
kuǎtái　ruòdiǎn　quántou

1. 覆盖声母情况

b:4，p:3，m:5，f:3，d:6，t:5，n:3，l:5，g:3，k:3，h:4，j:6，q:5，x:6，zh:5，ch:5，sh:5，r:3，z:4，c:3，s:3，零声母:11（其中，开口呼:3，齐齿呼:3，合口呼:3，撮口呼:2）。

总计：100次。

未出现声母：0。

最少出现：3次。

最多出现：6次。

2. 覆盖韵母情况

a:3，o:2，e:3，er:1，ai:4，ei:3，ao:4，ou:3，an:3，en:3，ang:3，eng:3，-i（前）:3，-i（后）:3，i:2，ia:3，ie:2，iao:3，iou:2，ian:4，in:2，iang:2，ing:2，u:4，ua:2，uo:3，uai:2，uei:3，uan:2，uen:3，uang:3，ong:3，ü:3，üe:3，üan:2，ün:2，iong:2。

总计：100次。

未出现韵母：ê、ueng。

最少出现：1次。

最多出现：4次。

儿化韵母：4个，-tóur(老头儿)，-lèr(逗乐儿)，-gěngr(脖颈儿)，-shěnr(大婶儿)。

3. 覆盖声调情况

阴平：18；

阳平：24；

上声：26；

去声：28；

轻声：4(见拼音下加·的音节)。

上声和上声相连的词语：5条，"彼此、苦恼、党委、美好、采访"。

上声和非上声相连的词语：9条，其中"上声＋阴平"1条，"上声＋阳平"4条，"上声＋去声"3条，"上声＋轻声"1条。

总计：100个声调。ā á ǎ à

三、朗读短文(400个音节，共30分，限时4分钟)

Zuòpǐn 17 Hào

Duìyú yī gè zài Běipíng zhùguàn de rén，xiàng wǒ，dōngtiān yàoshì bùguāfēng，biàn jué·[①]de shì qíjì；Jǐnán de dōngtiān shì méi·you fēngshēngde。Duìyú yīgè gāng yóu Lúndūn huí·lai de rén，xiàng wǒ，dōngtiān yào néng kàn de jiàn rìguāng，biàn jué·de shì guàishì；Jǐnán de dōngtiān shì xiǎngqíng de。Zìrán，zài rèdài de dìfang，rìguāng yǒngyuǎn shì nàme dú，xiǎngliàng de tiānqì，fǎn yǒudiǎnr jiào rén hàipà。Kěshì，zài běifāng de dōngtiān，ér néng yǒu wēnqíng de tiānqì，Jǐnán zhēn děi suàn gè bǎodì。

Shèruò dāndān shì yǒu yángguāng，nà yě suàn·buliǎo chūqí。Qǐng bì·shang yǎnjing xiǎng：Yī gè lǎochéng，yǒu shān yǒu shuǐ，quán zài tiān dǐ·xia shàizhe yángguāng，nuǎnhuo ānshì de shuìzhe，zhǐ děng chūnfēng lái bǎ tāmen huànxǐng，zhè shì·bushì lǐxiǎng de jìngjiè? Xiǎoshān zhěng bǎ Jǐnán wéile gè quānr，zhǐyǒu běi·bian quēzhe diǎnr kǒur。Zhè yī quān xiǎoshān zài dōngtiān tèbié kě'ài，hǎoxiàng shì bǎ Jǐnán fàng zài yī gè xiǎo yáolán·li，tāmen ānjìng bù dòng de dīshēng de shuō："Nǐmen fàngxīn ba，zhèr zhǔnbǎo nuǎnhuo。"zhēn de，Jǐnán de rénmen zài dōngtiān shì miàn·shang hánxiào de。Tāmen yī kàn nàxiē xiǎoshān，xīnzhōng biàn jué·de yǒule zhuóluò，yǒule yīkào。Tāmen yóu tiān·shang kàndào shān·shang，biàn bùzhī-bùjué de xiǎngqǐ："Míngtiān yěxǔ jiùshì chūntiān le ba? Zhèyàng de wēnnuǎn，jīntiān yè·li shāncǎo yěxǔ jiù lǜqǐ·lai le ba?"Jiùshì zhè diǎnr huànxiǎng bùnéng yīshí shíxiàn，tāmen yě bìng bù zháojí，yīn·wei zhè yàng císhàn de dōngtiān，gànshénme hái xīwàng biéde ne!

---

① 汉语拼音两个音节中间的圆点表示后面为轻声音节。

Zuì miào de shì xià diǎnr xiǎoxuě ya。Kàn ba,shān · shang de ǎisōng yuèfā de qīnghēi,shùjiānr · shang dǐng zhe yī jìr báihuā,hǎoxiàng rìběn kānhùfù。Shānjiānr quán bái le,gěi lántiān xiāng · shang yī dào yínbiānr。Shānpō · shang,yǒude dìfang xuě hòu diǎnr,yǒude dìfang cǎosè hái lòuzhe;zhèyàng,yī dàor bái,yī dàor ànhuáng,gěi shānmen chuān · shang yī jiàn dài shuǐwénr de huāyī;kànzhe kànzhe, zhè jiàn huāyī hǎoxiàng bèi fēng'ér chuīdòng,jiào nǐ xīwàng kàn · jian yīdiǎnr gèng měi de shān de jīfū。Děngdào kuài rìluò de shíhou,wēihuáng de yángguāng xié shè zài shānyāo · shang,nà diǎnr báo xuě hǎoxiàng hūrán hàixiū,wēiwēi lòuchū diǎnr fěnsè。Jiùshì xià xiǎoxuě ba,Jǐnán shì shòu · buzhù dàxuě de,nàxiē xiǎoshān tài xiùqì。

——Jiéxuǎn zì Lǎo Shě《Jǐnán de Dōngtiān》

四、命题说话(请在下列话题中任选一个,共 30 分,限时 3 分钟)

略。

三、应试策略

无论参加哪种测试,应试人都希望能够正常发挥自己的水平,取得理想的成绩,因此,掌握一些应试技巧是十分必要的。

普通话水平测试的应试技巧主要体现在以下三个方面。

(一) 测前准备

应试人在接受普通话水平测试之前应做好充分的准备,否则将难以发挥出自己应有的普通话口语水平。具体应从以下几个方面做出准备。

1. 提前开口讲普通话

无论普通话水平如何,平时能够坚持使用是至关重要的。至少在正式接受普通话水平测试前半年,就应该在日常工作和生活中坚持使用普通话。当然最好的做法是多年始终坚持使用普通话,使普通话真正成为自己的交际语言、工作语言。

同时,对"命题说话"测试题一定要在平时加强训练,熟能生巧,使自己临场不慌。这里列举国家普通话水平测试用说话题目如下。

(1) 我的愿望(或理想)

(2) 我的学习生活

(3) 我尊敬的人

(4) 我喜爱的动物(或植物)

(5) 童年的记忆

(6) 我喜爱的职业

(7) 难忘的旅行

(8) 我的朋友

(9) 我喜爱的文学(或其他)艺术形式

(10) 谈谈卫生与健康

(11) 我的业余生活
(12) 我喜欢的季节(或天气)
(13) 学习普通话的体会
(14) 谈谈服饰
(15) 我的假日生活
(16) 我的成长之路
(17) 谈谈科技发展与社会生活
(18) 我知道的风俗
(19) 我和体育
(20) 我的家乡(或熟悉的地方)
(21) 谈谈美食
(22) 我喜欢的节日
(23) 我所在集体(学校、机关、公司等)
(24) 谈谈社会公德
(25) 谈谈个人修养
(26) 我喜欢的明星(或其他知名人士)
(27) 我喜爱的书刊
(28) 谈谈对环境保护的认识
(29) 我向往的地方
(30) 购物(消费)的感受

2. 反复熟读所有朗读篇目

"朗读短文"是普通话水平测试中所占比例较大的一项测试内容。要想朗读得准确、流畅,失分少,就必须建立在对文章熟悉的基础上。而要做到这一点,就需要对所有朗读篇目反复地读、反复地练,有时甚至达到可以背诵的程度。这样才能有效降低失分,取得良好的测试等级。

为方便大家学习,这里列举国家普通话水平测试用朗读作品题目如下。

作品 1 号　节选自茅盾《白杨礼赞》
作品 2 号　节选自张健鹏、胡足青主编《故事时代》中《差别》
作品 3 号　节选自贾平凹《丑石》
作品 4 号　节选自[德]博多・舍费尔《达瑞的故事》,刘志明译
作品 5 号　节选自峻青《第一场雪》
作品 6 号　节选自谢冕《读书人是幸福人》
作品 7 号　节选自唐继柳编译《二十美金的价值》
作品 8 号　节选自巴金《繁星》
作品 9 号　节选自李恒瑞《风筝畅想曲》
作品 10 号　节选自[美]艾尔玛・邦贝克《父亲的爱》
作品 11 号　节选自冯骥才《国家荣誉感》

作品 12 号　节选自峻青《海滨仲夏夜》
作品 13 号　节选自童裳亮《海洋与生命》
作品 14 号　节选自(中国台湾)林清玄《和时间赛跑》
作品 15 号　节选自陈灼主编《实用汉语中级教程》(上)中《胡适的白话电报》
作品 16 号　节选自[俄]柯罗连科《火光》,张铁夫译
作品 17 号　节选自老舍《济南的冬天》
作品 18 号　节选自郑莹《家乡的桥》
作品 19 号　节选自游宇明《坚守你的高贵》
作品 20 号　节选自陶猛译《金子》
作品 21 号　节选自青白《捐诚》
作品 22 号　节选自王文杰《可爱的小鸟》
作品 23 号　节选自(中国台湾)刘墉《课不能停》
作品 24 号　节选自严文井《莲花和樱花》
作品 25 号　节选自朱自清《绿》
作品 26 号　节选自许地山《落花生》
作品 27 号　节选自[俄]屠格涅夫《麻雀》,巴金译
作品 28 号　节选自唐若水译《迷途笛音》
作品 29 号　节选自小学《语文》第六册中《莫高窟》
作品 30 号　节选自张抗抗《牡丹的拒绝》
作品 31 号　节选自《中考语言课外阅读试题精选》中《“能吞能吐”的森林》
作品 32 号　节选自(中国台湾)杏林子《朋友和其他》
作品 33 号　节选自莫怀戚《散步》
作品 34 号　节选自罗伯特·罗威尔《神秘的“无底洞”》
作品 35 号　节选自[奥]茨威格《世间最美的坟墓》,张厚仁译
作品 36 号　节选自叶圣陶《苏州园林》
作品 37 号　节选自《态度创造快乐》
作品 38 号　节选自杨朔《泰山极顶》
作品 39 号　节选自《老师博览·百期精华》中《陶行知的“四块糖果”》
作品 40 号　节选自毕淑敏《提醒幸福》
作品 41 号　节选自刘燕敏《天才的造就》
作品 42 号　节选自[法]罗曼·加里《我的母亲独一无二》
作品 43 号　节选自[波兰]玛丽·居里《我的信念》,剑捷译
作品 44 号　节选自[美]彼得·基·贝得勒《我为什么当教师》
作品 45 号　节选自《中考语文课外阅读试题精选》中《西部文化和西部开发》
作品 46 号　节选自王蒙《喜悦》
作品 47 号　节选自舒乙《香港：最贵的一棵树》
作品 48 号　节选自巴金《小鸟的天堂》
作品 49 号　节选自夏衍《野草》

作品 50 号　节选自纪广洋《一分钟》
作品 51 号　节选自张玉庭《一个美丽的故事》
作品 52 号　节选自苦伶《永远的记忆》
作品 53 号　节选自小学《语文》第六册中《语言的魅力》
作品 54 号　节选自蒲昭和《赠你四味长寿药》
作品 55 号　节选自[美]本杰明·拉什《站在历史的枝头微笑》
作品 56 号　节选自《中国的宝岛——台湾》
作品 57 号　节选自小思《中国的牛》
作品 58 号　节选自老舍《住的梦》
作品 59 号　节选自宗璞《紫藤萝瀑布》
作品 60 号　节选自林光如《最糟糕的发明》

3. 通读词语,逐条纠正发音

测试前,至少要通读一遍《普通话水平测试用普通话词语表》中的所有词语。对那些一下就能够读对的字词,可以不必再看;对那些拿不准读音或读错了的字词,一定要作上标记,反复熟读,牢记读音。这一点,对普通话基础较好的应试人尤其重要,因为它可以有效降低语音失误率,从而减少基础语音的失分,尤其是第一测试项“读单音节字词”和第二测试项“读多音节词语”的失分。

4. 了解并熟悉测试规程

这也是一项十分重要的测前准备工作。从实际测试看,有不少应试人因不了解测试规程而造成了测试的不便,影响了应试情绪和正常发挥。一般来说,需要注意以下几点。

(1) 全面了解所属测试站详尽的测试规程,避免因不了解而造成的误解和不便。

(2) 注意熟悉测试中的各项规定和要求,以提高自己的应试能力。

(3) 测试之前要熟悉考场、备测室等,以避免找不着考场、座位等意外情况的发生。

做到了以上几点,应试人就能心中有数,测试时也能有条不紊,充满信心。

(二) 测试技巧

对应试人来讲,从进入考场到测试结束离开考场这一段时间是至关重要的,将直接关系到测试成绩。其大致又可以分为备测、测试和结束三个阶段。

1. 抽题备测阶段

抽题时,不要挑挑拣拣,以免给测试员或工作人员留下不好印象。其实,提供给应试人抽选的所有测试题,其难易度、效度、信度等几乎都在同一个水平线上,并没有多大差异。抽好题备测时,应试人应自觉在备测室内某一处单独进行准备,不要出声,也不允许擅自离开备测室,更不要影响室内其他正在进行准备的同学。

2. 接受测试阶段

应试人应首先清楚地报出自己的单位(院系)、姓名、考号(或学号)、测试题号等相关内容,然后进入测试内容。

在完成每个测试项时,应试人应注意如下几个方面。

1）单音节字词

单音节字词共100个，尽管所占分值只有10分，但直接影响到应试人的普通话等级水平。测试时，应注意读好每个字词的声母、韵母和声调，主要包括：读准声母的发音部位；充分展示韵母中主要元音的开口度以及复韵母、鼻韵母的动程；声调要注意读得完整、到位；不要读出轻声、儿化音来。

另外，单音节字词读的时候还应注意速度和节奏，不要过快或者过慢，中速即可，遇到多音字，只读一个读音即可，不必把所有音都读出来。某个字读错了可以再读一遍，但不要读第三遍、第四遍。音量要适中，也可以适当大些，一定不要音量过小。

2）多音节词语

多音节字词总共包含100个音节，音节数量与单音节字词持平，但分值却增加了一倍。同时，测查点也增加了许多，除仍旧考查每个音节的声母、韵母、声调的发音标准程度之外，还考查变调、轻声、儿化等读音的标准程度。针对这个情况，有必要从以下几方面加以注意。

(1) 要读准每个音节的声母、韵母、声调。

(2) 准确分辨出轻声词和儿化词，严格按照轻声和儿化变读的规律去读。一般每套测试题“读多音节词语”中的轻声词和儿化词都各有3～4个。平时多加强训练，熟读并记住《普通话水平测试用必读轻声词语表》及《普通话水平测试用儿化词语表》(见训练手册)，以有效减少测试时的失误。

(3) 注意变调音节的正确发音，包括上声、去声和“一、不”的变调，关键是要读准变调音节的调值，特别是两个上声的连读变调。

(4) 重视末尾音节的声调发音，特别注意要发得完整、到位。这是因为，在多音节词语朗读的语流中，排在前面的音节从理论上说都可能发生一些音变，而末尾音节除轻声、儿化现象以外，一般不再发生变调，而是读原调，并且声调要求读得清晰、完整而准确。

(5) 必须加强对双音节词语轻重音格式的重视，力求读对读好。

另外在普通话中，双音节词语的前后两个音节在音强上有不同，一般主要有三种类型：中重格式、重中格式、重轻格式。如果读错了，听感上会觉得别扭，测试时也会被扣分，特别是普通话水平较高的应试人，尤其需要加以注意。

3）短文

朗读短文应首先注意发音准确、语流顺畅，然后才是感情的体现。应注意做到以下几方面。

(1) 读准每个字音。

(2) 读对所有出现的音变现象，包括轻声、儿化、变调、“啊”等。

(3) 注意外来词的读音规范，不要按原语言的特征去读，而应按照汉语普通话的标准去读。

(4) 力求做到朗读流畅、自然，停连得当，语调正确，没有回读现象的发生。这些是朗读测试中十分重要的测查点，所以必须在平时反复加以训练，以有效降低这方面的失误。

4）命题说话

命题说话分值最高，是整个测试中最重要的部分，对测试等级的影响极大，为了在测

试中取得良好的成绩，需要注意以下几点。

（1）一定要选择自己有把握的说话题目。

说话题目是二选一，所以应试人备测时就应该冷静选择出自己最有把握完成的一个，而不要在测试时才临时决定，更不要在说话中途换题。

（2）注意总体语音面貌的良好展现。

语音面貌是一个人说普通话时整个语音系统的总体情况，因此说话时务必注意语音面貌的准确和流畅，包括声母、韵母、声调发音到位，语流音变自然、准确，吐字归音恰到好处，口语表达流利，感情恰当等。只有这样，才会给人留下普通话运用熟练的印象。

（3）特别要注重思路的顺畅。

命题说话要求单向进行，因而如何围绕题目拓展思维并缀句成篇就显得十分重要。一般来说，只要巧妙运用事实材料，积极联想和想象，事先设计好一个大致清晰的思路，那么成功完成说话题目是不成问题的。

3. 结束测试阶段

应试人完成全部测试内容后，无论完成的情况如何，都应该完成提交。

（三）测后提高

测试不是目的，仅仅是一种手段。普通话水平测试的目的，一方面是检测应试人现阶段的普通话水平；另一方面则是要使应试人发现自己存在的问题，使之能够在今后不断加以训练和提高。因而测试结束后，应试人应该尽快投入下一阶段的训练中去，并注意以下几点。

（1）及时总结测试经验，发现问题，积极寻找解决办法，并有针对性地开始训练。

（2）和已经接受过测试的人进行交流，互帮互学，共同进步。

（3）给自己定一个目标，坚持训练，争取在下一次接受测试时实现，借此促使自己始终不松懈、不放弃，满怀信心地投入普通话的长期训练中去。

（4）平日坚持使用普通话。语言训练不是一蹴而就的事，需要日积月累的坚持学习和训练，因此，平时在工作和学习场所能够坚持使用普通话就显得至关重要。只要做到了这一点，时间长了，普通话水平特别是说话能力自然就会得到提高。

第三节　普通话技能训练

一、声母训练

（一）分组练习

1. b　p　m

拔　　班　　白　　帮　　爬　　叛

胖　　抛　　煤　　茅　　萌　　勉

壁报　标兵　包办　辨别　卑鄙　乒乓

澎湃　偏僻　评判　弥漫　梦寐　麦苗

2. f

福　饭　否　肥

芬芳　仿佛　肺腑　发奋

3. d t n l

代　单　豆　点　电灯　等待　到达　奠定

套　途　探　跳　探讨　团体　疼痛　淘汰

拿　酿　鸟　闹　农奴　牛奶　能耐　恼怒

罗　良　赖　泪　理论　玲珑　勒令　凛冽

4. g k h

跟　概　骨　钩　改革　瓜葛　巩固　更改

坑　抠　课　楷　刻苦　苛刻　开垦　坎坷

贺　洪　伙　缓　辉煌　荷花　呼唤　豪华

5. j q x

颊　见　机　将　经济　洁净　焦急　拒绝

恰　前　雀　亲　蹊跷　亲切　请求　前驱

夏　消　写　续　现象　虚心　详细　相信

6. zh ch sh r

詹　扎　摘　中　政治　转折　战争　住宅

产　吹　成　场　长城　车床　惆怅　出差

杀　赏　绍　身　事实　上升　闪烁　手术

让　人　然　热　软弱　容忍　忍让　闰日

7. z c s

栽　咱　脏　择　采　擦　从　蚕

栽赃　宗族　自在　走卒　造作

猜测　草丛　残存　层次　粗糙

松散　色素　搜索　撕碎　洒扫

（二）易混难点练习

1. 平翘舌对比练习

申诉 sù—申述 shù	摘 zhāi 花—栽 zāi 花
午睡 shuì—五岁 suì	八成 chéng—八层 céng
树 shù 立—肃 sù 立	找 zhǎo 到—早 zǎo 到
乱吵 chǎo—乱草 cǎo	山 shān 顶—三 sān 顶
自 zì 愿—志 zhì 愿	鱼刺 cì —鱼翅 chì
粗 cū 布—初 chū 步	姿 zī 势—知 zhī 识
资 zī 助—支 zhī 柱	自 zì 动—制 zhì 动
近似 sì—近视 shì	搜 sōu 集—收 shōu 集

支 zhī 援—资 zī 源　　主 zhǔ 力—阻 zǔ 力
私 sī 人—诗 shī 人　　仿造 zào—仿照 zhào
新春 chūn—新村 cūn　　宗 zōng 旨—中 zhōng 止
物资 zī—物质 zhì　　糟 zāo 了—招 zhāo 了
增 zēng 订—征 zhēng 订　　从 cóng 来—重 chóng 来
木柴 chái—木材 cái　　商 shāng 业—桑 sāng 叶
振作 zhènzuò　　正宗 zhèngzōng
沼泽 zhǎozé　　制作 zhìzuò
增长 zēngzhǎng　　资助 zīzhù
差错 chācuò　　陈醋 chéncù
除草 chúcǎo　　贮藏 zhùcáng
残喘 cánchuǎn　　上司 shàngsi
绳索 shéngsuǒ　　赈灾 zhènzāi
职责 zhízé　　杂志 zázhì
栽种 zāizhòng　　成材 chéngcái
出操 chūcāo　　生死 shēngsǐ

石、斯、施、史四老师，天天和我在一起。石老师教我大公无私，斯老师给我精神食粮，施老师叫我遇事三思，史老师送我知识钥匙。我感谢石、斯、施、史四老师。

石狮寺前石狮子，柿子枝头涩柿子。三十四个石狮子，四十三个涩柿子。四十三个涩柿子送三十四个石狮子，三十四个石狮子吃四十三个涩柿子。

2. f—h 对比练习

舅父 fù—救护 hù　　公费 fèi—工会 huì
斧 fǔ 头—虎 hǔ 头　　奋 fèn 战—混 hùn 战
防 fáng 止—黄 huáng 纸　　复 fù 员—互 hù 援
非凡 fēifán—辉煌 huīhuáng　　仿佛 fǎngfú—恍惚 huǎnghū
方 fāng 地—荒 huāng 地

粉红墙上画凤凰，红凤凰，粉凤凰，粉红凤凰，花凤凰。

黑化肥挥发会发灰，灰化肥挥发会发黑。

老方扛着黄幌子，老黄扛着方幌子。老方要拿老黄的方幌子，老黄要拿老方的黄幌子，末了儿方幌子碰破了黄幌子，黄幌子碰破了方幌子。

3. n—l 对比练习

无赖 lài—无奈 nài　　水牛 niú —水流 liú
男 nán 裤—蓝 lán 裤　　旅 lǚ 客—女 nǚ 客
脑 nǎo 子—老 lǎo 子　　连 lián 夜—年 nián 夜
留念 niàn—留恋 liàn　　浓 nóng 重—隆 lóng 重
南 nán 部—蓝 lán 布　　烂泥 ní—烂梨 lí
牛 niú 黄—硫 liú 黄　　大娘 niáng—大梁 liáng

南南家种兰花，兰兰家种南瓜。南南要用兰花换兰兰家的南瓜，兰兰不愿用南瓜换南南家的兰花。

六六妞妞去放牛，大牛小牛有六头。六六拉着大牛走，妞妞牵着小牛。六头牛，牛六头，六六妞妞，妞妞六六都爱牛。

4. zh、chi、shi 与 j、q、x 的对比练习

墨迹 jì—墨汁 zhī
交际 jì—交织 zhī
密集 jí—密植 zhí
边际 jì —编制 zhì
就 jiù 业—昼 zhòu 夜
浅 qiǎn 明—阐 chǎn 明
砖墙 qiáng—专长 cháng
洗 xǐ 礼—失 shī 礼
详细 xì—翔实 shí
缺席 xí—确实 shí
获悉 xī—获释 shì
逍 xiāo 遥—烧 shāo 窑
修 xiū 饰—收 shōu 拾
电线 xiàn—电扇 shàn
艰辛 xīn—艰深 shēn
姓 xìng 名—盛 shèng 名

西山是西山，山西是山西。

西红柿炒鸡子，自己炒自己吃。

5. r—l 对比练习

碧蓝 lán—必然 rán
娱乐 lè—余热 rè
阻拦 lán—阻燃 rán
囚牢 láo—求饶 ráo
卤 lǔ 质—乳 rǔ 汁
露 lòu 馅—肉 ròu 馅
近路 lù—进入 rù
流露 lù—流入 rù
衰落 luò—衰弱 ruò
脸 liǎn 色—染 rǎn 色
收录 lù—收入 rù
绒 róng 子—聋 lóng 子

二、韵母训练

1. 单韵母练习

避免将一个单韵母改读其他。

(1) o 变 e，如：

婆婆　山坡　劳模　破坏　菠萝　伯伯　即墨

(2) e 变 a，如：

疙瘩　喝水　蛤蜊　胳膊　磕破　割肉

(3) e 变 ei，如：

道德　特别　德州　贵客　侧面

(4) e 变 uo，如：

大哥　科学　祝贺　恶心

(5) er 变 ler，如：

儿童　耳朵　第二　而且

一朵粉红大荷花，趴着一只活蛤蟆。八朵粉红大荷花，趴着八只活蛤蟆。活蛤蟆，叫

呱呱，呱呱叫着爬上大荷花。

打南坡走过来个老婆婆，俩手托着俩笸箩。左边笸箩里装的菠萝，右边笸箩里装的萝卜。你说说，是左边笸箩里的菠萝多，还是右边笸箩里的萝卜多？说的对，送给你一笸箩菠萝；说的不对，罚你替老婆婆把两笸箩菠萝和萝卜送到大北坡。

2. 复韵母练习

复韵母发音容易出现两种倾向：一是二合复韵母单音化；二是三合复韵母二合化，即动程不够，开口度太小。

(1) ai 变 ê　　白菜　北海　麦子

(2) ou 变 ao　　剖析　阴谋　否定　某人

(3) uo 变 e　　过来　哆嗦　暖和

(4) 不要丢失或增加韵头 u，uei 与 d、t、z、c、s 相拼合时，往往丢失韵头 u，如：

对　腿　崔　醉　碎

3. 鼻韵母练习

(1) 方言中经常出现问题的是鼻韵尾归音不到位，发成鼻化音。

斩断　饭碗　恩人　愤恨　安然　根本

(2) 注意 uan、uen 与 d、t、n、l、z、c、s 相拼合时，别丢失了韵头 u。

端正　了断　团结　温暖　锻炼　分寸

(3) eng、ong；ing、iong 要分清。

更正—公正　恒星—红星　供应—公用

前鼻正音训练：

在前鼻韵母字后，加一个用 d、t、n、l 作声母的音节，两字连续，因发音部位相同（舌尖中音），后字可引衬前字的前鼻韵母归音准确。

看 kàn—哪 na　　分 fēn—流 liú

新 xīn—年 nián　　村 cūn—头 tóu

后鼻正音训练：

在后鼻韵母字后，加一个用 g、k、h 作声母的音节，两字连续，因发音部位相同（舌根音），后字可引衬前字的后鼻韵母归音准确。

灵 líng—感 gǎn　　攻 gōng—克 kè

灯 dēng—火 huǒ　　捧 pěng—个 gè 场

三、声调训练

1. 阴平字练习

训练时可利用阳平的高音顺势带阴平。

节约　农村　年轻　孪生

甜酸　提出　难听　浮雕

阳光　崇高　时间　台阶

石碑　皮靴　牙刷　国家

长江　云梯　平安　回家

2. 阳平字练习

(1) 练习时可在阳平后紧接一个阴平字，以免尾音升不到位。如：

直接　回声　国家　杰出　农村　阳光

(2) 也可利用夸张的方法进行。如：

人民团结　儿童文学　和平繁荣　文明全球　严格执行　豪情昂扬

3. 上声字练习

米　老　鼠　展　览　馆　洗　脸　水　讲　演　稿

手　写　体　小　拇　指　纸　老　虎　厂　党　委

4. 去声字练习

创　造　世　界　日　夜　变　化　运　动　大　会　胜　利　闭　幕

5. 声调对比练习

截击—阶级　春节—纯洁　字母—字模　会意—回忆

厂房—长方　鲜鱼—闲语　佳节—假借　整洁—政界

天才—甜菜　大学—大雪　申请—深情　核心—贺信

石室诗士施氏，嗜狮，誓食十狮。施氏时时适市视狮。十时，适十狮适市。是时，适施氏适市。施氏视十狮，恃矢势，使是十狮逝世。氏拾是十狮尸，适石室。石室湿，氏使侍拭石室。石室拭，氏始试食是十狮。食时，始识是十狮，实十石狮尸。试释是事。——赵元任《施氏食狮史》

第二章

发声吐字

第一节　用气发声

气息是发声的动力，肺部呼出的气息通过气管，振动了喉头内的声带，发出微弱的声音。这种喉原音经过咽腔、口腔、鼻腔等腔体共鸣得到了扩大和美化，再经过口腔内咬字器官的协调作用，不同的声音就产生了。这就是我们的发音过程。无论是日常说话还是艺术语言发声，都离不开气息的运用，但不能认为只要会说话就可以胜任各种艺术口语的需要。在艺术语言的表达实践中，气息的作用不仅仅限于做发声的动力，它还是极其重要的表达手段。只有“气随情动”，声音才能“活”起来，随着情感的变化而变化。

一、气息控制方式

生活里的气息控制方式因年龄、性别、身体素质、习惯的不同而有多种。典型的大致有胸式呼吸法、腹式呼吸法和胸腹联合呼吸法。

（一）胸式呼吸

胸式呼吸又叫“锁骨呼吸”“浅呼吸”。一般人在进行大量运动之后或病重时多采用这种呼吸方式。也有人将胸式呼吸戏称为“女人呼吸法”，因身体较瘦弱的女性用这种方法者偏多。

胸式呼吸主要是靠肋骨呼吸运动实现的。吸气时，腹部没有明显波动，横膈膜下降的幅度很小，对扩大胸腔几乎不起作用，因此进气量很小。呼气时，也只是将肌肉放松恢复到原状，吸气肌肉群对呼气肌肉群几乎没有任何牵制作用。这种呼吸法的一个最明显的标志是抬肩。发音时不停顿的肩部紧张会导致胸腔的闷实和疲倦，使胸部产生“捆绑”的感觉，进而发展到颈部的紧张，加重喉头的负担。用这种呼吸法发出的声音缺乏坚实的根基，窄扁、轻飘，底气不足，持久力差，难以控制。

实际上，生活中纯粹用胸部呼吸的人是极少见的，只有当膈肌收缩发生障碍时才有可能出现这种情况。这里指的仅仅是一种以耸肩端膀、单纯扩张胸腔为特征的浅呼吸倾向。

（二）腹式呼吸

腹式呼吸又叫“深呼吸”。人在睡眠或安静时的呼吸多为这种状态。在人们日常谈话中，男性采用腹式呼吸法偏多。

运用这种呼吸法，吸气时，胸廓没有明显的活动，主要依赖于膈肌的收缩与放松，膈肌上下移动时腹壁随之一瘪一突,进出气量不大。呼吸过程中,由于横膈肌的下落,迫使腹部内脏向前向下移动来扩大胸腔的上下径。与胸式呼吸比较,腹式呼吸的吸气量较大、较深沉些。吸气时腹部放松外凸是这种呼吸的显著标志。由于腹腔上部直接连着胸腔,因而当腹腔扩大时,胸腔下部也连带扩张,这完全是一种下意识的动作。一般来说,用腹式呼吸法呼吸发出的声音往往呈现出闷、暗、空的色彩,调节起来也比较困难。

以上两种呼吸方式都属于自然呼吸法。生活中谈话所用的气量不大,且可以随意切换,任何一种呼吸法都基本上能够满足表达的需要。但在艺术性语言里,这两种方法就无法掩饰各自的弱点和缺失了,必须进行再加工改造,以保证嗓音的持久、高低音运用的自如。

(三)胸腹联合呼吸

经过加工改良,一种集合了以上两种方法的长处,优化了的呼吸方法——胸腹联合呼吸法以其科学、有效而被大多数语言艺术工作者采用。

胸腹联合呼吸法,有人又叫它"胸膈呼吸法"。它是靠肋骨和横膈肌的协同动作实现的,可以认为是胸式呼吸和腹式呼吸的联合运用。发音时,胸腔借助吸气肌肉群的力量使肋骨提高、扩展,撑大了胸腔的前后径和左右径;横膈肌的收缩和下降又增大了胸容积的上下径,这就使得胸廓得以全方位的立体扩展,肺的容积也随之全面开张,气息的呼吸量最大、最强。

胸腹联合呼吸建立了胸、膈、腹三者之间的关系,三点成一面,增强了呼吸的稳健感,便于调控;同时也容易形成坚实、明亮的音色。因此是一种最为理想的呼吸方法。

前面提到过,人在呼吸过程中有两组肌肉群在起作用,一组叫吸气肌肉群,另一组叫呼气肌肉群。气息控制究其实质就是这两组肌肉群相互对抗、相互制约的结果,其外部表现为两肋与小腹的抗衡。

日常谈话时的呼吸,吸气肌肉群与呼气肌肉群各司其职,彼此"联系"不多,而有控制的呼吸则要求这两组肌肉群协同动作。吸气肌肉群不仅在吸气过程中起作用,在呼气过程中仍然要继续保持一定的紧张度,与呼气肌肉群形成对抗的力量,以控制呼出气流的疾徐强弱。

胸腹联合呼吸法总的感觉应该是:随着气流从口鼻同时吸入,两肋向两侧扩张,同时腰带感觉渐紧,小腹控制渐强。呼气时,保持住腹肌的收缩感,以牵制膈肌与两肋使其不能回弹。随着气流的缓缓呼出,小腹逐渐放松,但最后仍要有控制的感觉。而膈肌和两肋则在这种控制的感觉下,逐渐恢复自然状态。在发声状态中,腹肌控制的强弱是随着思想感情的运动在不停地运动和变化。

1. 吸气的要领:吸到肺底、两肋打开、腹壁"站定"

总体感觉:想象闻到空气中飘来的花香或是饥饿时闻到了可口饭菜的香味,我们不自觉地深深吸了口气,把香味吸到了肺底。这时感觉到腰部开始膨胀,尤其是两后腰处向外扩张,小腹随着吸气过程的结束渐渐绷紧不动了。

(1)吸到肺底。吸气时,随着吸气肌肉群的收缩和横膈肌的下降,胸腔容积前后、左右、上下全面扩张后,胸腔内部的气压打破了静止时的平衡,变得比体外的气压小了,口、

鼻同时张开，感觉到把气深深地存储在肺的底部。

(2) 两肋打开。吸气时肩胸部在放松的状态下从容不迫地将肋骨(主要是下肋)打开。一般的感觉是左右打开的幅度明显大于前后，后腰大于腹部，腰部发胀，腰带渐紧，胯下沉滞有力。

(3) 腹壁"站定"。这是指小肚子的运动。趋向是腹部表层肌肉上下、左右均向脐下三指处凝结，腹壁保持不凸不凹的"站定"状态，即"气走丹田"，这种"站定"也不是小腹一点都不动，实际上它是略微往里收缩的。

以上吸气的三个要领是一次吸气动作的分解，其实它们在吸气过程中几乎是同步进行的，我们要捕捉的是一种吸气时的综合感觉，这种感觉在吸气的最后一刻随着吸气量的多少而程度不同地表现出某些差异，男性胸肋部向左右扇面状打开的感觉强于女性，女性腰围紧张、躯干发胀的感觉更明显一些。吸气量越大，这种感觉就越明显。

做胸腹联合呼吸练习时，尤其应保持良好的精神状态和胸肩部的松弛，切忌耸肩。

2. 呼气的要领：稳健、持久、变化

总体感觉：呼气不能一下子放松两肋呼出气体，而是有意识地控制呼出的速度和时长。如果将肺部比喻为气球的话，刚刚吸气的过程是将气球充满，现在呼气的过程则是利用"气球"周围的力量均衡对抗使气球一点点往外撒气，从而使呼气变得规则均匀，感觉是气息托着字走。

(1) 稳健。气息的稳健可以解释为"实"，即追求沉实、平实、匀实。它是通过吸、呼两大肌肉群的对抗实现的。胸腔好比一只气球，喉口好比球口。充好气后，如果突然放手，球内的空气就会毫不客气、毫无规则地一泄而光；反之，如果用手指将球口束得很小很小，排出的气息显然比较规则均匀。想要实现这种呼气状态，我们只需在呼气时保持吸气的感觉即可。

实际上，气息的稳健与否还与喉部的控制力有关。另外，唇舌有力度，声音弹性好也会产生节制气流的作用，增强稳健感。

(2) 持久。"持久"有两种含义：一是一口气使用的时值；二是理想呼吸状态保持的时值。从发声实践看，后者更有意义，但后者必须以前者为基础。一口气呼出的时值如果达不到标准指数，在呼吸运用时仅靠频繁的偷气、换气技巧应付，只能给人离碎、仓促的印象；这样的偷、换气技巧再高也不能达到要求。锻炼快吸慢呼基本功，练得一口气能用它半分钟以上，再辅之以偷、换气技巧，才能建立起读长而复杂的句段时从容不迫的良好状态。这才是我们所要求的"持久"。

呼气能否持久，主要看对吸气肌肉群的控制能力如何。生活里的呼气，其吸气肌肉群基本上是闲而不用的。艺术语言的发声，吸气肌肉群必须处于工作状态，而且工作强度比吸气时还要大，从这一点上讲，对吸气肌肉群的控制是呼吸训练的一个重要环节。吸气肌肉群强而有力，才能在呼气时形成向下保持力量(拉住力量)，气息才能持久。

(3) 变化。气息稳健持久了并不等于就一定能够随机调节，不等于富于变化。具体到每一篇作品，气息如果不能够随内容和情感的变化加以相应的调整，再稳健持久的气息也派不上多大用场，等于做了无用功。这就要求发音者还必须具备一种对气流"整流"的意识和功力。变化的气息，实质就是吸、呼两组肌肉群对抗表现出的力量差。差值越大越容易发高音和强音；反之则只能发低音和弱音。

二、气息控制训练

（一）纯呼吸训练

纯呼吸训练是气息控制训练的最初阶段。这种训练有助于初学者首先明确什么是正确的呼吸方法，怎样运用呼吸器官适应表达的需要。纯呼吸练习虽然乏味，但却是整个呼吸控制中所必经的第一个环节，是发声基础的基础。

1. 慢吸慢呼

静坐 3 秒；轻松自如地将气息从口鼻同时吸入肺底；控制两秒钟后再将气息从容地呼出口外。

(1) 5 秒吸气，10 秒呼气。重复 4 次。

(2) 5 秒吸气，15 秒呼气。重复 4 次。

(3) 5 秒吸气，20 秒呼气。重复 4 次。

(4) 5 秒吸气，25 秒呼气。重复 4 次。

(5) 5 秒吸气，30 秒呼气。重复 4 次。

训练提示：做以上练习时须牢记要领，深吸长呼，充分感觉、体验气息的双向运动状态和“丹田”的控制力。

2. 慢吸快呼

静坐 3 秒；用 5 秒吸气；控制 1～2 秒，似箭在弦上、引而不发的感觉；然后分别用 3 秒、2 秒、1 秒将气呼出。各重复 4 次。

3. 快吸快呼

静坐 3 秒；用 1 秒将气吸好；控制 1～2 秒，然后快速地将气呼出。重复 4 次。

4. 快吸慢呼

这是呼吸训练中最常见、最实用的方法，必须加大训练的强度和难度。静坐 3 秒；用 1 秒快速地将气吸入；控制 2 秒，然后分别用 15 秒、20 秒、25 秒、30 秒、35 秒、40 秒的时间将气呼出。各重复 4 次。

（二）呼吸肌的锻炼

正如前面所说，气息控制的实质是这吸气和呼气两组肌肉群相互对抗、相互制约的结果，如若我们能灵活自如地控制这两组肌肉群，对气息控制无疑是十分有益的。

1. 腹肌的锻炼

(1) 仰卧起坐——仰卧，双手枕于头下，屈身坐起。持续练习，逐步提高。起码应达到男可连续做 40 次，女可连续做 30 次的标准。

(2) 端坐举腿——端坐在椅子的前部（不能倚靠椅背），双腿伸直并拢，脚跟离地举起，无力放下后休息数秒再重复上述动作。

(3) 负重挺腹——仰卧床上，将几本厚书放在腹部，腹肌力量向“丹田”位置集中，吸气顶起，呼气放下。

(4)“丹田绕脐”——用双手推拿按摩，把腹肌力量集中于丹田，以肚脐为中心、左绕数圈、右绕数圈，反复进行。

2. 膈肌的锻炼

(1) 练习发带有“hei”音的“狗喘气”，步骤如下。

第一步：深吸气后，用此一口气，发出两个扎实的“hei”音。不断重复，坚持数日。

第二步：在做好第一步的基础上，增加弹发次数，至一口气发七八次。弹发过程中给气的力量应该均匀，声音保持一定音高，音量、音色也要始终一致。

第三步：第二步坚持练习数日后，就会获得“自动进气”的感觉。此后要由慢到快，稳健、轻巧地连续弹发“hei”音，最后达到要慢即慢、要快即快的程度。

第四步：在做好第三步的基础上，做改变音高、音量和音色的练习。

在开始做这个练习的一段时间里，可能会感到下肋、膈肌和腹部的动作不能协调一致，也会感到动作与声音“不同步”，练久了还会腰酸腹痛。这些都是正常现象。如能按照上述步骤坚持练习，就能获得动作与声音的和谐与统一。膈肌的力量和灵活程度也会在练习中得到明显的提高。

(2) 吸好气，弹发“1、2、3、4”再吸气，弹发“2、2、3、4”，如喊广播操一样的状态。

(3) 吸好气，弹发“ha”音，先慢后快，如同京剧老生大笑一样的状态。

(4) 反复弹发“yà”“yè”“hà”“hèi”“huò”“hòu”。

（三）吸气训练

在呼吸训练之前，注意应保持一个积极而松弛的精神状态和肌体状态。身体姿态要求保证呼吸道的通畅，头要正，眼睛平视，胸部微含，肩部自然放松。避免用声时那些错误的体态，如仰头、偏头、伸脖、耸肩、小腹前凸等。

坐姿，坐在椅子前部，不要窝在椅子里，后腰挺直，身体略向前倾，“含胸拔背”，身体重心在腰以下。站着练声可以采用“丁字步”的站姿，两脚自然站好，重心放在稍向前方的脚，靠后的一只脚自然跟上，站姿总的感觉是“舒胸拔背，提臀收腹”。

1. 闻花香

远处飘来一阵花香，闻一闻是什么花的香味呢？带着这个意念从容吸气，感觉气息沿着后背吸入体内，后腰部有向两侧打开撑住的感觉，小腹微收，吸到七八成满。

我们借用这个动作来体验气息的深入、自然、柔和。“闻花”要真“闻”，首先产生愉悦的感觉，仿佛要贪婪地将花的全部精髓都吸入肺中。

2. 抬重物和“倒拔垂杨柳”

在抬起重物和“倒拔垂杨柳”时，总要深吸一口气，憋住一股劲儿，此时腰部、腹部的感觉和胸腹联合呼吸时吸气最后一刻的感觉相近。

我们做这一训练的目的只是在于寻找并培养吸气最后一刻的感觉。

3. “半打”哈欠

不张大嘴地打哈欠，进气最后一刻的感觉和胸腹联合呼吸吸气最后一刻的感觉相近。

（四）呼气训练

用练习吸气的方法吸气至八成满后，进行如下练习。

1. 均匀、缓慢地吹去桌面上的尘土

想象要把它们“吹”下去又不致使尘土飞扬，就得用较轻缓、均匀、有控制的气息去吹。类似的练习还有吹歪蜡烛火苗，使其既不直也不灭。

2. 发出纯净的、音高自然一致的单纯音的延长音

(1) si(丝) ——(20、25、30、35、40 秒各一次)；

(2) yi(衣) ——(20、25、30、35、40 秒各一次)；

(3) wu(乌) ——(20、25、30、35、40 秒各一次)；

(4) a(啊) ——(20、25、30、35、40 秒各一次)；

(5) 以 m 为素材的哼鸣训练——(20、25、30、35、40 秒各一次)。

做这类单纯音的呼吸练习，要求气息均匀而舒缓地自口鼻流出，呼气的时限应当逐渐延长。元音 a 的发音口腔不易控制，气息流失会多一些，时间标量可酌情减少。

3. 数“数儿”练习

数“数儿”的练习素材可以自创，也可以变通。提供以下几例。

(1) 以秒为单位，每秒钟数一个数儿，从“一”开始数起。男声应数满 30 个，女声也不能少于 20 个。吐字要清晰，字音感觉要一致，气息要流贯，中间最好不换气。

(2) 数“12—123—1234—12345—123456—1234567—12345678；87—876—8765—87654—876543—8765432—87654321”。争取一口气数完。

(3) 数“12—123—1234—12345—123456—1234567—12345678—123456789；98—987—9876—98765—987654—9876543—98765432—987654321”。争取一口气数完。

(4) 数“12—123—1234—12345—123456—1234567—12345678—123456789—12345678910；109—1098—10987—109876—1098765—10987654—109876543—1098765432—10987654321”。争取一口气数完。

(5) 数“123—223—323—423—523—623—723—823—923—1023；923—823—723—623—523—423—323—223—123”。争取一口气数完。

(6) 数“1234—2234—3234—4234—5234—6234—7234—8234—9234—10234；9234—8234—7234—6234—5234—4234—3234—2234—1234”。争取一口气数完。

(7) 数“12345—22345—32345—42345—52345—62345—72345—82345—92345；82345—72345—62345—52345—42345—32345—22345—12345”。争取一口气数完。

(8) 数“123456—223456—323456—423456—523456—623456—723456—823456—923456；823456—723456—623456—523456—423456—323456—223456—123456”。争取一口气数完。

(9) 数“1234567—2234567—3234567—4234567—5234567—6234567—7234567—8234567；7234567—623456—5234567—4234567—3234567—2234567—1234567”。争取一口气数完。

(10) 数“12345678—22345678—32345678—42345678—52345678—62345678—72345678—82345678；72345678—62345678—52345678—42345678—32345678—22345678—12345678”。争取一口气数完。

做这项练习时要注意以下几点。

(1) 从自然音高数起，即从自我感觉最舒服的状态开始，数出的字音要稳劲、有力度。数到一定程度则止，切忌数得面红颈粗、躬腰弯背。气息既已耗尽仍勉为其难，对气息的锻炼无益。

(2) 数目应逐渐增加。初学乍练的人就能响亮有力地数到40个数的不多，男声达到了25个左右，女声达到了20个左右再提高1～2个数从头数起，就这样每项两个数两个数地往上提最为有效。在某个阶段尚未巩固之前，不可急于提高，否则会影响声音的宽度，气息也不易巩固。

(3) 数"数儿"的速度由慢及快。慢数是为了锻炼呼气与声音配合的稳定性，在慢数能达到30个数后才可提速。用同样的时间数出加倍的数字并仍保持字音的清晰度不是一日之功，不能因为速度的加快而导致字音拖泥带水、含混不清，那并非此类训练的初衷。

第二节　吐字归音

"吐字归音"是我国传统声乐艺术提及咬字方法时所用的一个术语。这种咬字方法是从汉语语音特点出发的，它把一个音节的发音过程分为出字、立字、归音三个阶段，通过对每个发音阶段不同的控制，使吐字达到清晰、饱满、弹发有力的境界。

一、艺术语言发声对吐字的要求

"字正腔圆"，这是人们衡量语言艺术工作者吐字发声的最基本的标准。具体可以概括为准确、清晰、集中、圆润、流畅。

（一）准确

这是"说"的艺术语言的最低标准。准确就是按照标准的汉语普通话语音规律约束、纠正自己的吐字归音。字准，要求对字音的组成部分及准确的发音有比较详细的了解，还必须符合发音规律本身的各种正确的发声要求。音素要准，字调也要准。它包括矫正方音、排除杂质、杜绝错别字等方面的内容。

（二）清晰

清晰即"字真"。字音"准"了，不见得就能做到"真"；因为汉语的字(音节)还有个如何衔接、如何表达的技巧。也就是说，字的头、腹、尾不仅要分得明，而且要连得好、听得清，这是语言发声的又一必备条件。一个优秀的语言艺术家，音质不一定十分动听，但吐字必定是十分清楚、丝丝入扣的；反过来，无论你的声音多么漂亮、动听，倘若口齿不清，那是决然称不上"艺术"的。

（三）集中

声音集中是一种审美要求。声音集中了才能圆润，才容易获得较为丰富的泛音共鸣，才悦耳、动听。相反，就降低了字音的清晰度，从发声效率上讲也是不经济的。许多艺术语言都是通过话筒及一系列电声设备发射出去的，无论在话筒前演讲、主持还是发言都无

须用过大的音量，较小、较自然的音量有时同样可以收到极佳的效果，甚至比大音量的表达效果还好。这种发音没有集中的声束做保证，没有“箭中靶心”的功力是不可能实现的。

（四）圆润

圆润是指在一个字的发声过程中，头、腹、尾之间过渡、衔接时所表现出的自如性和润滑度，是在头、腹、尾合理布局的基础上音响共鸣的要求。标准是甜、脆、圆、润、水。

（五）流畅

语言的交际功能是在语流中完成的。语言的流畅性是一切艺术语言都必须讲究的。忽视了语言的流贯畅达，仅仅将力量放在某一个音节上，只知道“绷”字，将字音咬得过死，就会给人以明显的雕琢痕迹。

二、吐字归音的要领

“吐字有力，归音到位”是吐字归音的基本要求。要做到这一点，必须对汉语音节的结构有个正确的认识，真正弄清普通话的声母、韵母和字头、字腹、字尾之间的关系。

当代语言学家根据音节结构来划定汉字的头、腹、尾的位置和性质：

字头＝声母＋韵头；字腹＝韵腹；字尾＝韵尾

在吐字过程中，对于字头、字腹、字尾的处理可分别概括为“出字”“立字”“归音”六个字。

（一）出字——对字头的处理

对字头的处理关系到全字的质量，讲究的是部位准确，弹发有力。“字正”首先要保证字头发音部位和发音方法的准确无误，而且还要体现出一定的力量，阻气、蓄气、气息的压力都须适度，尤其不能拖泥带水、黏黏糊糊。

出字要叼住弹出：“叼住”和“弹出”是两个概念。叼住是指声母的成阻与持阻阶段而言的，也就是“咬字”的阶段。叼字要注意以下四点。

第一，叼字须有一定的力度。成阻时，发音部位的肌肉相当紧张，阻气要有力，要超过生活语言的发声强度。

第二，叼字的力量要集中在有关部位的纵中部，而不是满口用力。

第三，声母的唇形要合适，特别是“齐、合、撮”三呼，开口度相对较小，如果不配以相应宽度的唇形就很难“叼”得住。

第四，要叼得巧而不死。老艺人把出字过程形象地比作“噙”，说“噙字如噙虎”，意思是说，出字时就像大老虎叼着小老虎跳跃山涧一样不紧不松，叼得紧了会死，叼得松了会掉，就是这个道理。

所谓“弹出”，是指声母的除阻阶段而言，也叫“吐字”阶段。它应当是：轻捷有力，不黏不滞，不拖不疲，不使拙劲。

只有叼得住，才能弹得出，“叼”是“弹”的准备，“弹”是“叼”的延续。叼和弹只是一瞬间的事，字头的长短视其性质而定，塞音字头感觉最明显，也最短，擦音最长。尽管这样，都不能拖得过长，否则就会破坏吐字的力量和字音的完整性。

（二）立字——对字腹的处理

字腹，又称“韵腹”或“主要元音”，是汉语音节的核心部分，也是一个音节中口腔开度最大、发音最响亮的部分。汉语普通话的十个单元音都可以做字腹，用得最多的是 ɑ、o、e、i、u、ü、-i[前]、-i[后]。字腹运用得好坏不仅关系到字音的响亮度，同时也对字音的清晰度有直接的影响。

字腹处理的基本要求是：拉开立起。“拉开”和“立起”是一个动作的两个阶段，也是字音展开的过程，或者说字音是随着字腹的拉开扯动而在口腔中“立”起来的。

“拉”是个横向的音素过渡，在字头轻捷地弹出之后，牙关随字腹的到来打开适当的开度，再配以声束向前硬腭的流动冲击和字调的滑行，感觉字腹随上腭的提起而掉头朝纵的方向一挺，挂在口腔的上腭。为了取得清晰的音色和丰富的泛音共鸣，口腔的开度必须略大于生活语言的口腔状态，否则，字腹是既拉不开也立不起来的。但要注意，扩大口腔不等于将嘴唇张翻，而是只撑大口腔内部的容积，即挺高上腭，压低舌面。

另外，字腹又是音节中所占时值最长的一段。在行腔使调过程中它的长度必须占到整个音节音值的一半左右。拉长字头或字尾都有碍于字音的准确度。

（三）归音——对字尾的处理

归音是指音节发音的收尾过程，要做到“趋向鲜明，到位弱收”。归音的过程是力渐松、气渐弱、口渐闭、声渐止的过程，与出字、立字比较，掌握起来难度更大。

普通话里的字尾，包括元音尾（以 i 或 u 收尾的）和辅音尾（以 n 或 ng 收尾的）两种。字尾在音节中虽然处在尾巴的位置上，但这并不是就其重要性而言的。字尾的发音过程恰恰被多数人所忽略，他们最容易犯的毛病之一是不归音或归音不到位，形成欠缺的“半拉子”字。

字尾阶段，口腔由开到闭，肌肉由紧到松，因此字尾讲究到位弱收。“到位”是针对不收而言的，意思是尾音要归到应有的位置上，要趋向鲜明，部位准确。“弱收”是针对强收而言的，意思是尾音的整个态势都在趋向渐弱。

元音收尾时，从字腹到字尾，口腔要逐渐缩小、逐渐放松。不能由字腹一下子变到字尾，更不能戛然而止，要收得柔和、清楚。

辅音收尾时，从字腹的元音向字尾的鼻辅音过渡，在过渡过程中成阻的两个部位并不接触，只是在收尾的一刹那才有了轻微接触，这样一发即收才能做到字正腔圆、干净利落。

当音节没有字尾而是以字腹结尾时，口腔状态应该一直保持着字腹的开度，主要用渐弱的声波结束字音，而不是中途缩小口形。必须在声音全部停止后才能将口形恢复常态。如果当声音尚未停止口腔就向闭口的方向移动（包括松弛了口腔的肌肉），这个音节的发音便没有准确可言了。

字头、字腹、字尾是字音的三个组成部分，共同构成一个字音不可分割、有机联系的整体。其中的任何一部分运作不当都有可能影响到整个字音的成色。所以，在吐字归音训练时必须建立起这三个部分之间的有机联系，合理布局，从字头滑到字腹再滑到字尾，形成“枣核形”的整体。

“枣核形”：一个音节的发音过程有头有尾，即头、腹、尾三者俱全，形成一个完整的形

状，以求得"字润珠圆"的发声效果。它以叼住弹出的字头为一端，以到位弱收的字尾为另一端，以拉开立起的字腹为核心，将三者结合起来正好成为一个两头小、中间大的"枣核形"。它涉及音节各部分口腔的开合度及所占时值的长短。

出字、立字、归音要求的吐字过程构成了一个完整、立体的形状——"枣核形"，它不仅是吐字归音的规矩，也体现了清晰集中、圆润饱满的审美要求。"枣核形"是以声母为一端，韵尾为一端，韵腹为核心，如图 2-1 所示。

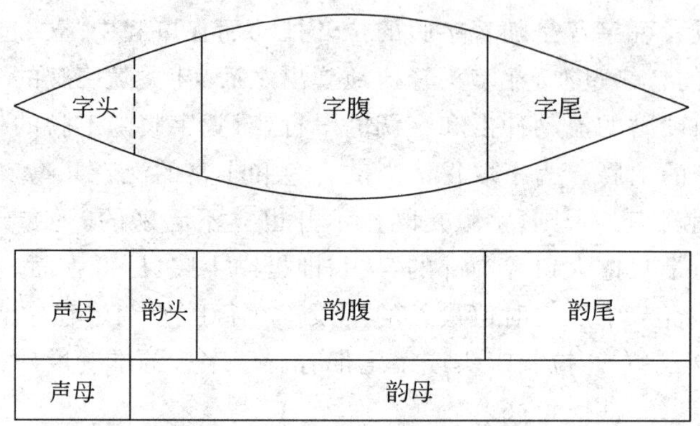

声母	韵头	韵腹	韵尾
声母	韵母		

图 2-1 "枣核形"发音

可见，字头和字尾占的时间短些，恰似一个枣核的两端，字腹占的时间长、力量相对也强些，好比枣核中间的"鼓肚儿"，一个音节的完整发音过程就像一个枣核的形状。如"uai、iao"的发音过程，就是比较典型的"两头小，中间大"的枣核形，口腔开度由小到大、由闭到开，再由大到小、由开到闭。在练习吐字归音的要领时，可以先练习这些音节组成的词组，就能较为真切地体会到吐字归音的阶段要求和整体要求。经过练习，我们要把这样的意识和吐字习惯带到实际的艺术语言交际当中，不管一个字的音节结构是否"头腹尾"俱全，口腔都要有一个先"由闭到开"，又"由开到闭"的出字、立字、归音且如枣核形的控制过程。

第三节 口腔控制与共鸣

声带振动发出的声音很微弱，只有经过共鸣腔的共鸣以后才得到扩大和美化，形成语音，得到各种不同的声音色彩。想要在进行艺术语言表达时感到不费力、自然、舒展，掌握一定的共鸣控制方法是必要的。在产生共鸣的过程中，共鸣器官把发自声带的原声在音色上进行润饰，使它变得圆润、优美。另外，良好的共鸣还可以减轻气流对声带的冲击，进而延长声带的寿命。

一般来讲，不管是日常说话还是艺术语言表达，我们大部分采用中声区，而中声区的形成又在口腔上下，因此，共鸣主要以口腔共鸣为主，以胸腔共鸣为基础，辅以鼻腔共鸣。口腔共鸣是所有共鸣腔体中最为积极的部分，可以使声音明亮结实，字音圆润动听。吐字过程是口腔各个咬字器官相互配合协作的过程，它们之间如何配合，直接影响发音的质量。因此，加强口腔控制是保证发声质量的关键。

一、口腔控制要领

（一）唇舌灵活、力量集中

唇的力量要集中到唇的中央三分之一。唇的力量分散是造成字音散射的主要原因。通过练习双唇音的绕口令，将会获得明显感觉。

舌力的集中要注意到两个方面：一方面是将力量主要集中在舌的前后中纵线上；另一方面舌在发音过程中要取“收势”，收拢上挺。这样才能保证舌在咬字过程中弹动有力而灵活。舌力集中的练习应以字词为主，把上述要求体现到字词练习中。

（二）打开口腔

注重声音和吐字的品质，就应讲求口腔开度。打开口腔不等于张大嘴，张大嘴时口腔呈“前>后”形，实际上是前开后不开。按照要求口腔的前后部都应打开，上腭上抬，下颌放松。这是通过“提颧肌、打牙关、挺软腭、松下巴”四个方面的配合来实现的。

1. 提颧肌

提颧肌是抬起上腭的前部动作。颧肌用力向上提起时，口腔前上部有展宽感觉，鼻孔也随之有少许张大，同时使上唇贴紧牙齿。提颧肌对提高声音的亮度和字音的清晰度都有明显作用。

2. 打牙关

上下颌之间的关节俗称牙关，打开牙关是抬起上腭的中部动作。打牙关就是要使上下槽牙在咬字时有一定的距离，尤其双侧上后槽牙应始终保持向上提起的感觉。这个动作可以丰富口腔共鸣，使咬字位置适中、力量稳健。

3. 挺软腭

软腭在上腭后部，用舌尖抵硬腭向后舔会感觉到它的具体位置。挺软腭是抬起上腭的后部动作，它可以起到两方面的作用，第一，加大口腔后部空间，改善音色；第二，缩小鼻咽入口，避免声音大量灌入鼻腔而造成鼻音。这一动作可以用夸张吸气和“半打哈欠”来体会。

4. 松下巴

咬的力量主要在口腔上半部，下巴则应处于放松、“从动”的状态。发音时，只有下巴自然内收才能放松。发声时要把注意力集中于提上腭，有意忽略下巴的存在。

以上“提、打、挺、松”是一个完整动作：开口像“半打哈欠”，闭口像“啃苹果”。

（三）明确声音发出的路线和字音着力位置

在口腔打开的前提下，还应讲究声音发出的路线和字音的着力位置。应把声音沿软腭、硬腭的中纵线推进到硬腭前部。硬腭前部是字音的着力位置，可以明显改善音色，提高声音效果。

二、口腔控制训练

口部操训练如下。

1. 开口训练

(1) 发“i、ei、ai、a、ao、ou、ang、eng、ong”九个音。口腔由闭到开,舌位由前到后,唇形由扁到圆。体会口腔开闭、立起,舌位移动变化和唇形圆展变化。

(2) 咀嚼练习:张口咀嚼和闭口咀嚼结合进行,舌自然平伸。

2. 双唇训练

(1) 喷:双唇紧闭,堵住气流,突然放开,发 po 音。

(2) 咧:先将双唇紧闭噘起,然后将嘴角用力向两边咧,反复数次。

(3) 歪:先将双唇紧闭噘起,然后向左右两侧交替歪斜。

(4) 绕:先将双唇紧闭噘起,然后顺时针、逆时针方向交替环绕 360°。

3. 舌部训练

(1) 伸:口张开,提颧肌,鼻孔微张,用力伸舌头,舌尖越尖越好,再回缩至最大,反复数次。

(2) 刮:舌尖抵下齿背,舌体用力,用上门齿齿沿从舌尖刮到舌面,反复数次。

(3) 捣:枣核儿样物体竖放于舌面上,用舌面挺起的动作使物体翻转,反复数次。

(4) 弹:先将力量集中于舌尖,抵住齿龈,堵住气流,然后突然打开,发 te 音,反复数次。

(5) 顶:闭唇,用舌尖交替来顶左右两颊,手可从外部推动两颊施以外力。

(6) 转:闭唇,将舌尖放到唇齿之间,顺时针、逆时针方向交替环绕 360°。

(7) 立:舌头自然平放,然后向左向右交替翻立。

三、共鸣控制训练

我们在进行艺术语言表达时通常采用“以口腔共鸣为主,以胸腔共鸣为基础,辅以鼻腔共鸣”的共鸣方式,其中口腔共鸣使声音明亮结实、字音圆润动听;鼻腔共鸣使声音华丽并具有穿透力;胸腔共鸣使声音雄浑、低沉而柔和。

(一) 口腔共鸣训练

1. 发“a-o-e-i-u-ü”六个主要单元音

体会“提颧肌,打牙关,挺软腭,松下巴”的感觉,可用“OK”状手势放于口前进行由近及远、由远及近的练习,注意结合想象进行辅助。

2. 唇力度练习:发“p-p-p……”

手掌放于口前,唇中央三分之一用力发“p”,手心处会感觉气流强大且集中,若唇无力则感觉气流分散。刚开始训练可集中气息发一个“p”,待适应唇中部用力后再慢慢增加发“p”的个数。

3. 舌力度练习:可配合想象发象声词

滴溜溜——滴溜溜　咕隆隆——咕隆隆　吧嗒嗒——吧嗒嗒

（二）胸腔共鸣训练

1. 发“u、ong”体会胸腔振动

发音前肩部放松、微微含胸，发音时把手放在胸口可感到明显振动，且声音越低沉、浑厚，振动越明显。

2. 夸张地发上声音节

当调值由 2 降到 1 时，可用手明显感受到胸腔的振动，体会此时胸廓的开度和两肋积极的状态。

海(hǎi)　美(měi)　吼(hǒu)　纺(fǎng)　稳(wěn)　口(kǒu)

整体感觉是喉部松弛，气息通畅，声音在胸部有饱满感。方法是适度扩大音量，降低音高，字音靠后，这样更容易体会到胸腔共鸣的效果。

（三）鼻腔共鸣训练

(1) 发辅音“n”的本音。

(2) 发辅音“ng”。

(3) 发疑问代词“嗯”。

以上训练皆需辅助想象和手势进行：“OK”状手势放于口前，距离可由近及远再由远及近，发音时想象声音穿过“OK”手势的“圈”，感觉气息完全在鼻腔通路中打开，同时注意软腭呈下垂状态。

第四节　发声吐字训练

“工欲善其事，必先利其器。”正确地进行发声吐字是艺术语言工作者应该勤于练习的一项专业基本功。这项基本功扎实与否，直接影响了艺术语言表达的质量。而这种基本功的训练必须将理论和分析解决实际问题的能力结合起来，在正确的理论指导下，由易到难，由浅到深，循序渐进地进行。前面几节中所涉及的训练多是发声吐字基本状态的训练，在这个基础之上，本节训练主要通过字、词、绕口令、古诗词等各类文字素材来展开。

一、气息控制

（一）字词（结合声调）

1. 同声韵四声夸张练习

巴	拔	把	罢	坡	婆	叵	破
喵	苗	秒	妙	方	房	仿	放
低	敌	底	弟	通	同	统	痛
拈	年	捻	念	溜	刘	柳	六
姑	骨	古	顾	科	咳	可	课
酣	含	喊	汉	居	局	举	锯
青	情	请	庆	香	降	想	象

知	直	止	至	称	成	逞	秤
申	神	沈	甚	嚷	瓤	攘	让
作	昨	左	做	村	存	忖	寸
虽	随	髓	岁	掰	白	摆	拜
抛	刨	跑	泡	飞	肥	匪	费
搂	楼	搂	漏	家	夹	甲	架
亲	勤	寝	沁	些	鞋	写	谢
迂	于	雨	育	窗	床	闯	创
蛙	娃	瓦	袜	欢	还	缓	幻
哥	革	葛	各	薛	学	雪	血
晕	云	允	运	圈	全	犬	劝

2. 四音节词声调组合练习

1）顺序组合

兵强马壮　光明磊落　山穷水尽　山明水秀　山盟海誓　千锤百炼
飞檐走壁　飞禽走兽　风调雨顺　心怀叵测　心直口快　心明眼亮
妖魔鬼怪　优柔寡断　安常处顺　阴谋诡计　花团锦簇　高朋满座
鸡鸣狗盗　鸡鸣犬吠　妻离子散　经年累月　胸怀广阔　胸无点墨
深谋远虑　思前想后　身强体壮　争前恐后　中流砥柱　幡然悔悟

2）逆序组合

妙手回春　热火朝天　逆水行舟　兔死狐悲　驷马难追　背井离乡
信以为真　叫苦连天　遍体鳞伤　步履维艰　地广人稀　调虎离山
奋起直追　救死扶伤　刻骨铭心　墨守成规　木已成舟　破釜沉舟
梦想成真　视死如归　四海为家　痛改前非　袖手旁观　异口同声

3）其他组合

一日千里　一帆风顺　一见如故　一知半解　一呼百应　一丝不苟
七拼八凑　九牛一毛　人定胜天　人面桃花　入木三分　八面玲珑
十全十美　力争上游　刀山火海　三顾茅庐　三令五申　千娇百媚
千钧一发　山珍海味　山南海北　大摇大摆　大海捞针　大相径庭
大智若愚　大展宏图　下不为例　小巧玲珑　小鸟依人　口若悬河
口诛笔伐　亡羊补牢　久病成医　与人为善　万籁俱寂　义不容辞
马不停蹄　飞黄腾达　不知所措　不言而喻　不翼而飞　不动声色
五谷丰登　仁至义尽　今非昔比　井然有序　内忧外患　六神无主
公正无私　匹夫有责　分秒必争　化整为零　反客为主　钩心斗角
天真烂漫　天壤之别　太平盛世　少见多怪　引人入胜　心烦意乱
心照不宣　手舞足蹈　日新月异　月下花前　毛遂自荐　水滴石穿
火树银花　牛刀小试　犬马之劳　以身作则　以柔克刚　云消雾散
开诚布公　开卷有益　凤毛麟角　丑态百出　丰衣足食　风吹雨打

气宇轩昂　气象万千　专心致志　从善如流　无可厚非　无价之宝
见多识广　世外桃源　出类拔萃　古今中外　史无前例　巧言令色
平易近人　未雨绸缪　永无止境　生机勃勃　白头偕老　目不斜视
丝丝入扣　龙飞凤舞　乐在其中　东张西望　任劳任怨　光彩夺目
再接再厉　同舟共济　名列前茅　回味无穷　多才多艺　成千上万
百花争艳　有条有理　耳目一新　自强不息　至高无上　灯火辉煌

（二）绕口令

一　树　枣

出东门过大桥，大桥底下一树枣儿。拎着竿子去打枣儿，青的多，红的少，一个枣儿、两个枣儿、三个枣儿、四个枣儿、五个枣儿、六个枣儿、七个枣儿、八个枣儿、九个枣儿、十个枣儿、九个枣儿、八个枣儿、七个枣儿、六个枣儿、五个枣儿、四个枣儿、三个枣儿、两个枣儿、一个枣儿。这是一段绕口令，一口气说完才算好！

数　红　旗

广场上，飘红旗，看你能数几面旗：一面旗，两面旗，三面旗，四面旗，五面旗，六面旗，七面旗，八面旗，九面旗，十面旗。十面旗，九面旗，八面旗，七面旗，六面旗，五面旗，四面旗，三面旗，两面旗，一面旗。

多　少　罐

一个半罐是半罐，两个半罐是一罐；三个半罐是一罐半，四个半罐是两罐；五个半罐是两罐半，六个半罐是三满罐；七个、八个、九个半罐，请你算算是多少罐。

司小四和史小世

司小四和史小世，四月十四日十四时四十上集市，司小四买了四十四斤四两西红柿，史小世买了十四斤四两细蚕丝。司小四要拿四十四斤四两西红柿换史小世十四斤四两细蚕丝。史小世十四斤四两细蚕丝不换司小四四十四斤四两西红柿。司小四说我四十四斤四两西红柿可以增加营养防近视，史小世说我十四斤四两细蚕丝可以织绸织缎又抽丝。

巴老爷芭蕉树

巴老爷有八十八棵芭蕉树。来了八十八个把式要在巴老爷的八十八棵芭蕉树下住。巴老爷拔了八十八棵芭蕉树，不让八十八个把式在八十八棵芭蕉树下住。八十八个把式烧了八十八棵芭蕉树，巴老爷在八十八棵芭蕉树边哭。

六十六头牛

六十六岁的陆老头，盖了六十六间楼，买了六十六篓油，养了六十六头牛，栽了六十六棵垂杨柳。六十六篓油，堆在六十六间楼；六十六头牛，扣在六十六棵垂杨柳。忽然一阵狂风起，吹倒了六十六间楼，翻倒了六十六篓油，折断了六十六棵垂杨柳，砸死了六十六头牛，急煞了六十六岁的陆老头。

二、吐字归音

本部分训练内容可同时作为口腔控制的训练内容。

（一）出字训练

1. 同声母双音节词语

b：版本　播报　报表　卑鄙　辨别　宝贝　表白　不必　必备
　背包　保镖　把柄　奔波　八百　补办　冰雹　冰棒　本部
p：批评　琵琶　婆婆　泡泡　品牌　偏偏　乒乓　偏僻　匹配
　偏颇　平铺　品评　评聘　频谱　皮袍　凭票　瓢泼　澎湃
m：妈妈　密码　买卖　满满　谩骂　盲目　妹妹　美妙　命名
　秘密　默默　木马　迷茫　麻木　面膜　莫名　眉毛　渺茫
f：方法　反复　丰富　仿佛　犯法　非法　发放　风范　吩咐
　付费　发福　防范　纷纷　复发　非凡　福分　夫妇　发奋
d：达到　得到　对待　单调　地点　调动　单独　点滴　顶多
　订单　淡定　到底　捣蛋　地道　带动　搭档　得当　颠倒
t：探讨　体态　甜头　团体　偷偷　天堂　头疼　淘汰　体贴
　抬头　挑剔　投胎　铁桶　疼痛　贴图　逃脱　推脱　忐忑
n：男女　奶奶　牛奶　那年　能耐　奶牛　年年　南宁　妞妞
　泥泞　袅娜　忸怩　扭捏　农奴　年内　难弄　泥淖　牛腩
l：理论　力量　罗列　利落　领略　浏览　流量　留恋　流浪
　轮流　联络　另类　来临　连累　拉链　冷落　伦理　玲珑
g：骨干　桂冠　改革　广告　骨骼　规格　尴尬　巩固　更改
　杠杆　故宫　感官　公共　光顾　高歌　瓜果　公告　挂钩
k：开垦　慷慨　旷课　宽阔　口渴　可口　刻苦　苛刻　坎坷
　可靠　空旷　空壳　开阔　快克　困苦　亏空　口快　科考
h：航海　辉煌　欢呼　豪华　呵护　呼唤　混合　黄昏　缓和
　坏话　祸害　货号　毁坏　火花　浩瀚　后悔　和好　憨厚
j：解决　积极　加剧　阶级　坚决　经济　接近　简介　剪辑
　交接　近景　季节　讲解　讲究　基金　间距　简洁　纠结
q：牵强　亲切　请求　亲戚　崎岖　确切　前期　气球　齐全
　悄悄　情趣　强求　欠缺　氢气　铅球　曲奇　侵权　全勤
x：习性　形象　虚心　相信　新鲜　闲暇　学校　信息　谢谢
　想象　休息　现象　纤细　消息　新型　详细　小心　遐想
zh：政治　招展　主张　辗转　正直　直至　装置　真正　种植
　珍珠　郑州　终止　制止　着装　症状　郑重　蜘蛛　执着
ch：戳穿　驰骋　出产　车床　长城　出差　唇齿　抽查　穿插
　踟蹰　车窗　惆怅　除尘　查处　长春　传承　串场　超常
sh：身世　山水　生疏　上升　事实　施舍　实施　收拾　手势
　少数　上述　设施　首饰　属实　师生　声束　瞬时　时尚
r：柔软　仍然　忍让　荏苒　容忍　融入　如若　软弱　柔弱
　柔韧　荣辱　扰攘　热熔　惹人　嚷嚷　人人　柔润　荣任

z：造作　藏族　曾祖　总则　祖宗　罪责　坐姿　咂嘴　自尊
c：猜测　草丛　苍翠　参差　粗糙　催促　层次　璀璨　仓促
s：瑟缩　思索　四岁　松散　诉讼　速算　色素　琐碎　缫丝

2. 绕口令

1）双唇音

(b,p)

八百标兵奔北坡，北坡炮兵并排跑。
炮兵怕把标兵碰，标兵怕碰炮兵炮。

(b)

巴老爷有八十八棵芭蕉树。
来了八十八个把式要在巴老爷的八十八棵芭蕉树下住。
巴老爷拔了八十八棵芭蕉树，
不让八十八个把式在八十八棵芭蕉树下住。
八十八个把式烧了八十八棵芭蕉树，
巴老爷在八十八棵芭蕉树边哭。

(b,p,m)

白庙外蹲着只白猫，
白庙里有一顶白帽。
白庙外的白猫看见了白庙里的白帽。
叼着白庙里的白帽跑出了白庙。

(m)

妈妈骑马，马慢，妈妈骂马。
牧童磨墨，墨抹牧童一目墨。
小猫摸煤，煤飞小猫一毛煤。

2）唇齿音

(h,f)

粉红墙上画凤凰，凤凰画在粉红墙。
红凤凰，粉凤凰，红粉凤凰，花凤凰。

(h,f)

会糊我的粉红活佛花，
就糊我的粉红活佛花；
不会糊我的粉红活佛花，
可别糊坏了我的粉红活佛花。

3）舌尖中音

(d,t)

谭家谭老汉，挑担到蛋摊，买了半担蛋；
挑担到炭摊，买了半担炭，满担是蛋炭。
老汉往家赶，脚下绊一绊，跌了谭老汉，

破了半担蛋，翻了半担炭，脏了新衣衫。
老汉看一看，急得满头汗，
炭蛋完了蛋，怎吃蛋炒饭。
(d,t)
调到敌岛打特盗，特盗太叼投短刀。
挡推顶打短刀掉，踏盗得刀盗打倒。
(n,l)
门外有四匹伊犁马，
你爱拉哪俩就拉哪俩。
牌楼两边有四辆四轮马拉车，
你爱拉哪两辆就拉哪两辆。
(n,l)
牛郎年年恋刘娘。
刘娘年年念牛郎。
牛郎恋刘娘，刘娘念牛郎。
郎恋娘来娘念郎。
4) 舌根音
(g,k)
哥挎瓜筐过宽沟，赶快过沟看怪狗。
光看怪狗瓜筐扣，瓜滚筐空哥怪狗。
(g,k,h)
一班有个黄贺，二班有个王克，
黄贺、王克二人搞创作。
黄贺搞木刻，王克写诗歌。
黄贺帮助王克写诗歌，王克帮助黄贺搞木刻。
由于两人搞协作，黄贺完成了木刻，王克写好了诗歌。
5) 舌面音
(j,q)
七加一，七减一，加完减完等于几？
七加一，七减一，加完减完还是七。
(j,q,x)
西巷一个漆匠，七巷一个锡匠。
西巷的漆匠偷了七巷锡匠的锡。
七巷的锡匠偷了西巷漆匠的漆；
西巷的漆匠为七巷的锡匠偷漆而生气。
七巷的锡匠因西巷的漆匠偷锡受刺激。
一个生气，一个受刺激。
岂不知你俩都是目无法纪。

6）舌尖音

（z）

山前有个崔粗腿，山后有个崔腿粗。
两人山前来比腿。
不知是崔粗腿比崔腿粗的腿粗，
还是崔腿粗比催粗腿的腿粗。

（zh，ch，sh）

时事学习看报纸，报纸登的是时事。
带着报纸要多思，心里装着天下事。

（zh，sh）

知道就是知道，不知道就是不知道。
不要知道说不知道，
也不要不知道装知道。
一定要做到老老实实，实事求是，
不折不扣的真知道。

（zh，ch）

朱家种棵竹，竹笋初长出。
朱叔处处锄，锄出笋来煮。
竹枯笋不出，竹叔知护竹。

（s，sh）

三山撑四水，四水绕三山；
三山四水春长在，四水三山四时春。

（z，zh）

刚往窗上糊字纸，
你就隔着窗户撕字纸，
一次撕下横字纸，
一次撕下竖字纸，
横竖两次撕了四十四张湿字纸！
是字纸你就撕字纸，
不是字纸，你就不要胡乱地撕一地纸。

（s，sh）

山前有四十四棵涩柿子树，
山后有四十四只石狮子，
山前的四十四棵涩柿子树，
涩死了山后的四十四只石狮子，
山后的四十四只石狮子，
咬死了山前的四十四棵涩柿子树，
不知是山前的四十四棵涩柿子树涩死了山后的四十四只石狮子，

还是山后的四十四只石狮子咬死了山前的四十四棵涩柿子树。

(s,sh)

四和十

四是四,十是十,
十四是十四,四十是四十,
谁能说准十四、四十、四十四,
谁来试一试。

（二）立字训练

1. 字词

1）开口呼

a：大　发　妈　拉　砝码　马达　喇叭　邋遢　打靶　旮旯

o：播　婆　抹　佛　薄膜　磨破　伯伯　婆婆　泼墨

e：苛刻　割舍　隔阂　色泽　折合

-i(前)：自私　字词　子嗣　赐死　次子

-i(后)：实施　实质　值日　制止　只是

er：而且　从而　幼儿　而后　遐迩

ai：爱戴　百态　灾害　拍卖　采摘

ei：蓓蕾　飞贼　肥美　配备　非得

ao：草帽　祷告　牢靠　号啕　吵闹

ou：绸缪　丑陋　抖擞　走狗　守候

an：安然　办案　勘探　翻版　灿烂

en：深沉　振奋　本人　门诊　认真

ang：帮忙　长廊　当场　沧桑　方丈

eng：乘风　逞能　蒸腾　风声　争胜

2）齐齿呼

i：汽笛　利息　笔记　地理　题意

ia：加压　下嫁　恰恰　压价　假牙

ie：节烈　贴切　揭帖　趔趄　结业

iao：标调　渺小　缥缈　萧条　巧妙

iou：绣球　悠久　牛油　久留　球友

ian：咽炎　眼睑　变迁　艰险　边沿

iang：洋相　湘江　踉跄　向阳　亮相

in：殷勤　引进　贫民　亲近　民心

ing：叮咛　并行　惊醒　英明　聆听

3）合口呼

u：哺乳　复古　初步　露珠　父母

ua：挂画　耍滑　花袜　唰唰　哗哗

uo：国货　啰唆　蹉跎　堕落　陀螺

uai：怀揣 外快 摔坏 外踝 快快
uei：尾随 追悔 汇兑 回归 罪魁
uan：婉转 万端 贯穿 传唤 专断
uen：温存 论文 春笋 昆仑 困顿
uang：狂妄 双亡 装潢 矿床 状况
ueng：嗡嗡 老翁 水瓮 蓊郁 蕹菜
ong：动工 空洞 从容 洪钟 工农

4）撮口呼

ü：聚居 吕剧 区域 女婿 须臾
üe：雀跃 雪月 约略 决绝 绝学
üan：圆圈 源泉 全权 轩辕 全员
ün：均匀 军训 逡巡 芸芸 熏晕
iong：汹涌 熊熊 穷凶 炯炯

2. 绕口令

(a)

白石塔，白石塔，白石搭石塔，白塔白石搭。
搭好白石塔，白塔白又大。

(a，ua)

一个胖娃娃，捉了三个大花活蛤蟆，三个胖娃娃，捉了一个大花活蛤蟆；
捉了一个大花活蛤蟆的三个胖娃娃，真不如捉了三个大花活蛤蟆的一个胖娃娃。

(o，uo)

打南坡走来个老婆婆，两手托着两笸箩。
左手托着的笸箩装的是菠萝，右手托着的笸箩装的是萝卜。
你说说，是老婆婆左手托着的笸箩装的菠萝多，
还是老婆婆右手托着的笸箩装的萝卜多？
说得对送你一笸箩菠萝，说不对不给菠萝也不给萝卜，
罚你替老婆婆把装菠萝的笸箩和装萝卜的笸箩送到大北坡。

(e)

哥哥弟弟坡前坐，坡上卧着一只鹅，坡下流着一条河。
哥哥说：宽宽的河，弟弟说：肥肥的鹅。
鹅要过河，河要渡鹅。不知是鹅渡河，还是河渡鹅。

(i，ü)

这天天下雨，体育局穿绿雨衣的女小吕，去找穿绿运动衣的女老李。
穿绿雨衣的女小吕，没找到穿绿运动衣的女老李，
穿绿运动衣的女老李，也没见着穿绿雨衣的女小吕。

(u)

村里有个顾老五，穿上新裤去卖谷。
卖了谷，买了布，外加一瓶老陈醋。

肩背布，手提醋，老王急忙来赶路。

走了一里路，看见一只兔，老王放下布和醋，糊里糊涂去追兔。

刮破了裤，也没追上兔，回来不见布和醋。

(ai)

买白菜，搭海带，不买海带就别买大白菜。

买卖改，不搭卖，不买海带也能买到大白菜。

(ei)

贝贝飞纸飞机，菲菲要贝贝的纸飞机，贝贝不给菲菲自己的纸飞机，贝贝教菲菲自己做能飞的纸飞机。

(ai,ei)

大妹和小妹，一起去收麦。

大妹割小麦，小妹割大麦。

大妹帮小妹挑大麦，小妹帮大妹捆小麦。

大妹小妹收完麦，高高兴兴去打麦。

(ao)

毛毛有一顶红帽，猫猫有一身灰毛。

毛毛要猫猫的灰毛，猫猫要毛毛的红帽。

毛毛把红帽交给猫猫，猫猫给毛毛几根灰毛。

(ou)

黑豆放在黑斗里，黑斗里边放黑豆，

黑豆放黑斗，黑斗放黑豆，

不知黑豆放黑斗，还是黑斗放黑豆。

(ie)

杰杰聂聂和叶叶，花园里面捉蝴蝶。

彩蝶粉蝶和凤蝶，只只蝴蝶像树叶。

杰杰用针把蝶别，聂聂将蝶墙上贴。

杰杰聂聂看叶叶，叶叶还在捉蝴蝶。

(ie,üe)

北边来了一个瘸子，背着一捆橛子。

南边来了一个瘸子，背着一筐茄子。

背橛子的瘸子打了背茄子的瘸子一橛子。

背茄子的瘸子打了背橛子的瘸子一茄子。

(uei)

嘴说腿，腿说嘴，嘴说腿爱跑腿，腿说嘴爱卖嘴。

光动嘴不动腿，光动腿不动嘴，不如不长腿和嘴。

(uai,uei)

炉东有个锤快锤，炉西有个锤锤快，两人炉前来比赛，

不知是锤快锤比锤锤快锤得快？还是锤锤快比锤快锤锤得快？

(an)

三月三，小三去登山。上山又下山，下山又上山。
登了三次山，跑了三里三。出了一身汗，湿了三件衫。
小三山上大声喊："离天只有三尺三！"

(an,uan)

南南有个篮篮，篮篮装着盘盘，
盘盘放着碗碗，碗碗盛着饭饭。
南南翻了篮篮，篮篮扣了盘盘，
盘盘打了碗碗，碗碗撒了饭饭。

(an,ang,eng)

板凳宽，扁担长，扁担没有板凳宽，板凳没有扁担长，
扁担要绑在板凳上，板凳不让扁担绑在板凳上，扁担偏要扁担绑在板凳上。

(ian,üan)

山前有个阎圆眼，山后有个阎眼圆，二人山前来比眼。
不知阎圆眼比阎眼圆的眼圆，还是阎眼圆比阎圆眼的眼圆。

(an,ian,üan)

男演员、女演员，同台演戏说方言。
男演员说吴方言，女演员说闽南言。
男演员演远东劲族飞行员，
女演员演鲁迅著作研究员。
研究员、飞行员；吴方言、闽南言。
你说男女演员演得全不全？

(ao,an,uan)

薄板和短板，互相来比板。
薄板薄，短板短，
薄板要比短板薄，
短板要比薄板短，
薄板加一寸，薄板还是板薄，
短板加一尺，短板还是板短。

(en,eng)

陈是陈，程是程，
姓陈不能说成姓程，
姓程也不能说成姓陈。
禾旁是程，耳朵是陈。
程陈不分，就会认错人。

(en,in)

山上青松根连根，各族人民心连心，
根连根，心连心，建设祖国一股劲。

(iang)
蒋家砌了一垛墙，杨家养了一只羊，
杨家的羊，撞塌了蒋家的墙，蒋家的墙，压死了杨家的羊，
蒋家要杨家赔墙，杨家要蒋家赔羊。
(ang,iang)
东边来了一只小山羊，西边来了一只大灰狼，一起走到小桥上，
小山羊不让大灰狼，大灰狼不让小山羊，
小山羊叫大灰狼让小山羊，
大灰狼叫小山羊让大灰狼，
羊不让狼，狼不让羊，扑通一起掉到河中央。
(uang)
小王和小黄，一块画凤凰。
小王画黄凤凰，小黄画红凤凰，
红凤凰黄凤凰，只只画成活凤凰，望着小王和小黄。
(ong)
楼上住个老公公，楼下住个小冬冬，
小冬冬认字问公公，老公公走路扶冬冬，
冬冬说楼上有个好公公，公公说楼下有个乖冬冬。
(eng,ing,ong)
高高山上一条藤，藤条头上挂铜铃。
风吹藤动铜铃动，风停藤停铜铃停。
(ing,ong)
青松岭，青松顶，青松顶停蜻蜓静，
蜻蜓静，蜻蜓停，蜻蜓静停青松顶。
(eng,ong,ing)
屋子里点个灯，灯底下是个坑，
坑边上长棵葱，葱头上钉个钉，
钉子上挂只鹰，鹰脖里挂张弓。
忽然刮了一阵风，
刮灭了灯，刮平了坑，
刮倒了葱，刮掉了钉，
刮飞了鹰，带走了弓。
(ing,ong)
青龙洞中龙做梦，青龙做梦出龙洞，
做了千年万载梦，龙洞困龙在深洞。
自从来了新愚公，愚公捅开青龙洞，
青龙洞中涌出龙，龙去农田做农工。

（三）归音训练：古诗词

古诗词是最适合诵读的作品，因为它们押韵，又讲究平仄，节奏规整，句调抑扬顿挫，尽显音韵的美感。朗诵古诗词有助于训练归音的到位程度。

1.《乌衣巷》刘禹锡

朱雀桥边野草花，乌衣巷口夕阳斜。
旧时王谢堂前燕，飞入寻常百姓家。

2.《泊秦淮》杜牧

烟笼寒水月笼沙，夜泊秦淮近酒家。
商女不知亡国恨，隔江犹唱《后庭花》。

3.《咏鹅》骆宾王

鹅，鹅，鹅，曲项向天歌。
白毛浮绿水，红掌拨清波。

4.《静夜思》李白

床前明月光，疑是地上霜。
举头望明月，低头思故乡。

5.《江雪》柳宗元

千山鸟飞绝，万径人踪灭。
孤舟蓑笠翁，独钓寒江雪。

6.《芙蓉楼送辛渐》王昌龄

寒雨连江夜入吴，平明送客楚山孤。
洛阳亲友如相问，一片冰心在玉壶。

7.《题菊花》黄巢

飒飒西风满院栽，蕊寒香冷蝶难来。
他年我若为青帝，报与桃花一处开。

8.《凉州词》王翰

葡萄美酒夜光杯，欲饮琵琶马上催。
醉卧沙场君莫笑，古来征战几人回？

9.《咏柳》贺知章

碧玉妆成一树高，万条垂下绿丝绦。
不知细叶谁裁出，二月春风似剪刀。

10.《送孟浩然之广陵》李白

故人西辞黄鹤楼，烟花三月下扬州。
孤帆远影碧空尽，唯见长江天际流。

11.《早发白帝城》李白

朝辞白帝彩云间，千里江陵一日还。

两岸猿声啼不住，轻舟已过万重山。

12.《清明》杜牧

清明时节雨纷纷，路上行人欲断魂。
借问酒家何处有？牧童遥指杏花村。

13.《赋得古原草送别》白居易

离离原上草，一岁一枯荣。
野火烧不尽，春风吹又生。
远芳侵古道，晴翠接荒城。
又送王孙去，萋萋满别情。

（四）枣核形训练：朗读童谣、歌词、诗词

朗读时力求吐字清晰饱满、响亮圆润，节奏可适当放慢，以期让听者能听清、听懂并能正确模仿。

1. 童谣

《小白兔》

小白兔，白又白，两只耳朵竖起来，
爱吃萝卜爱吃菜，蹦蹦跳跳真可爱。

《新年到》

新年到，放鞭炮，噼噼啪啪真热闹。
耍龙灯，踩高跷，包饺子，蒸甜糕，
奶奶笑得直揉眼，爷爷乐得胡子翘。

2. 歌词

《歌唱祖国》

五星红旗迎风飘扬，胜利歌声多么响亮。
歌唱我们亲爱的祖国，从今走向繁荣富强。
越过高山，越过平原，跨过奔腾的黄河长江，
宽广美丽的土地，是我们亲爱的家乡。
英雄的人民站起来了！我们团结友爱坚强如钢。
五星红旗迎风飘扬，胜利歌声多么响亮。
歌唱我们亲爱的祖国，从今走向繁荣富强！

《东方之珠》

小河弯弯向南流，流到香江去看一看。
东方之珠，我的爱人，你的风采是否浪漫依然？
月儿弯弯的海港，夜色深深灯火闪亮。
东方之珠，整夜未眠，守着沧海桑田变幻的诺言。
让海风吹拂了五千年，
每一滴泪珠仿佛都说出你的尊严；

让海潮伴我来保佑你，

请别忘记我永远不变黄色的脸！

船儿弯弯入海港，回头望望，沧海茫茫。

东方之珠，拥抱着我，让我温暖你那沧凉的胸膛。

三、共鸣控制

（一）古诗词

1.《虞美人》李煜

春花秋月何时了，往事知多少。

小楼昨夜又东风，故国不堪回首月明中。

雕栏玉砌应犹在，只是朱颜改。

问君能有几多愁，恰似一江春水向东流。

2.《春晓》孟浩然

春眠不觉晓，处处闻啼鸟。

夜来风雨声，花落知多少。

（二）散文

《海燕》高尔基

在苍茫的大海上，狂风卷集着乌云。在乌云和大海之间，海燕像黑色的闪电，在高傲地飞翔。

一会儿翅膀碰着波浪，一会儿箭一般地直冲向乌云，它叫喊着，——就在这鸟儿勇敢的叫喊声里，乌云听出了欢乐。

在这叫喊声里——充满着对暴风雨的渴望！在这叫喊声里，乌云听出了愤怒的力量、热情的火焰和胜利的信心。

海鸥在暴风雨来临之前呻吟着，——呻吟着，它们在大海上飞窜，想把自己对暴风雨的恐惧，掩藏到大海深处。

海鸭也在呻吟着，——它们这些海鸭啊，享受不了生活的战斗的欢乐：轰隆隆的雷声就把它们吓坏了。

蠢笨的企鹅，胆怯地把肥胖的身体躲藏到悬崖底下……只有那高傲的海燕，勇敢地，自由自在地，在泛起白沫的大海上飞翔！

乌云越来越暗，越来越低，向海面直压下来，而波浪一边歌唱，一边冲向高空，去迎接那雷声。

雷声轰响。波浪在愤怒的飞沫中呼叫，跟狂风争鸣。看吧，狂风紧紧抱起一层层巨浪，恶狠狠地把它们甩到悬崖上，把这些大块的翡翠摔成尘雾和碎末。

海燕叫喊着，飞翔着，像黑色的闪电，箭一般地穿过乌云，翅膀掠起波浪的飞沫。

看吧，它飞舞着，像个精灵，——高傲的、黑色的暴风雨的精灵，——它在大笑，它又在号叫……它笑那些乌云，它因为欢乐而号叫！

这个敏感的精灵，——它从雷声的震怒里，早就听出了困乏，它深信，乌云遮不住太阳，——是的，遮不住的！

狂风吼叫……雷声轰响……

一堆堆乌云，像青色的火焰，在无底的大海上燃烧。大海抓住闪电的箭光，把它们熄灭在自己的深渊里。这些闪电的影子，活像一条条火蛇，在大海里蜿蜒游动，一晃就消失了。

——暴风雨！暴风雨就要来啦！

这是勇敢的海燕，在怒吼的大海上，在闪电中间，高傲地飞翔；这是胜利的预言家在叫喊：

——让暴风雨来得更猛烈些吧！

（三）寓言

《北风与太阳》

北风和太阳是好朋友，可是有一天，它们两个为了争论谁的本领大吵了起来。

北风说："我的本领大，我只要轻轻地吹一口气，人们就得冻得全身发抖。"

太阳说："我的本领大，我只要稍稍一用力，人们就会热得浑身出汗。"

它们争来争去，谁也说服不了谁。

这时候，正好路边走来一个行人，太阳对北风说："这样吧，咱们比一比，看谁能把这个人的衣服脱下来，谁能把他的衣服脱下来，谁的本领就大。"

北风点点头说："那还不好办吗？看我的吧！"

北风轻轻吸了一口气，吹了出去。那个行人突然感觉到冷了，他深深地吸了一口气，鼓起腮帮子用力一吹，可是那个行人不但没有脱衣服，反而把衣服裹得更紧了，还把衣领竖了起来挡风。

北风可气坏了，他憋足全身力气，用力一吹，嗖嗖的冷风让那个行人缩起了脖子，手也缩进了袖子里，把双臂抱在胸前，反正是把衣服裹得更加严实了。

太阳暗暗好笑，它说："我说北风小弟，你还是看我的吧！"说完，太阳用力一照，温暖的光芒马上把寒冷赶跑了。行人突然感到热了，他伸出了双手，放下了衣领，解下了衣扣。太阳再一使劲，放出更热的光芒，行人被晒得浑身大汗，马上脱下了外衣。

可是阳光越来越强，行人不得不脱光衣服，"扑通"一声，跳进了路边的小河里躲避酷暑。

北风很佩服太阳的本领，太阳却谦虚地说："要比让行人脱下衣裳，是我的本领大，可是要比谁能让行人穿上衣服，那就是你的本领大了。北风老弟啊，其实我们俩是各有所长啊！"

任何人或事物，都有各自的优点和长处，发挥各自的优点，才能做得更好。

第三章

声音技巧

口语中的声音技巧主要包括语调、停连、重音、节奏等变化及特点。除此以外，声音的响度、亮度、清晰度、配合度、语速、音色以及声音与环境的配合度等也需要注意。

响度就是音强，也叫音量(单位是分贝)，即声音的大小，主要取决于发音体和人的距离远近。通常，发音体和人的距离越近，响度越大。另外还取决于振幅的大小(音强)，振幅越大，响度越大。一般来说，1 分贝是人类耳朵刚刚能听到的声音，20 分贝以下的声音属于喃喃细语，20～40 分贝是低声说话，40～60 分贝属于我们正常的交谈声音。如果长期生活在 90 分贝以上的噪声环境中，听力会受到严重影响并产生神经衰弱、头疼、高血压等疾病；如果突然暴露在高达 150 分贝的噪声环境中，鼓膜会破裂出血，双耳完全失去听力。为了保护听力，声音不能超过 90 分贝；为了保证工作和学习，声音不能超过 70 分贝；为了保证休息和睡眠，声音不能超过 20 分贝。口语表达时对响度的要求是要恰当适度，富于变化。

亮度就是音高(单位是赫兹)，即声音的高低，取决于发音体振动频率的快慢。频率越快，声音的亮度越高；频率越慢，声音的亮度越低。人对声音的感觉有一定的频率范围，大约每秒钟振动 20 次到 2 万次范围内的声音都可以感觉到，即频率范围在 20～20000 赫兹。如果频率超出这个范围，人耳就听不到了。高于 20000 赫兹的频率就叫作超声波，低于 20 赫兹的频率就叫作次声波。在能够听到的范围内，人耳对高频率的信号并不是最敏感的。过于明亮的高频信号，会使声音有“毛刺”，容易造成听觉疲劳。而适度明亮的声波信号有助于呈现出一个清晰的声音效果。因此，口语表达时亮度要与响度配合得当，能够让人听清楚、听明白。

清晰度是指口语表达时应该注意咬字清楚、口齿清晰，既不含含糊糊，也不拖泥带水，使每一个字都能够让对方听得清楚明白。避免出现语音含混，咬字不清，音节粘连，界限不清，有回音、杂音、鼻音等。平时可以多注意通过训练来提高清晰度，包括发音吐字训练、语速训练等。

配合度是指口语与环境的相互配合，二者一般成正比。首先，环境应该有利于口语表达；其次，对于不同年龄、层次的交流对象，应采用不同的口语表达方式。

人们日常生活中的语速为每分钟 160～180 字，在进行朗读、演讲、主持等口语的语速一般在每分钟 200～300 字，具体根据表达内容的需要确定。语速可以通过渐进式朗读的方式训练，即从词语朗读、古诗词朗读训练开始，然后再进到短文朗读，最后进到各种文体的朗读。朗读时，要特别注意始终保持语速的平稳，可以利用掐时的方式来测算自己大约每分钟读多少字数是比较合适的,并反复训练加以强化,最终变为习惯。

音色就是音质,即声音的本质特性,取决于发音体、发音方法和共鸣器形状的不同。每个人的声带、喉头、口腔、鼻腔、肺和气管等发音器官的结构千差万别,因此音色也就一定会与众不同,有自己的特色。当一个人的某个发音器官有缺陷或发生病变,音质就会发生变化,声音会变得不好听。有时尽管没有发音器官方面的病变,但由于发音时存在这样那样的毛病,也会影响音质。音色本身并无好坏之分,关键在于是否能够使口语交际顺利完成。但是,如果经过一些科学有效的专业训练,如恰当的用气、准确的吐字发音、合理的共鸣控制和技巧运用等,是可以改善并美化音色的。

下面将从语调、停连、重音、节奏四个方面具体谈谈声音的技巧控制。

第一节　语　　调

语调就是句调,指表达一个完整的句子时,声音高低变化的曲折形式。严格地说,每一句话在特定条件下都有其独特意义,因而也就有它独特的语调。概括地说,语调大致有四个基本类型,即平直调、弯曲调、上扬调、下降调。

一、平直调

平直调是指把一句话读得平直舒缓,没有什么显著的高低变化的语调形式。多用于陈述句和说明句,表达平淡、严肃、厌恶、思索、庄重等语气,一般句末音节多拖长拉平。例如:

我常常遗憾我家门前的那块丑石呢:它黑黝黝地卧在那里,牛似的模样;谁也不知道是什么时候留在这里的,谁也不去理会它。(表叙述。摘自贾平凹《丑石》)

中国的建筑体系是在世界各民族数千年文化史中的一个独特的建筑体系。(表说明。摘自梁思成《中国建筑的特征》)

嗯,不急,这件事明天开始做就可以了。(表平淡)

对社会上的歪风邪气、错误的和反动的思潮,必须进行批评和斗争。(表严肃)

这是你自找苦吃,没人逼你这样做,用不着埋怨别人。(表厌恶)

我认为睿智的人应该是能够控制好自己的情绪,妥当处理棘手问题,说话温柔礼貌的人。(表思索)

学校的目标应当是培养有独立行动和独立思考的个人,不过他们要把为社会服务看作是自己人生的最高目标。(表庄重。物理学家爱因斯坦语)

二、弯曲调

弯曲调是指把一句话读得弯弯曲曲、高高低低的曲折的语调形式。多用于表达幽默、讽刺、嫉妒、刻薄、讥笑、反语、怀疑等语气。例如:

回家别忘了告诉你们的妈妈,那件天天陪你睡觉的“亲爱”的棉被,要常常换洗、晾晒、杀菌。(表幽默。“甲流”时期老师告诫学生要讲卫生的话)

三仙姑却和大家不同，虽然已经四十五岁，却偏爱当个老来俏，小鞋上仍要绣花，裤腿上仍要镶边，顶门上的头发脱光了，用黑手帕盖起来，只可惜宫粉涂不平脸上的皱纹，看起来好像驴粪蛋上下上了霜。（表讽刺。摘自赵树理《小二黑结婚》）

她不就是这次考了第一嘛，有什么了不起的。（表嫉妒）

这位老兄白天受了点打击，晚上也不要这么兴奋吧。（表刻薄）

我还以为我脑门儿上写了“进水”两个字呢，原来没有啊，是写你脑门儿上了。（表讥笑）

中国军人的屠戮妇婴的伟绩，八国联军的惩创学生的武功，不幸全被这几缕血痕抹杀了。（表反语。摘自鲁迅《纪念刘和珍君》）

难道这件事真的是他做的吗？（表怀疑）

三、上扬调

上扬调是指把一句话读的前低后高，声音逐渐高昂向上的语调形式，也叫昂上调。多用于疑问句和祈使句，表达疑问、反问、愤怒、惊异、鼓动、号召等语气。例如：

你说这样做可以不可以？（表疑问）

你怎么这样做呢？（表反问）

我们一定要找出那些犯罪的家伙！（表愤怒）

啊，怎么啦！（表惊异）

年轻的朋友们，让我们一起唱起来、跳起来！（表鼓动）

同志们，让我们英勇地开始我们新的征途吧！（表号召）

四、下降调

下降调是指把一句话读的前高后低，声音逐渐降低的语调形式，也叫降抑调。多用于感叹句、祈使句，表达肯定、感叹、请求、祝愿、命令、沉重、哀悼等语气。例如：

小明，你做得真棒！（表肯定）

为什么这些球员变成这个样子了？（表感叹）

现在我没事了，让我进去再挖一会儿土吧！（表请求）

人的一生是很短暂的，珍惜眼前所有的一切，过好每一天！（表祝愿）

只许老老实实，不许乱说乱动！（表命令）

为什么我的眼里常含泪水？因为我对这土地爱得深沉！（表沉重。摘自艾青《我爱这土地》）

您的离开让我们再一次感受到生命的脆弱和可贵，虽然我们无法扭转生命的乾坤，可我们永远记得您的音容笑貌！（表哀悼）

第二节　停　　连

停连也叫顿连、停顿，是指口语语流中声音的停顿和延续。无论停或连，都是思想感情发展变化的要求，不是任意的。

一、停连的规律

（1）要考虑到“讲”本身的需要。根据所讲内容和具体语句合理地安排停连，使口语表达有恰当的语气停顿和转换。既不要一味地讲下去而停连过少，也不要停连过多，使口语显得字化、词化而缺少句子的整体感。

（2）要考虑到“听”的需要。根据口语表达目的去设计和使用停连，给听众以恰到好处的思索的余地。虽然在口语表达活动中“讲”是主导，但是让听众听得好听得明白才是目的，所以“讲”不能随心所欲，一定要有的放矢。

（3）不要被标点符号捆住手脚。文字作品中的标点符号主要是给人看的，因此在把书面语言转换成口语表达时，应该打破标点符号的限制，根据表达需要进行合理地停连安排，这样才能更好地表达出各种情感和内容。

（4）停连不能孤立地使用。停连应该与响度、亮度、清晰度、配合度、语速、音色，特别是语调、语速、重音等相互配合，共同融汇于口语表达当中，这样才能达到最理想的效果。

二、停连的分类

（一）语法停连

语法停连主要是指依据语句、段落、标点等语法特征来安排的停连。例如，一个词的内部不能安排停连，中补短语、量词短语、方位短语等内部一般也不能安排停连。如“北京、运动、光明、绿油油、大型、但是、刚才、他们、关于”等词语，还有“走出去、好得很、看得见、休息了一会儿、第一次、这一个、那么些、晚饭后、讨论前”等短语中间都不能停连，除非是为了某种需要强调或突出该词语。

另外，文字作品里的标点符号不同，停连的时间长短也就不同，这也属于语法停连。例如，句号、问号、叹号的停连要长于逗号、分号、冒号、破折号等，顿号的停连时间一般是最短的。

语法停连还体现在篇章结构方面，一般来说，上篇与下篇之间的停连要长一些，段落之间的停连则要长于句子之间的停连。

（二）逻辑停连

逻辑停连是指在句中没有标点符号的地方，根据表达的需要而安排的停连。逻辑停连可以帮助听者准确地理解讲话者话语的含义。逻辑停连的作用表现在以下几个方面。

（1）逻辑停连可以对长句进行合理断句，更好地帮助理解句意。例如（以下斜杠表停顿）：

参加中非合作论坛北京峰会的外交官/饶有兴致地参与了/由中国外交部部长李肇星提议的/旨在增强对中非关系全面而深入的了解、//提升对非工作的专业化程度、//推动非洲知识的普及的/富有知识性和趣味性的/竞赛活动。///

合理停连可以使长句变短，更易阅读和理解。

蜚声于世的/悉尼歌剧院，//坐落在/澳大利亚著名港口城市/悉尼/三面环海的/贝尼朗岬角上。///（摘自司徒一凡《悉尼歌剧院建设逸事》）

（2）合理的逻辑停连可以避免歧义，准确传达句意。例如：

我看到/你那年才六岁，//就已经能够帮妈妈做家务事了。///

如果逗号前没有停连就会出现歧义，不知“那年才六岁”的是“我”还是“你”。

小莉的妈妈不爱她/家里人谁也不相信。///

或：小莉的妈妈不爱她家里人/谁也不相信。///（选自2004年全国高考语文卷一）

顺口溜：

明日逢春/好不晦气，//

终年倒运/少有余财，//

此地安能居住？//

其人好不悲伤。///（贬义）

或：明日逢春好/不晦气，//

终年倒运少/有余财，//

此地安/能居住，//

其人好/不悲伤。///（褒义）

我/知道你不知道。（我是知道你不知道的）

我知道/你不知道。（我知道，但你不知道）

(3) 准确的逻辑停连可以使语气得当，表达自然、顺畅。例如：

新航路开辟的成功/和西方殖民时代的开始，//改变了世界形势和历史发展进程。///一方面，//新航路的开辟/是人类发展史上的重大事件，//它有利于世界各地区间的联系，//为资本主义的兴起和发展/创造了地理方面的便利，/推动了历史发展的进程；//西方殖民活动的进行/使西方的资本原始积累/得以顺利进行，//推动了资本主义的发展。///另一方面，//西方的殖民扩张/给亚非人民以及美洲土著居民带来了灾难。///（摘自历史教案《新航路的开辟和早期殖民活动》，有修改）

完全不会受到光的照射的范围/是本影，//本影周围/还有一个能受到光源发出的一部分光/照射的区域，//是半影。///比较以上两图，//光源的发光面积越大，//本影区越小。///无影灯就是根据此原理设计的。///（摘自物理教案《光的直线传播、光速》，有修改）

这首歌曲/是流传于安徽的一首民间歌舞曲，//旧社会里/淮河流域的人民/在剥削阶级的压迫和连年水患下/迫于生活向外逃荒，/有的沿街卖唱，//《凤阳花鼓》/就是当时卖唱者的舞歌，//史书记载：//“凤阳女/花鼓敲，//打锣的男子跟着跑”//描写了街头卖艺者的情景。///（摘自音乐教案《凤阳花鼓》，有修改）

（三）心理停连

心理停连就是根据复杂的感情表达以及心理反应的需要而在句中安排的停连，也叫感情停连或特殊停连。心理停连的作用及表现如下。

(1) 表达某种微妙而复杂的心理感受。例如：

然后他呆在那儿，//头靠着墙壁，//话也不说，//只向我们做了一个手势：//“散学了，////——你们走吧。”///（摘自法国作家都德《最后一课》）

“散学了”后面有一个很长的心理停连，表示一种意味深长的诀别。

她对懒狮子说：//“孩子，//将来我们老了，//不在了，//你靠谁呢？///你也应该学

会生活的本领，//做一只/真正/的狮子！”///（摘自小学语文课文《两只小狮子》）

“真正”的前后停顿就是心理性的，表达母狮子对小狮子的一种复杂的内心期望。

（2）表达某种言外之意，或语义双关。例如：

空袋子难以/直立。（美国科学家富兰克林名言）

这句话不仅说明了一种生活现象，更蕴藏着一个深刻的道理，就是如果一个人没有知识，就会像一只没有装东西的空口袋一样，不能自立。句中的心理停连有助于充分表现说话者的深意。

一个人年轻时/同老头子一同获奖，//表示他已经成名；//可年老时/还能同小伙子一同获奖，//说明/他尚未落伍。//（摘自山东2005年中考题大纲卷）

这是著名诗人兼散文家余光中获某个文艺奖时说的。他把自己的心里话活灵活现地展现在大众面前，一方面平实质朴，不摆架子；另一方面含蓄幽默，不服老，还愿与年轻人一起继续努力。

有的男同学/很向往成为宇航员，//连他们蓬乱的头发也要模仿。（某老师在课堂上讲苏教版八年级上册《在太空中理家》一文时说）

这位老师说到宇航员在太空中很不方便，头发不易梳理时，借机委婉地批评了几位同学。

聪明何必/绝顶，//慧根长留。（某生发精广告语）

“绝顶”“慧根”词义双关，就是告诉消费者聪明人不要掉光头发，若想让你的“慧根”长留，请用广告中的生发产品。

（3）为加强某种特殊效果或应付某种特殊需要。例如：

少数人/居心叵测，//希望搞坏俄中伟大友谊。///在此，//我还是借用普京总统的话告诫那些人：//中国的导弹武器/对准谁，//被对准的人心里//比谁/都清楚。（摘自俄罗斯国家安全顾问斯拉基维奇语，有删改）

后一句中的心理停连表达了一种特殊的政治需要。

你的长相不令人讨厌，//如果自己觉得长得不好，//就让自己有才气；///如果才气也没有，//那就总是/微笑！///

劝解同学、朋友时的话语，句中的停连是为了强调微笑的重要。

加油，//我/不/紧/张。

一字一顿就是为了缓解和分散自己紧张的情绪。

第三节　重　　音

重音是指口语表达的每一句话里需要强调或突出的词或短语。

一、重音的两个要点

（1）要在独立完整的一句话中确定重音。短语里、半句话里都不宜确立重音，另外，两句话里原则上应该有两个重音，更多句子里面的重音以此类推。

（2）一般情况下，一个独立完整的句子里只能有一个主要重音，另外只可以有次重

音。但是排比句、对偶句等一些特殊句型例外，有时可以每一个分句里都有一个重音，这样整句里可能会出现多个重音。

二、重音的分类

根据产生原因，重音分为语法重音和逻辑重音两种。

（一）语法重音

语法重音是指按照语法结构的特点必须要强调或突出的词语。像谓语、定语、状语、补语、插入语等一般常常是重音，因此语法重音是有规律的，位置一般也比较固定。例如（下面加点字即为重音）：

老师上课已经给我们讲过这些知识了。（谓语动词）

他今天什么作业都没做。（疑问代词）

小徐的字写得很好。（定语）

小朋友，不要哭，慢慢地跟老师说。（状语）

小郁这孩子学习真刻苦！（补语）

说真的，你的活儿干得还真不错！（插入语）

（二）逻辑重音

逻辑重音是指根据说话人的本意或特殊感情需要而强调或突出的词语。因此，逻辑重音没有固定的位置，主要依据的是说话人的要求和情感需要。例如：

今天我来给你们讲这节课。（以后不来讲）

今天我来给你们讲这节课。（不是别人来讲）

今天我来给你们讲这节课。（不是给别人讲）

今天我来给你们讲这节课。（不是其他方式）

今天我来给你们讲这节课。（不是别的课）

三、重音的表现方法

重音主要通过声音的对比来表现，主要可以分为以下三种。

1. 重读

重读是最常用的一种重音表现方法。主要通过音强的加强来实现，就是把声音读得重一些。例如：

为了不致一口吞下去，他把面团捏成了长条。（摘自王愿坚《七根火柴》）

一位不知名的画家向著名画家门采尔诉苦说："为什么我画一幅画只需一天功夫，而卖掉它却要等上整整一年呢？"门采尔很严肃地说："倒过来试试吧，亲爱的！"（摘自安徽2008年高考语文卷）

它们心甘情愿用生命为下一代开通一条生存的道路。（摘自沈石溪《斑羚飞渡》）

谁是我们最可爱的人呢？我们的部队、我们的战士，我感觉他们是最可爱的人。（摘自魏巍《谁是最可爱的人》）

2. 拖长音

拖长音也是比较常用的一种重音表现方法。多用于古诗词的诵读中或表达抒情的话语时，主要通过延长音长来实现，就是把重音读得长一些。例如：

忽如一夜春风来，千树万树梨花开。（摘自岑参《白雪歌送武判官归京》）

此中有真意，欲辨已忘言。（摘自陶渊明《饮酒》（其五））

大江东去，浪淘尽，千古风流人物。（摘自苏轼《念奴娇·赤壁怀古》）

莫道不消魂，帘卷西风，人比黄花瘦。（摘自李清照《醉花阴·薄雾浓云愁永昼》）

蜜蜂是渺小的，蜜蜂却又多么高尚啊！（摘自杨朔《荔枝蜜》）

因此，谁如果要鉴赏我国的园林，苏州园林就不该错过。（摘自叶圣陶《苏州园林》）

漓江的水真静啊，静得让你感觉不到它在流动；漓江的水真清啊，清得可以看见江底的沙石；漓江的水真绿啊，绿得仿佛那是一块无瑕的翡翠。（摘自陈淼《桂林山水》）

3. 其他对比法

除了上述常用的两种外，还有一些对比的重音表现方法。

1）强中加强法

在比较强烈的感情和语流中，采用更加强烈高亢的声音来表现重音。一般多出现在有着充沛情感的文章语句中。例如：

那就是白杨树，西北极普通的一种树，然而实在是不平凡的一种树！（摘自茅盾《白杨礼赞》）

这是勇敢的海燕，在怒吼的大海上，在闪电中间，高傲地飞翔；这是胜利的预言家在叫喊：——让暴风雨来得更猛烈些吧！（摘自高尔基《海燕》）

2）低中见高法

在低沉的语流中采用自然地提升音高的方式来表现重音。例如：

周总理，我们的好总理，

你在哪里呵，你在哪里？

你可知道，我们想念你，

——你的人民想念你！（摘自柯岩《周总理，你在哪里》）

我的不远千里，要从杭州赶上青岛，更要从青岛赶上北平来的理由，也不过想饱尝一尝这“秋”，这故都的秋味。（摘自郁达夫《故都的秋》）

3）快中显慢法

在快速的语流中突然放慢下来，把重音用一种较慢的语速说出来。例如：

黄土高原上，爆出一场多么壮阔、多么豪放、多么火烈的舞蹈哇——安塞腰鼓！（摘自刘成章《安塞腰鼓》）

天儿越晴，水藻越绿，就凭这些绿的精神，水也不忍得冻上，况且那些长枝的垂柳还要在水里照个影儿呢！（摘自老舍《济南的冬天》）

4）连中有停法

与停连结合起来，在连续的语流中突然停下来，突出需要强调的重音，增强表现力，给人不一样的感觉。例如：

盼望着，盼望着，东风来了，春天的脚步/近了。（摘自朱自清《春》。只保留一处停连，其他地方都不设停顿，连标点符号处也不设）

我读到此处，//在晶莹的泪光中，//又看见那肥胖的、青布棉袍黑布马褂的/背影。（摘自朱自清《背影》）

第四节 节　　奏

口语表达时的声音要有节奏感，该高的时候高，该低的时候低，该快的时候快，该慢的时候慢，该起的时候起，该降的时候降……这样有高低、有起伏、有快慢、有轻重，才能形成有声语言的音乐美。口语表达中这种带有规律性的高低、升降、快慢等声音的曲折变化和回环往复就是节奏。没有了节奏，口语表达就不会生动、感人，也就不能够更好地吸引听众的注意力。

节奏一般依据感情、语境、内容、表达的需要进行调整，有快和慢两大基本类型。

一、快节奏类型

快节奏类型多用于议论、写景等语体中，表现欢快、紧张、热烈、兴奋、急促、慌乱、高昂、开朗、惊惧、愤怒、反抗、驳斥、论辩等情绪，一般语节较短，字词密度较大，语调多上扬，声音或高或亮或扬，整体节奏较快。具体又可以分为三个小类。

1. 轻快型

声音多扬少抑，多轻少重，语节少而词密度大。基本语气和转换偏于轻快，重点句、段更为明显。例如，《春》《春天来了》《荷花淀》《我为少男少女歌唱》《黎明的通知》《口技》等。

2. 紧张型

声音多扬少抑，多重少轻，语节内密度大，气较促，音较短。基本语气和转换都较为急促、紧张，重点句、段更为突出。例如，《董存瑞炸碉堡》《最后一次的演讲》《武松打虎》《回延安》《六国论》《童区寄传》等。

3. 高亢型

语势多为起潮类，峰峰紧连，扬而更扬，势不可遏。基本语气和转换都趋于高昂或爽朗，重点句、段更为突出。例如，《白杨礼赞》《海燕》《谈骨气》《三门峡——梳妆台》《逍遥游》《滕王阁序》等。

二、慢节奏类型

慢节奏类型多用于叙事、写景、抒情等语体中，表现平稳、深情、舒展、凝重、沉闷、失望、悲哀、痛苦等情绪，一般音节较长，声音或轻或暗或平，整体节奏较慢。具体又可以分为三个小类。

1. 舒缓型

多扬少坠，声较高而不着力，语节内较疏但不多顿，气流长而声清。基本语气和转换较为舒展，重点句、段更为明显。例如，《秋色赋》《雪》《青纱帐——甘蔗林》《送东阳马生序》等。

2. 凝重型

语势平稳，音强而有力，多抑少扬。基本语气和转换都显得凝重，重点句、段更为明显。例如，《背影》《藤野先生》《最后一课》《西里西亚纺织工人》《乡愁（小时候）》《声声慢·寻寻觅觅》《岳阳楼记》《伤仲永》等。

3. 低沉型

语势多为落潮类，句尾落点多显沉重，音节长，声音偏暗。基本语气和转换都带沉缓的感受，重点句、段尤甚。例如，《小白花》《卖火柴的小女孩》《一月的哀思》《周总理，你在哪里》《五人墓碑记》《悼念玛丽·居里》等。

其实，就一段话或一篇文章而言，没有一种节奏类型可以从头至尾贯穿全文，而是要随着内容的变化和感情的发展不断地变换节奏。一般会以一种节奏为主，以几种节奏为辅，共同塑造出一个富于变化的声音形象或情节。有变化的声音才有激情，才会达到良好的表达效果，也就不会使听众感觉单调和乏味。

第五节　声音技巧训练

一、响度训练

(1) 想象50米外有你的同学或朋友，你需要叫他的名字，并跟他说“今晚不开会了”，务必要他一遍就听清楚。

(2) 把一句话说出三种感觉：第一种，像从井下发出来的，仅身边一两个人听得见；第二种，像在一个大型教室里给众人说话，要让每个人都听得见；第三种，像站在高山上说话，对面山上的人也能够听得清楚。例句选用：

① 让暴风雨来得更猛烈些吧！

——摘自高尔基《海燕》

② 我们骄傲，我们自豪，我们奋发，我们开拓，你是世界民族之林的强者，我们爱你啊，中国！

——摘自《我们爱你啊，中国》

(3) 朗读下面的诗文。

先小声读一遍；再坐着出声地朗读一遍，好像给身边的某一个人；然后站起来，好像对面坐着50～80个人听，大声朗读一遍，要注意保证声音的响度和清晰度。

《忆秦娥·娄山关》

毛泽东

西风烈，长空雁叫霜晨月。霜晨月，马蹄声碎，喇叭声咽。雄关漫道真如铁，而今迈步从头越。从头越，苍山如海，残阳如血。

二、亮度训练

(1) 练习发好这六个元音：ɑ、o、e、i、u、ü。发音的时候将嘴由开口最小逐渐张到开

口最大，依次发音，自己听听有何差异，哪一种发音状态最好。

（2）练习发好普通话的辅音：b、p、m、f、d、t、n、l、g、k、h、j、q、x、zh、ch、sh、r、z、c、s、ng。要清晰响亮，声音饱满。

（3）通过声带压缩和气息的阻抗作用，使声音产生最大的穿透力，产生强烈的"亮度"。用较高的声音亮度朗读下面的材料。

《小鸡吃沙子》

小鸡喜欢吃沙子，不是天生爱淘气，只因小鸡不长牙，无法嚼碎菜和米。

吞下沙子在胃里，沙子就像磨碎机，磨碎菜米好消化，变成营养养身体。

《声声慢》

李清照

寻寻觅觅，冷冷清清，凄凄惨惨戚戚。乍暖还寒时候，最难将息。三杯两盏淡酒，怎敌他、晚来风急？雁过也，正伤心，却是旧时相识。

满地黄花堆积，憔悴损，如今有谁堪摘？守著窗儿，独自怎生得黑？梧桐更兼细雨，到黄昏、点点滴滴。这次第，怎一个愁字了得！

三、清晰度训练

（一）绕口令训练

要求必须发清楚每一个字音，同时要有一定的力度。

1. 化肥会挥发

化肥会挥发，黑化肥发灰，灰化肥发黑。

黑化肥发灰会挥发；灰化肥挥发会发黑。

黑化肥挥发发灰会花飞；灰化肥挥发发黑会飞花。

黑灰化肥会挥发发灰黑讳为花飞；灰黑化肥会挥发发黑灰为讳飞花。

黑灰化肥灰会挥发发灰黑讳为黑灰花会飞；灰黑化肥灰会挥发发黑灰为讳飞花化为灰。

黑化黑灰化肥灰会挥发发灰黑讳为黑灰花会回飞。

灰化灰黑化肥灰会挥发发黑灰为讳飞花回化为灰。

2. 说日

夏日无日日亦热，冬日有日日亦寒，春日日出天渐暖，

晒衣晒被晒褥单，秋日天高复云淡，遥看红日迫西山。

（二）吐字训练

读的时候注意速度稍快些，但每个字要读得明亮清晰。

（1）穿着料子，挺着肚子，拖着调子，画着圈子。

（2）赤道略略鼓，两极稍稍扁。自西向东转，时间始变迁。南北为纬线，相对成等圈。东西为经线，独成平行圈；赤道为最长，两极化为点。

四、配合度训练

（1）练习用话筒在合适的距离说话。找一个话筒，尝试紧贴话筒、离话筒 1～2 厘米

距离、10 厘米左右距离、20 厘米左右距离、50 厘米左右距离依次说话，看看话筒的传声效果有何异同。

(2) 分别在宿舍里(家里)、教室里以及室外一个较为安静的环境里，用适当的音量大声、清晰地朗读下面的议论文材料。要求声音要充满整个空间，洪亮、饱满。

《应有格物致知精神》

(摘选自人教版九年级语文上册第四单元)

丁肇中

我是研究科学的人，所以先让我谈谈实验精神在科学上的重要性。

科学进展的历史告诉我们，新的知识只能通过实地实验而得到，不是由自我检讨或哲理的清谈就可求到的。

实验的过程不是消极的观察，而是积极的、有计划的探测。比如，我们要知道竹子的性质，就要特别栽种竹树，以研究它生长的过程，要把叶子切下来拿到显微镜下去观察，绝不是袖手旁观就可以得到知识的。

实验的过程不是毫无选择的测量，它需要有小心具体的计划。特别重要的是，要有一个适当的目标，以作为整个探索过程的向导。至于这目标怎样选定，就要靠实验者的判断力和灵感。一个成功的实验需要的是眼光、勇气和毅力。

由此我们可以了解，为什么基本知识上的突破是不常有的事情。我们也可以了解，为什么历史上学术的进展只靠很少数的人关键性的发现。

五、音色训练

(1) 嗓子沙哑、暗沉或发不出音等关键是要注意平时保护好嗓子，说话时正确运气，使声音纯正。平时可以用淡盐水刷牙、漱口。另外，就是不要随意大声喊叫，伤及声带。

(2) 过重的鼻音是因为鼻腔的共鸣声太响亮造成的。要克服这种毛病，主要方法是：声音压入口腔，不要进入鼻腔；发音时嘴要张开到位，韵母要拉起来，舌头要用力一些。有时甚至可以捏住鼻子说一段话，找到没有鼻音的说话效果。例如，可以练习下面这些词语的发音。

点到为止	风平浪静	全神贯注	辗转反侧	目瞪口呆
高架桥	原生态	追星族	勘探局	灭蚊灯
灿烂	完整	顷刻	外壳	观点
我	看	好	吃	升

(3) 表达声音中杂有呼吸音。这是由于发音时声带没有充分闭合，大量的非发声空气跑出来，造成嗓音中夹杂着呼吸的杂音；有时还由于朗诵时吸气过于频繁，讲话语速过快，精神紧张，用力过度，造成上气不接下气，呼吸音过大。克服的主要办法：调整好呼吸，不要着急，不要过快过猛，始终保持一种平稳、自然的呼吸状态。练习下面的材料。

《海燕》

(摘选自人教版八年级下册语文第二单元)

高尔基

海燕叫喊着，飞翔着，像黑色的闪电，箭一般地穿过乌云，翅膀掠起波浪的飞沫。

看吧，它飞舞着，像个精灵，——高傲的、黑色的暴风雨的精灵，——它在大笑，它又在号叫……它笑那些乌云，它因为欢乐而号叫！

这个敏感的精灵，——它从雷声的震怒里，早就听出了困乏，它深信，乌云遮不住太阳的，——是的，遮不住的！

狂风吼叫……雷声轰响……

六、语调训练

(1) 用1～2分钟时间介绍一下你的家乡。注意说话时要使用正常的语调、一次上扬的语调、一次下降的语调。条件允许最好大声说。

(2) 朗读下面带有对话的材料，注意用恰当的语调读出不同的人物和语气。

《狼和小羊》

（选自苏教版小学二年级语文上册第四单元）

狼和小羊碰巧同时到一条小溪边喝水，那条小溪是从山上流下来的。

狼非常想吃小羊，可是它想，既然当着面，总得找个借口才好。

狼就故意找茬，气冲冲地说："你怎么敢到我的溪边来，把水弄脏，害得我不能喝？你安的什么心？"

小羊吃了一惊，温和地说："我不明白我怎么会把水弄脏。您站在上游，水是从您那儿流到我这儿的，不是从我这儿流到您那儿的。"

"就算这样吧。"狼说，"你总是个坏家伙，我听说，去年你在背地里说我的坏话。"

"啊，亲爱的狼先生，"可怜的小羊喊道，"那是不会有的事，去年我还没出生哪。"

狼觉得用不着再争辩了，就龇着牙咆哮着，逼近小羊，说："你这个小坏蛋！说我坏话的不是你就是你爸爸，反正都一样。"说着就扑到小羊身上，抓住它，把它吃掉了。

七、语速训练

(1) 古诗朗诵。关键是语速要慢，音量要大，同时要有感情、有声音表现力。

《隔汉江寄子安》

鱼　玄　机

江南江北愁望，相思相忆空吟。鸳鸯暖卧沙浦，鸂鶒[1]闲飞橘林。

烟里歌声隐隐，渡头月色沉沉。含情咫尺千里，况听家家远砧。[2]

《赠汪伦》

李　白

李白乘舟将欲行，忽闻岸上踏歌声。桃花潭水深千尺，不及汪伦送我情。

(2) 朗读下面的三句半。注意前三句要读得顺畅、稍快，最后半句读得慢而清晰。

新 年 联 欢

锣鼓叮咚敲起来，喜迎佳节乐开怀，今天举办联欢会，——热闹！

---

① 鸂鶒 xīchì：水鸟名。俗称紫鸳鸯。

② 砧 zhēn：捣衣声。

新的一年又来到，先给各位拜个年，我给大家鞠个躬，——红包！
今天说个三句半，说得不好多包涵，不管说得好不好，——别跑！
俺们几个话挺多，大家不要嫌啰唆，希望能够捧捧场，——鼓掌！
产业发展要人才，不管男女都需要，出台优惠政策多，——快来！
巾帼英雄真不少，身材美丽又乖巧，干上两年你再看，——大嫂！
今天大家来聚会，说说一年苦与累，憧憬明天心儿醉，——信心百倍！
为了办好联欢会，大家辛苦来准备，后面还有好戏看，——咱退！

八、停连训练

(1) 用不同位置的停连和语调朗读下面的句子，体会其表达的含义。

你/了解我不了解

你了解/我不了解

你了解我/不了解

你了解我不/了解

你了解我不了解

(2) 长句朗读练习。

①《标准汉语》是以英语国家中国留学生子女及汉语爱好者为主要读者对象而编写的汉语教材。

② 巴尔的摩地方法院1987年5月30日裁决亚特兰大市一个生产据称“能使头发卷曲而发亮”的美发剂的制造商向一位使用该厂生产的美发剂而毁发毁容的妇女赔偿45万美元巨款。

③ 官网认证是百度对客户主体资质及主体网站在强关联关系的检索词下展示“官网”标识的增值服务认证。

九、重音训练

(1) 用不同词语的重音朗读下面的句子，体会其强调的具体含义。

① 本店最贵的一条围巾值两万元。

本店最贵的一条围巾值两万元。

本店最贵的一条围巾值两万元。

本店最贵的一条围巾值两万元。

本店最贵的一条围巾值两万元。

本店最贵的一条围巾值两万元。

② 小明什么作业都没有写？

小明什么作业都没有写？

小明什么作业都没有写？

小明什么作业都没有写？

小明什么作业都没有写？

小明什么作业都没有写？

(2) 注意读准下面句子的主要重音，准确传达出句意。

① 做对的事情比把事情做对重要。

② 生命不仅仅是一张行走在世间的通行证，它还要闪光。或许你会经历失败，但失败也是一种收获。

③ 炎黄子孙德才兼备建伟业，华夏儿女文武双全展宏图。

十、语气训练

语气既包含内在的思想感情，又包含外在的各种高低快慢虚实强弱的声音形式，是“神”与“形”的结合和统一。

语气概念的外延很广，它包括了语法范畴的“式”(连谓、双宾、兼语、存现等不同句式)，语音范畴的“调”(上升、下降、平直、弯曲等语调)，逻辑范畴的“理”(因果、条件、归纳、演绎等)，修辞范畴的“采”(对偶、借代、排比、拈连、回环、顶真等)，发声范畴的“色”(声音、用气、吐字、共鸣等)和感受、态度、体验、感动等“情”的表现，六个方面恰当融为一体。其中，“语”指通过声音表现出来的有声语句，“气”指支撑有声语言的气息状态。

如果语气不当，一般可能是三个方面存在问题：用词不当，句法欠妥；状态不对，感情失真；声音不合，气息失调。用词、状态、声音三方面，在有声口语表达中相互制约，相辅相成，其中尤以声音的气息状态为重要环节。

(1) 请用恰当的语气朗诵下面这首诗歌。

《致橡树》

舒　婷

我如果爱你——
绝不像攀援的凌霄花，
借你的高枝炫耀自己；
我如果爱你——
绝不学痴情的鸟儿，
为绿荫重复单调的歌曲；
也不止像泉源，
常年送来清凉的慰藉；
也不止像险峰，
增加你的高度，衬托你的威仪。
甚至日光，
甚至春雨。

不，这些都还不够！
我必须是你近旁的一株木棉，
作为树的形象和你站在一起。
根，紧握在地下；
叶，相触在云里。
每一阵风过，

我们都互相致意，
但没有人，
听懂我们的言语。
你有你的铜枝铁干，
像刀，像剑，也像戟；
我有我红硕的花朵，
像沉重的叹息，
又像英勇的火炬。

我们分担寒潮、风雷、霹雳；
我们共享雾霭、流岚、虹霓。
仿佛永远分离，
却又终身相依。
这才是伟大的爱情，
坚贞就在这里：
爱——
不仅爱你伟岸的身躯，
也爱你坚持的位置，
足下的土地。

(2) 请朗诵下面的小说，注意语气的转换。

《永远的蝴蝶》

陈启佑

那时候刚好下着雨，柏油路面湿冷冷的，还闪烁着青、黄、红颜色的灯火。我们就在骑楼下躲雨，看绿色的邮筒孤独地站在街的对面。我白色风衣的大口袋里有一封要寄给南部的母亲的信。樱子说她可以撑伞过去帮我寄信。我默默点头。

“谁叫我们只带来一把小伞哪。”她微笑着说，一面撑起伞，准备过马路帮我寄信。从她伞骨渗下来的小雨点，溅在我的眼镜玻璃上。

随着一阵拔尖的刹车声，樱子的一生轻轻地飞了起来。缓缓地，飘落在湿冷的街面上，好像一只夜晚的蝴蝶。

虽然是春天，好像已是秋深了。

她只是过马路去帮我寄信。这简单的行动，却要叫我终生难忘了。我缓缓睁开眼，茫然站在骑楼下，眼里裹着滚烫的泪水。世上所有的车子都停了下来，人潮涌向马路中央。没有人知道那躺在街面的，就是我的，蝴蝶。这时她只离我五公尺，竟是那么遥远。更大的雨点溅在我的眼镜上，溅到我的生命里来。

为什么呢？只带一把雨伞？

然而我又看到樱子穿着白色的风衣，撑着伞，静静地过马路了。她是要帮我寄信的。那，那是一封写给南部母亲的信。我茫然站在骑楼下，我又看到永远的樱子走到街心。其实雨下得并不大，却是一生一世中最大的一场雨。而那封信是这样写的，年轻的樱子知不知道呢？

妈，我打算在下个月和樱子结婚。

第四章

体 态 语

体态语也叫肢体语言、态势语言，是指通过自己的眼神、表情、姿态、手势、动作等传递信息的一种交际方式。体态语既可以单独进行交际，又常用来辅助有声语言进行交际。大学生是受过高等教育的具备一定的科学文化知识、技能的知识分子群体，应具备良好的社会交往能力。因此，大学生在日常交际过程中，应能恰当利用体态语实现成功交际。一方面，体态语可以弥补口语表达的不足，使口头交流的内容以及思想感情表达得更加直观和充分，也更加形象和具体；另一方面，自然大方、协调恰当的体态语还能给人以美的视觉享受，增强交际效果。因此，一名优秀的大学生不仅应该具备较强的口语表达技能，还应该具备良好的体态语言表达技巧，以便从听觉和视觉两方面来调动听者的兴趣，提高口语表达的技巧与效果。

体态语主要包括眼神的流转、表情的变化、姿态的调整、手势的运用、动作的协调等方面的内容。我们主要从表情、姿势、动作，以及文化差异等方面进行阐述，并辅之以体态语训练内容。

第一节 表 情

表情主要是指面部表情，是说话者内心情感通过面部器官的自然流露。通过面部表情，特别是目光的流转，说话者的喜、怒、哀、乐溢于言表。

一、眼睛

眼睛是面部表情的核心。鲁迅先生说过：“要极省俭地画出一个人的特点，最好是画他的眼睛。”科学家很早就发现，眼睛瞳孔的变化与人类的思维活动、情感变化有着密切联系。可以这样说，眼睛是生命智慧的显示器，也是人类大脑的延伸。艺术大师达·芬奇说：“眼睛是心灵的窗户”，就是因为眼睛能够反映一个人的精神面貌和内心世界，内心真诚、善良、聪慧的人，他的目光就会显得清澈、明亮、深邃；内心虚伪、狡诈、愚钝的人，他的目光就会显得浑浊、黯淡、浅薄。因此，眼睛在体态语的表达中有着举足轻重的作用。大学生在运用眼睛进行辅助交际时应该注意以下三方面。

(1) 要能够用眼睛表达出丰富的情感。通过眼睛将自己的学识、性情、气质、趣味、审美等展现给大家，尽可能使眼睛的变化与有声语言、情感发展同步显现出来，让听者能够随时抓住说话者思想情感变化，体察出蕴涵于自身内心深处的丰富的“语言”。

(2) 要善于用眼睛“察言观色”,随时捕捉信息。在交际过程中,视线应该始终关注对方,密切观察对方的反应,以便及时调整话语内容和交际方式。例如,用眼神捕捉对方是否在认真倾听,对方对当下话题是否感兴趣,用眼神提醒对方自己的言语重点等,往往会取得更好的效果。

(3) 要使目光流转。眼睛不要只是死盯着一处不放,也不要过于飘忽不定。一是要使眼睛与面部表情配合起来,共同表情达意;二是目光应不断有短暂停留;三是要与姿态、动作相互协调;四是眼睛的变化要有一定目的,应随着说话内容、对方的变化而做出相应调整。

训练眼部肌肉,有助于改善眼球肌肉的机能,扩大眼睛的视力范围,并提高阅读速度、增强记忆能力。眼睛训练要注意方法科学、得当,尝试下面的眼球控制训练。

① 利用家里的摆钟,在距离摆钟 3～5 米处坐定或站定,头与颈部不动,只把眼睛集中在摆心处,眼球随其左右摆动。

② 眼球转动,呈现出平视、斜视、仰视、俯视、蔑视等状态。

③ 眼睛眨动速度训练:快—慢—中速,可以连续训练几组;也可以单独训练慢眨眼或者快眨眼。

④ 眼皮开合大小训练:大开眼皮;小开眼皮;紧闭眼皮。对着镜子反复练习,体会所传达出的不同感觉。

二、面部

一个人的面部包括眼、耳、鼻、舌、口、头发、面颊肌肉等整个头部器官。国外心理学研究结果得出的人类交际表达公式是:表达＝7%言辞＋38%声音＋55%面部表情,可见,面部表情对交际非常重要。

运用面部表情表情达意的注意点如下。

(1) 要灵活。就是要反应迅速,动作敏捷,能够及时地反映自己的内心世界,并敏锐地吸收和展示对听者的反馈。

(2) 要真诚。就是能够反应自身内心最真实的东西。大学生口语特别强调交际的真诚、自然,这一点主要是通过面部表情,特别是眼神表现出来的。真诚的表情,有利于赢得对方的信任和好感。

(3) 要明确。即大学生的面部表情要明明白白,有利于对方抓住每一点细小变化,使之能够始终紧紧跟随自身感情的发展变化而变化。避免使听者辨识不清、不知所云。

(4) 要有度。即把握好分寸。既不过分夸张,也不过于隐晦,而是不温不火,从容平和。

(5) 要艺术。大学生口语是一种口语艺术活动,不要像做报告,表情呆板,缺乏变化,不讲任何艺术;也不要像演戏,表情变化过多、过快、过于夸张。大学生的面部表情应该是自然大方、张弛有度。

(6) 要协调。即面部表情要与手势、姿态、动作等协调一致,显得自然统一。

总之,大学生在进行言语交际时面部肌肉应松弛,注意内在感情的自然流露,尤其眼睛要有助于形成准确的声音色彩。

每天可以对着镜子练习各种面部表情：高兴、愤怒、吃惊、害怕、紧张、激动、羞涩、平静、悲哀等。其中主要是对喜、怒、哀、惧四种基本表情的揣摩和练习。

第二节　姿　势

包括姿态和手势两个方面。

一、姿态

作为新时代大学生，在进行言语交际时，无论何时，都要注意姿态得体并有利于发声，做到挺胸、抬头、直腰、松肩、收腹。

1. 大学生的站姿

大学生站立的姿态在一定程度上反映了其精神面貌和身份认同，因而大学生应该注意训练自己具有正确的站姿。

大学生的站姿首先应该给人以积极向上、亲切自然的整体感受。具体应做好以下几个方面。

头部——端正不歪斜。

脖颈——放松不僵硬。

胸部——挺直或稍向前倾。

肩部——平直、放松。

小腹——微微内收。

臀部——松弛不紧张。

双腿——直立不弯曲。

双脚——站立时，要微微分开，大约一个拳头的距离，最大不超过双肩。

从总体上看，大学生的站姿还应该显得有活力、有美感，避免拘谨呆板，要落落大方，同时配合恰当的表情、手势和动作。切忌以下做法。

(1) 头歪身斜。这样会给人一种不舒服的感觉，使听者觉得不符合大学生的身份，影响大学生在公众心目中的良好形象。

(2) 重心不稳。身体不由自主摇晃或身体的某一处不停地晃动、颠来颠去。都是轻佻不稳重的体态，既不严肃，又不庄重，会触发听者的不信任感，引起听者的反感。

(3) 始终侧身站立。交流时，不能大方地面对听者，这会给对方不大方、不尊重他们的感觉，这种站姿根据心理学的研究也是缺乏自信、内心封闭的表现。

(4) 频繁走动。这是思维不能够集中、情绪紧张焦虑、信心不足的体态，会让对方头昏脑涨、不知所从，影响有效信息的接收。

(5) 头不抬眼不望。和人交流时，长时间低头说话，不注意和对方的交流互动，让别人感觉你缺乏自信，而且也缺乏对听者的尊重。

2. 大学生的坐姿

大学生的坐姿一定要文雅而又不失活力，不要过于拘谨和呆板，基本要诀就是“腰板挺直，坐姿端正”。

大学生坐着的上半身姿态与站姿相同，下半身需要注意的是：

臀部——坐稳坐实不摇晃。

双腿——自然弯曲。

双膝——男生可以稍稍分开，女生则应该轻轻并拢。

双脚——务必“脚踏实地”。不要跷二郎腿，不要颠脚。

另外，除了不要有与上述站姿类似的禁忌之外，大学生的坐姿还应该注意避免以下姿式。

(1) 一直趴在桌子上，或者一直双肘支头，一直双手抱臂等。会给老师不振作甚至身体不健康的感觉，缺乏生气。

(2) 不停地把玩自己手中的笔。这样会使老师感觉学生心不在焉，不尊重他们，而且也会影响自己或他人的学习活动。

(3) 手始终藏在桌子下面，极少拿出来。会让老师判断为学生学习不积极，甚至是在玩手机、把弄玩具之类的不良行为。

(4) 总是仰头靠背，离课桌较远。这是一种漫不经心的体态，会给人傲慢、不尊重对方的感觉，从而深深刺激对方。

(5) 紧紧挨着桌子坐。这样不利于发声和做动作，而且给人局促、不安、紧张的感觉。

平时可以对着镜子多进行站姿、坐姿、蹲姿的练习。注意姿态要优美、雅致、从容，表情要自然、放松、大方，同时要配合一段话站着说或坐着说或蹲着说。

二、手势

手是人类最重要的器官之一。在远古时代人类发出有声语言之前，手是最主要的交际工具，不仅能劳动，还能演示各种复杂的情感。到今天虽然人类已经能够很好地运用有声语言进行交际和沟通，但手仍旧是人类所有器官里最灵活的能够和他人进行沟通、表达情感的重要器官。

手在口语表达中的辅助作用不容忽视，因而手势在口语表达中就有着十分重要的作用。

1. 手势有助于大学生有声语言的传达

运用恰当、合理的手势，可以增强大学生口语的表现力，给别人留下深刻的印象。例如，班干部给同学们做动员：“同学们，我们一定要把这次任务完成好！”说这类话时，该班干部配合一个单手握拳由外向里小幅收进的动作，表达效果会更理想。

2. 手势能够引导对方视线

在交际过程中，手势能够配合有声语言将对方的注意力吸引到需要他们注意的地方，起到强调和突出的作用。“请看这里”，说这句话时配合恰当的手势来引导对方的视线，使听者不放过你表达的重点内容并记忆深刻。

3. 手势可以单独传递信息

有时，言语交际活动仅仅依靠一个手势就可以传情达意，取得良好的表达效果，可谓

"此时无声胜有声"。例如,听众讨论激烈影响到后续表达时,你用有声语言很难让大家听见并停下来,这时用手势,双手前伸,向下一压即可;也可以把食指放在撮起的嘴边,示意大家;还可以用一个足球场上表示暂停的手势,将一只手横平且手心向下,另一只手垂直顶在其下。

又例如,需要听众中的一位起来回应问题时,无论有没有举手想参与的人,你都可以将一只手臂伸出,手掌向上手指并拢,指向某位听众请他起来作答。但一定注意不要只伸一根手指头出去,这样会显得不够尊重对方。

4. 恰当自然的常规手势可以增加大学生的魅力和美感

有的大学生说话时,懂得用双手配合口语,能够很自然地做出一些常规动作,例如,双臂弯曲,两手向前平伸等,显得整体和谐、动感、有吸引力。

一般来说,手势活动范围大致可以分为三个区域:上区、中区、下区。

上区是指肩部以上。多表示号召、梦想、憧憬、宏大、想象、昂扬、兴奋、热烈、呐喊、高亢的内容和情感。例如:

让我们开始新的征途吧!——号召

我们的前程无限光明的!——憧憬

波澜壮阔的大海啊,我想要拥抱你!——宏大

让暴风雨来得/更猛烈些吧!——呐喊

中区是指肩部到髋部。这一区域用得最多,多表示叙述、说明以及正常说话状态。说话者这时一般心情比较平静或情绪波动不大。例如:

整个村庄方圆有500平方米。

这个问题大家可以考虑一下。

黄河就如同画卷般渐渐铺展,河水缓缓地流淌。

下区是指髋部以下。多表示生气、憎恶、鄙视、俯视、不悦、不齿、羞涩、不愿意等情感。

我不理你了!(向下甩手)——生气

求求你,别说了!(手悄悄摆动)——不愿意

给你的东西,我才不稀罕要呢!(用手丢地下)——不悦

以上手势活动范围只是大致划分,具体还应该根据每一句话的实际内容和情感来设计手势。手势的运用应该遵循以下原则。

(1) 适合。指手势要与说者说话的内容配合一致。

(2) 适当。指手势的多少要适当。手势过多,喧宾夺主,影响了口语的作用;手势过少,状若木偶,缺乏活力。

(3) 简练。即手势应简洁清楚,干净利索,优美得体,不拖泥带水。

(4) 自然。既不忸怩作态,也不僵硬呆板,而是舒展大方,令人赏心悦目,并且有一定力度。

(5) 协调。手势应和声音、表情、姿态、动作等密切配合。

手势运用过程中需要注意的地方如下。

(1) 忌用一根手指点指对方。这样既不尊重听者,也显得自身没有修养,举止不当。

(2) 忌双臂交叉抱在胸前或背在身后。这些动作会给人一种傲慢的感觉。

(3) 忌手插口袋。不管是把一只手或双手总是插在口袋里，都会让别人觉得你漫不经心，不尽心。

(4) 忌不雅手势。包括挠头屑、咬指甲、掏耳朵、抠鼻子、剔牙齿、抓痒痒、手指在桌上乱写乱画等，会给别人留下不优雅、不文明的感觉。

第三节　动　作

这里的动作，主要是指大学生在教师进行教育教学时自身所展示的身体行为，也包括其他交际活动中大学生的主要动作要素。

一、课堂上

按照教学过程，大学生也会有走、站、读、写、考等动作。

(1) 走：大学生在教学活动中，需要走进教室、偶尔走上讲台和走下讲台、在教室进行学习活动以及走出教室等。可见，“走”在大学生学习活动中也很重要。其基本要诀是：抬头、挺胸，步履稳健。走的时候，步子不要迈得太大，速度也不要太快，面部最好还能带着微笑，整体给人一种积极向上、落落大方的感觉。

(2) 站：这里主要是指大学生在回答课堂问题、发表自身意见时的基本动作。其基本要诀是：稳重、大方，动作连贯，双手自然下垂。站住后，要给人蓬勃向上、稳稳当当和挺拔的感觉。切忌站在那里摇摇晃晃，站没站相。如果弄得桌椅乱响则影响课堂秩序和大学生形象。

(3) 读：是指大学生在课堂学习过程中读书的动作过程。

读书时，双手捧着书本，书本上端稍抬高与桌面成45度，头稍向前倾，既易看清字体，还能避免颈部肌肉紧张和疲劳。把书竖直或平放在桌上都是不正确的。

(4) 写：是指大学生在课堂学习过程中记笔记等动作过程。

“写”是大学生在学习过程中常见的基本动作，要懂得保持正确写字姿势的重要性，养成良好习惯。写字时，身体坐正，胸离书桌一横拳的距离，拇指与食指捏笔，中指在下托笔，指实掌虚，笔杆与桌面形成45度。其基本要诀是：“写字姿势要端正，眼离书本一尺，手离笔尖一寸，胸离桌子一拳，两脚放平，脚踏实地。”

(5) 考：是指大学生在考试活动中的基本动作。

考场最需要的是安静，因而学生的动作关键要轻柔、平和，不要影响其他考生。不要交头接耳，不要左顾右盼，有问题要举手示意。答题时不要抖腿，不要咂嘴，尽量避免做出影响他人的动作。

二、其他交际活动中

大学生在其他交际活动中也要注意自身动作，要符合大学生的身份和素养。在日常活动中，无论是行走还是其他动作，都应该能够体现出大学生的品质、形象。常见的动作如下。

(1) 打招呼。无论是与同学打招呼，还是与教师及其他人打招呼，都应该真诚、热情、

大方、自然，给人以热情、亲切的感觉。

(2) 与人交谈。表情要放松，动作不要僵硬，更不要害羞。听对方说话时，不要有无关动作，显得漫不经心。

(3) 采访。大学生在校园活动或其他社会活动中，经常会采访他人。要做好采访前的充分准备，以免采访时手忙脚乱。采访时要懂得用身体动作表示对采访对象的理解、认同，同时要注意和采访对象保持适当的距离。

第四节　体态语的文化差异

人类的体态语具有一定的共性，语言不通、地域不同、文化相异的人们可以通过体态语进行一定程度上的有效交流。然而，更多的体态语由于根植于本民族的历史文化传统和社会文化环境中，从而具有了各自的民族特性和文化差异。如果对体态语的文化差异不够了解，可能会给交际带来不便。

当代大学生，身处一个文化上开放包容、兼收并蓄的全球化世界，要经常与不同国家、不同民族的人进行跨文化交际，就必须学习和了解体态语在不同民族文化中的特殊含义和交际功能，避免因为对体态语文化差异认识不足而产生跨文化交际失误。下面我们从表情、手势、体触等几个方面进行说明。

一、表情

借助和利用面部表情可以更好地表达和传递自己的思想感情。但是，同样的面部表情在不同的国家与民族可能会有不同的含义。例如，在西方一些国家，眨眼是一种感兴趣的表示，而在中国一些地方，朝陌生人眨眼则可能意味着挑衅，朝女人眨眼则被视为挑逗或其他极不礼貌的行为。如果不了解这些差异，就很可能会造成误解。如在中国和英语国家不论微笑还是大笑，通常表示友好、赞同、满意、高兴、愉快等情绪，但在某些场合，中国人的笑会引起西方人的反感。有这样一个例子，在餐厅里，一个外国人偶然摔了一个碟子，他本来就感到很窘，而在场的中国人发出笑声，使他更加觉得不是滋味，又生气，又反感。

当然，中国人的这种笑，不论是对本国人还是对外国人，并非是嘲笑当事人，也不是幸灾乐祸。这种笑有很多意思。可以表示："别当一回事儿""一笑了之""没关系""我们也常干这种事"等。不过，对于不了解这些意思的人，这样一笑会使他们感到不愉快，而且会对发笑的人产生反感。

面部表情的一个重要方面是目光接触。在英语国家，盯着对方看或看得过久都是不合适的。即使用欣赏的目光看人，如对方长得漂亮，也会使人发怒。而在中国，目不转睛地看可能仅仅是对某人某物感到好奇或者是惊讶，自然不会引起别人的强烈反感。

二、手势

手势动作语言是一种表现力极强的肢体语言，它不仅丰富多样化，而且简便、直观性强。但手势的具体内涵往往中外有别。比如，中国人与西方人有一些相同的手势，但表达

的意义却不同。中国人表示“2”时，常伸出中指和食指，西方人则用这一手势表示胜利（现在的中国也引用了此表示法）；中国人表示“8”时伸出食指和拇指，而西方人通常用这一手势表示“2”。曾经一位在上海进行商务谈判的美国人在饭店用餐时点了啤酒，服务人员问他要几瓶，这位商务人员伸出食指和拇指。很快服务人员送上八瓶啤酒，美国商人看了目瞪口呆。

再比如，中国人用食指点点或指指自己的鼻子意为“是我”“是我干的”等意思，但西方人认为这个手势有点可笑。在美国文化中，用大拇指顶着鼻尖，其他四指弯着一起动意为“挑战、蔑视”，中国人则对此无感。同样是表达“我吃饱了”，中国人将一只手或两只手轻轻拍拍自己的肚子，而美国人则是把一只手放在自己的喉头，手心向下（常同时说“到这儿了”）。

三、体触

在人类的成长过程中，拥抱、依偎、轻拍、抚摸、亲吻这些我们经常运用的身体触摸方式就像水、阳光、食物一样，是我们的必需，而谈话双方身体接触多少因文化不同而各异。

在英语国家里，一般的朋友和熟人之间交谈时，避免身体任何部位与对方接触。即使仅仅触摸一下也可能引起不良的反应。如果一方无意触摸对方一下，他（她）一般会说“Sorry”“Oh，I'm sorry”“Excuse me”等表示“对不起”的道歉话。在中国，摸摸、拍拍，或是亲亲孩子表示亲近和爱抚。但在西方，这种动作会被人认为是无礼的，也会引起孩子父母强烈的反感和厌恶。

美国人性格开朗，感情外露，常在公众场合热烈拥抱。而在中国，除了十分亲近的人外，一般不会相互拥抱，更不会把拥抱视为一般的礼节。

第五节　体态语训练

一、表情训练

（一）眼睛训练

（1）用白纸遮住眼睛以下的面部，然后对着家人或者朋友，发自内心地微笑，请他们说说你的眼睛里传达出来的含义，是亲切、友善、温暖，还是其他感觉。

（2）与不同性别、不同年龄、不同职业、不同性格、不同情境的人交流，大胆尝试使用不同的眼神，并观察社交效果如何。

（二）面部表情训练

（1）根据下列词语做出表情：

笑容可掬　怒目而视　大惊失色　大惑不解　泰然自若

哑然失笑　神气十足　冥思苦想　愁眉不展　含情脉脉

（2）微笑的表情训练：在现实生活中，微笑可使自己精神放松，使别人产生好感和亲近感。微笑是风度、涵养的体现。动作要领：轻微地微笑，只要口腔打开到不露或刚露齿缝的程度即可；明显的微笑，口腔打开到正好露出八颗牙齿的程度最好。

二、姿势训练

（一）手势训练

1. 指示性手势练习

（1）指示黑板某处：在黑板的四个角以及中间部分标出 1～8 几个数字，然后侧身对着黑板，每次用一只手指着黑板的某一处讲话，一点一点，依次用手指到并讲到。要求指的时候，手指要并拢，指尖要位于所指数字的下方或侧面，不要挡住数字。

（2）指示学生座位某处：注意要一只手臂平伸且手掌向上，一下指到需要的地方，动作干净、利落，不拖泥带水。训练时注意练习指到教室的各个角落和位置。

2. 描绘性手势练习

（1）尝试用手势描绘以下事物：高山、河流、圆形、方形、长的物体、短的物体、矮的物体、起起伏伏、大、小等。

（2）用手势表示数字 1～10、百、千、万、多、少等。

3. 启发性手势练习

（1）用手势表示以下情绪：喜欢、赞扬、夸张、厌恶、生气、害怕等。

（2）启发学生思考的手势：可以用一根手指靠近指着同侧的太阳穴；也可以像聪明的一休一样，两手各伸出一根手指头指着两侧的太阳穴；还可以用手掌轻拍自己的脑袋一侧。

4. 常规性手势

两个上臂稍稍离开身体，腋下放松并留有五六厘米的缝隙；肘部半曲，两个小臂在上腰附近做 180°摇摆。注意整个手势要和上半身的动作协调一致。

（二）姿态训练

1. 练习以下姿态，用心揣摩其所传达出的含义

尝试在学习、生活的恰当时机加以运用。

（1）两手双握置于胸前站立或坐着——能够表示自信、坚定、有力等心理。

（2）双手握于背后站立——能够表示耐心、严谨、高深、超脱等心理。

2. 头部练习

头部的端正、放松主要取决于脖颈的灵活程度，可以通过头部旋转、左右摆动、前后摆动等方式加以训练，每个动作每遍做 3～4 圈，每次做三组即可。

3. 肩部练习

肩部的平正、稳定可以通过挺肩、收肩、耸肩、塌肩、转肩等动作加以训练，有的动作需要带动腰部，这样效果更好。

4. 腿部练习

腿部姿态的优美可以通过膝部的开合、反复蹲站、旋转脚部等加以训练。每次这些部位都要训练到，次数不要过多，以舒适、不累为原则，这样可以使腿形更漂亮，腿部更灵活。

三、动作训练

（一）走动训练

（1）保持抬头挺胸、面带微笑的上半身姿态上台阶和下台阶，要能够传递出得体、优雅、端庄、稳重的信息。

（2）同时做好三个动作：一边走，一边侧头看（学生或者观众），一边挥手。注意姿态优美，动作顺畅，表情自然放松、面带微笑。

（二）起坐训练

找一把椅子，练习平稳、和缓地坐住椅子的三分之一、一半和全部，然后再稳稳地站起来的动作，反复几次，达到动作连贯、优雅的最佳效果。

（三）蹲下、站起训练

动作要稳、雅、顺，不要速度太快、太猛。蹲下后，再练习将着力点在两脚间交换几次，然后再站起来，再蹲下去。

（四）根据下列词语设计并做出自然、得体的动作

① 过来；② 过去；③ 一起走；④ 谢谢；⑤ 停；⑥ 给。

四、体态语综合训练

（一）请根据下列词语设计做出自然、得体的体态语

① 过来；② 过去；③ 一起走；④ 起立；⑤ 坐下；⑥ 谢谢；⑦ 停；⑧ 给。

（二）一边朗诵下列话语，一边做出恰当的体态语

（1）她终于抽出了一根。哧！火柴燃起来了，冒出火焰来了！她把小手拢在火焰上。多么温暖多么明亮的火焰啊，简直像一支小小的蜡烛。这是一道奇异的火光！

（摘自安徒生《卖火柴的小女孩》）

（2）午夜，香港。

让我拉住你的手，
倾听最后一分钟的风雨归程。
听你越走越近的脚步，
听所有中国人的心跳和叩问。

（摘自李小雨《最后一分钟》）

（3）（屈原向风及雷电）风！你咆哮吧！咆哮吧！尽力地咆哮吧！在这暗无天日的时候，一切都睡着了，都沉在梦里，都死了的时候，正是应该你咆哮的时候了，应该你尽力咆哮的时候！

（摘自郭沫若《雷电颂》）

（4）有几回，邻居孩子听得笑声，也赶热闹，围住了孔乙己。他便给他们一人一颗。孩子吃完豆，仍然不散，眼睛都望着碟子。孔乙己着了慌，伸开五指将碟子罩住，弯腰下去说道，“不多了，我已经不多了。”直起身又看一看豆，自己摇头说，“不多不多！多乎哉？不多也。”于是这一群孩子都在笑声里走散了。

（摘自鲁迅《孔乙己》）

下　篇

大学生口语表现形式

第五章

朗读口语

著名语言学家徐世荣先生在张颂《朗诵学》的序言中给朗读下的定义是：朗读就是把书面上写的语言变为口头上说的语言，把无声语言（文字、文章、文学作品）变为有声语言——更能表情达意的口头活语言。朗读是朗读者在理解作品的基础上，用普通话清晰、响亮、有感情地塑造形象，反映生活，说明道理，再现作者思想感情的一个再创作活动。据测试，当前大学生的朗读能力不容乐观，大学生群体有必要了解朗读的作用和要求，掌握不同体裁作品的朗读方法，培养和提高自己的朗读能力。

第一节　朗读的作用与要求

一、朗读的作用

(1) 朗读具有鲜明的社会教化作用。朗读是艺术欣赏、感情抒发的重要方式，是进行思想宣传、情操教育的有效手段。朗读中，伴随着声音传入耳鼓，那深邃的思想、高尚的情操、美好的憧憬、纯真的心灵，也同时流入听者的心田，激荡着他们的胸怀，陶冶着他们的性情。例如中国古诗词，兼跨德育、智育、美育三大范畴，凝结了前人对人生、社会、自然万物的文化观察，蕴涵着热烈的爱国情愫，崇高的人格精神，诚挚的道德情操，忠贞的爱情观念。经常朗诵这些作品，能够提高人们的精神境界，给人以信念和精神力量。

(2) 朗读有利于提高语言表达能力。朗读的过程实际上是一个学习、摄取、积累的过程。名家的叙事、明理、状物、抒情的手法，以及作品中精美的词语运用、生动的语法修辞、严谨的逻辑思维、巧妙的篇章布局、感人的情境描述、优美的诗词韵律，都在朗读的过程中被吸收、储存了。积累多了，表达能力就会不断提高。

(3) 朗读可以帮助深入体味文学作品。“书读百遍，其义自见。”语言虽然是线型排列的符号，但它所承载的信息使人受之于言而感之于心。朗读作品时，不只是看，还要将文字变为有声语言，增加了传入大脑皮质的刺激渠道。声音出口时负载的思想感情，比单纯的文字更为可感，有声语言所描写的人、物，所记述说明的事、理，更容易刺激人的大脑产生联想，使朗读者对作品的意境、形象、语言、思想脉络和社会背景等能够有更全面、深入、准确地把握。

(4) 朗读能提高语言规范化水平。一般情况，朗读应该使用普通话。虽然文字作品多种多样，涉及古今中外，朗读时要尊重原作，但声、韵、调、音变等声音形式不能不讲究规范。长期坚持朗读，就会在潜移默化中掌握普通话的发音和语法规范。因此可以说，朗读是推广普通话的重要形式，是达到语言规范化的有效途径。

二、朗读的要求

朗读并不是有人认为的只是把文章流畅地念出来，成功的朗读，需要达到以下几点。

1. 运用准确清晰的普通话

“准确清晰”大体可从三个方面来理解。一是指字音准确清晰。朗读时要注意克服方言的影响，按照普通话语音的要求，读准每一个音节。除了声、韵、调正确无误外，音变也要合乎规则。同时，也要做到不添字、不漏字、不改字。二是语调准确清晰，即语调变化符合普通话的规范。朗读不是读单音节字词，在一连串音节形成的语流中，音节的轻重、长短、高低的搭配所形成的语调，也要符合普通话规范。三是指内容表达准确，即恰当运用声音的停连、轻重、快慢、语气、语调，准确表达原作的词义、句义、文义。

例如这句话：“大家用力把雪堆拢在一起。”

人们很容易将“雪堆”作为一个词来读，并在其后稍作停顿，这可能并不符合原语境中要表达的意思。要准确表达这句话应将“堆拢”作为一个词，需在“堆拢”前稍停。因此可以认为，语音准确清晰是朗读最基本的要求。

另外，不仅要准确，还要清晰。清晰是指发音响亮清楚。“朗”即为清楚、响亮之义。朗读语音不同于日常生活中的自然口语语音，它比自然口语更清晰、响亮、圆润，更具有美感。所以，朗读时应注意吐字归音要规范到位，做到吐字清晰、字正腔圆。

2. 语流要流畅自然

普通话准确清晰的基础上，还要做到语流的流畅自然。这里所说的流畅，指的是不破词、不破句，也就是不能把词句读得支离破碎。同时做到不重复、不卡壳，没有多余的言语杂质成分，语句连贯，衔接顺溜。如果读起来结结巴巴，时不时重复啰唆，则严重破坏了朗读的美感，也不符合朗读的要求。所谓自然，指的是声音自如，不拿腔作势。有的大学生在进行朗读时，一字一顿，非常生硬和刻板，或者故意拿腔作调，哗众取宠，这都是要不得的。

3. 准确地理解和感受作品

首先要理解作品。要从作品内容、时代背景、体裁结构、作者风格等多个方面入手，通过认真地看、反复地想，查阅相关资料等，对作品进行深入细致的分析研究。其次要感受作品。获取对作品的感受主要靠联想。我们在朗读时，必须“透过字面”“设身处地”地产生联想，把自己的现实情感挪移到作者描写的意境当中，或者把作者描写的意境挪移到我们的现实情感当中，从而造出内心的视像，使作品的每一句话每一个词语都自然而然地化为形象，活灵活现地传达给听众。

只有准确地理解和感受了作品，朗读才能做到声情并茂，而声情并茂正是朗读的最高要求。

4. 恰当运用各种朗读技巧

朗读技巧是实现朗读目的的重要手段，是朗读过程中运用声音表情达意的技术和能

力，主要包括停连、重音、语气、节奏四个方面。

（1）停连。感情停连是由于心理的特殊变化特别是情感变化而引起的停连。感情停连不受标点符号和语法关系的制约，完全根据感情的需要而进行停连，其特点是声断而情不断。结构停连是根据作品的段落层次关系而采取的停连，其停顿长短顺序：段落＞层次＞句子。

（2）重音。在朗读创作中，为了准确表达语意和思想感情，需要对某些词或短语进行强调，这种处理方式就是重音。重音的实现方式一般有三种：一是强弱法，如“炮火正在战场上遍地开花，战士们正呐喊着冲向敌人的碉堡，可他的生命却像快燃尽的蜡烛，渐渐熄灭了……”。二是快慢法，如“他慢慢地转过身，一个箭步冲了出去”。三是虚实法，如“我怕惊动妈妈，便悄悄从后面探出了头”。

（3）语气。语气是体现朗读者立场、态度、个性、情感、心境等起伏变化的语音形式，它是朗读中语句的“神”与“形”的结合体。“神”，即是语句中所蕴涵的情感，这是形成不同语气的内存依据；“形”，即是语句的声音形式，这是语气的外在表现。语气是一个由多种因素构成的综合体，包括高低升降、轻重缓急、明暗虚实等各方面的变化。

（4）节奏。朗读的节奏是指声音的抑扬顿挫、轻重缓急的回环往复。它由作品的内容和思想感情的波澜起伏所决定，由音强、音高、音长、音色四个要素的变化而形成。节奏可分为六种类型，即：轻快型、凝重型、低沉型、高亢型、舒缓型、紧张型。朗读中，对声音的高低、轻重、徐疾进行不同的变化组合，就构成了朗读节奏的基本转换形式，即欲扬先抑，欲抑先扬；欲快先慢，欲慢先快；欲重先轻，欲轻先重。

5. 通过二次创作升华作品

鲁迅先生曾经说过：“《红楼梦》是中国许多人所知道，至少，是知道这名目的书。谁是作者和续者姑且勿论，单是命意，就因读者的眼光而有种种：经学家看见《易》，道学家看见淫，才子看见缠绵，革命家看见排满，流言家看见宫闱秘事……”因此，对于同一个文学作品，不同的人有不同的理解。阅读水平和感受能力不强的人，对一个作品的理解往往是不完整的、片面的，甚至是曲解的。这就要求朗读者通过对作品的深刻理解，把隐藏在作品字里行间的意境和形象更具体、更表象化地展示给听众，让听众能够全面、准确地理解和感受作品，进而得到艺术上的感染和享受。因此，朗读确实是一种带有创造性的活动。

三、初学朗读“五忌”

许多大学生缺乏对朗读的正确认识，长期以来随意按照自己的方式进行朗读，形成了各种不好的朗读习惯。下面举几种常见的错误朗读现象，有助于摆脱不良朗读习惯，提高自己的朗读水平。

1. 念字式

念字式是指单纯念字、照字读音的朗读方式。这种朗读方式有字无词，或有词无句，非常机械，缺乏语言的流畅感。具体表现为朗读者将朗读活动变成单纯的念字，一字一顿，只简单地将音节读出来。这种方式的所谓的“朗读”，语调平直，没有轻声，没有重音，顿连呆板，更无从谈起语言的感情色彩。这种不良朗读习惯在初学朗读的小学低中年级更为多见，在部分大学生中也依然有不同程度的存在。究其原因，主要是学生缺乏对语言的内在感受，缺乏词语与句子的完整概念和缺乏基本的训练所致。

2. 念经式

念经式是指有些大学生在朗读时声音小而速度偏快，仿佛寺庙中的和尚诵经的声音。朗读者在朗读中主要表现为嘴唇翕动，发声含糊，频率细碎，缺乏顿连、重音和语调的起伏，声音缺乏变化，感情由于频速过快而无法很好地得到表达。这种朗读方式在大学生中较为多见。究其原因，一方面是有些学生对"朗读"这个概念认识有偏差，未能放开声音"朗"声而读；另一方面是教师要求不严格，指导不得法，只求"形式"，不求实效，学生缺乏学习自律性，只求速度，不求表达。

3. 八股式

八股式是指学生在朗读中不从具体的文本内容出发，一味只从声音上刻意追求，而且腔调固定，节奏僵化，顿连千篇一律，呆板单调，声音前高后低或前低后高，节奏前紧后松或前松后紧。这种朗读方法的显著特点是只刻意追求声音的形式，而忽略不同的文本内容，表现为朗读缺乏变化，缺乏生气。究其原因，是对朗读文本疏于研究，固守简单的朗读经验和朗读模式。

4. 演戏式

演戏式是指学生在记叙文或剧本朗读中，对文本中人物语言的朗读产生了角色化的错误理解，无形中将自己独立的朗读者身份混同于文本中的角色，进而形成朗读人物语言时过度夸张，单纯追求任务语言的情感、响度的所谓的真实性，将人物语言朗读表演化。这种朗读方法混淆了朗读与表演的区别，忽略了朗读者在朗读中的独特的身份。因为朗读者的任务是把文字作品的精神实质通过自己的有声语言创造性地传播给听众，而不是充当演员去扮演作品中的人物。尽管我们可以在作品表演活动中去扮演人物，但它毕竟不同于朗读这一口语形式。

5. 固定式

固定式是指过分强调作品的体裁，无论内容如何，只要同一体裁都用同一种腔调去读，以不变的固定腔调去朗读不同的作品内容。诚然，朗读必须适应不同体裁，但这并不是千篇一律的，有时即使是同一体裁，但内容上的差异也需要我们朗读者做出适当的调整。

第二节　朗读的态度感情和基调

朗读不是简单机械地照字读音，需要有朗读者自己的态度感情，而朗读者的态度感情来源于对作品基调的准确把握。作品的基调是指基本情调，即作品总的态度感情，总的色彩和分量。只有把握住了文章的基本情调，才能在朗读时做到恰如其分。

一、把握作品基调的重要性

一篇作品，都会有一个统一完整的基调。作品的基调是一个整体概念，是层次、段落、语句中具体思想感情的综合表露。要把握好基调，必须深入分析、理解作品的思想内容。我们可以从作品的体裁、作品的主题、作品的结构、作品的语言，以及综合各种要素而形成的风格等方面入手，进行认真、充分和有效的解析。在此基础上，朗读者才能产生出真实的感情，鲜明的态度，产生出内在的、急于要表达的律动。只有经历这样一个复杂的过程，作品的思想才能成为朗读者的思想，作品的感情才能成为朗读者的感情，作品的语言表达才能成为朗读者要说的话。

二、如何把握作品的基调

在朗诵时，不同体裁和内容的文章采取什么样的朗诵基调是非常重要的。基调不是简单的指音高、音低、音强、音弱。基调是指作品的基本情调，即作品总的态度情感，总的色彩和分量，以及朗诵者的具体态度。感情色彩有喜、怒、哀、乐之分；态度有肯定、否定、批评之别。这其中，又有分寸和火候的差异。朗诵者要从作品的针对性和朗诵的目的上去把握态度，更要以作品中的人物、事件，或者是情感和风格特点等因素去揣摩作品色彩的总特色。朗诵者可以通过声音来传达极为丰富的感情，产生巨大的，有时是震撼人心的感染力。这样使听众跟着去兴奋，跟着去激动，甚至跟着去落泪。使朗诵者与受众产生一种强烈的共鸣。这样才是一个高手，一个朗诵名家。因此，要进行各种不同的基调变化上的训练，这样才能准确地把握各种作品的基调，才能达到良好的朗诵效果。朗诵基调主要有以下几种类型。

1. 清新舒展型

要求：声音音量要偏小，声音柔和、抒情；气息深而长。例如：

春天，大地从寒冬里苏醒复活过来，被人们砍割过陈旧了的草木茬上，又野性茁壮地抽出了嫩芽。不用人工修培，它们就在风吹雨浇和阳光的抚照下，生长起来。这时，遍野是望不到边的绿海，衬托着红的、白的、黄的、紫的……种种野花卉，一阵潮润的微风吹来，那浓郁的花粉青草气息，直向人心里钻。无论谁，都会把嘴张大，深深地向里呼吸，像痛饮甘露似的感到陶醉、清爽。

2. 高亢明亮型

要求：声音要庄重大方，采用宣读式的；吐字要有力度，力度要均匀；字正腔圆，粒粒外送(颗粒性强)，有穿透力；气息要稳定、扎实、托底。一般都采用实声来表述。例如：

同志们，从20世纪20年代起，几十年来，中国共产主义的先驱者们，中国人民数以百万的光荣革命烈士和先烈们，流血牺牲，英勇奋斗，奠定了今天中国的局面。在新的时期中，让我们继承先烈的遗志，在辽阔的祖国大地上，干出一番前人没有做过的伟大的事业吧！

3. 热情赞美型

要求：声音柔中有刚，咬字力度要大些，但声不涩，气息沉实不断流。例如：

那是力争上游的一种树,笔直的干,笔直的枝。它的干呢,通常是丈把高,像是加过人工似的,一丈以内绝无旁枝。它所有的丫枝呢,一律向上,而且紧紧靠拢,也像是加过人工似的,成为一束,绝无横斜逸出。它的宽大的叶子也是片片向上,几乎没有斜生的,更不用说倒垂了;它的皮,光滑而有银色的晕圈,微微泛出淡青色。这是虽在北方的风雪的压迫下却保持着倔强挺立的一种树。哪怕只有碗来粗细吧,它却努力向上发展,高到丈许、两丈,参天耸立,不折不挠,对抗着西北风。

这就是白杨树,西北极普通的一种树,但绝不是平凡的树。

4. 义正词严型

要求:声音以刚为主,以实声为主,坚定有力而节制,吐字要颗粒饱满,字正腔圆;气息要沉稳、扎实,有丹田气做支撑,托声而出。朗诵时要有理有力,切忌高声喊叫。例如:

只要略有知觉的人就都知道:这回学生的请愿,是因为日本占据了辽吉,南京政府束手无策,单会去哀求国联,而国联却正和日本是一伙。读书呀,读书呀,不错,学生是应该读书的,但一面也要大人老爷们不至于葬送土地,这才能够安心读书。报上不是说过,东北大学逃散,冯庸大学逃散,日本兵看见学生模样的就枪毙吗?放下书包来请愿,真是已经可怜之至。不道国民党政府却在十二月十八日通电各地军政当局文里,又加上他们"捣毁机关,阻断交通,殴伤中委,拦劫汽车,横击路人及公务人员,私逮刑讯,社会秩序,悉被破坏"的罪名,而且指出结果,说是"友邦人士,莫名惊诧,长此以往,国将不国"了!

好个"友邦人士"!日本帝国主义的兵队强占了辽吉,炮轰机关,他们不惊诧;阻断铁路,追炸客车,捕禁官吏,枪毙人民,他们不惊诧。中国国民党治下的连年内战,空前水灾,卖儿救穷,砍头示众,秘密杀戮,电刑逼供,他们也不惊诧。在学生的请愿中有一点纷扰,他们就惊诧了!

好个国民党政府的"友邦人士"!是些什么东西!

5. 低沉悲痛型

要求:用较暗弱、低沉、偏虚的声音来读这样的文字,胸腔共鸣比较多,节奏偏慢,字音缓缓地送出,有时是声伴字,有时是字伴气,或者是哭泣而出的,或者是断断续续的发音;气有时是颤抖的,有时是叹息的。例如:

总理的灵车徐徐开来。灵车四周挂着黑白两色的挽幛,上面佩着大白花,庄重、肃穆。人们怀着沉痛的心情,尾随着灵车移动。灵车所到之处,像是一个无声的指挥。老人、孩子、青年都不约而同地站直了身体,摘下了帽子,向灵车致敬,哭泣着,顾不上擦去腮边的泪水,舍不得眨一眨眼睛。人们心里都在深深地默念着:"敬爱的周总理,我们想念你啊,想念你!你永远在我们心里,永远活在人们心中!"

6. 轻松活泼型

要求:用声偏浅,音要高而柔和,口腔状态比较松弛,舌头要灵活,口唇稍用力,字音弹发的要快而饱满,气息灵活变化多,气息的偷、抢、借都要用到。例如:

柳条儿青,柳条儿长,柳条儿随风在摇荡,摇来了春天,摇来了小鸟,摇的那湖水闪闪亮。

柳条儿青,柳条儿长,柳条儿随风在摇荡,我做柳笛吹起来,嘀呖呖像小鸟在歌唱。

柳条儿青，柳条儿长，柳条儿随风在摇荡，请来春姑娘荡秋千，秋千挂在柳条上。

7. 深沉宁静型

深沉宁静型基调与低沉悲痛的基调和低沉压抑的基调有相似之处，但有本质的区别。这类文字一般都是平和宁静的。

要求：声音偏暗、虚和柔和；吐字要清晰，颗粒性要强；节奏偏慢，运用音长（每个字可以拖一些）；气息深匀，弱控制力比较强（气息弱而不断）。例如：

将圆未圆的明月，渐渐升到高空。一片透明的灰云，淡淡地遮住月光，田野上面，仿佛笼起一片轻烟，朦朦胧胧，如同坠入梦境。晚云飘过之后，田野上烟消雾散，水一样的清光，冲洗着柔和的秋夜。

8. 热情风趣型

热情风趣型基调的内容大都是故事性的，比较风趣、幽默。比如表现人物的时候，人物之间的调侃，从中表现了人物之间亲密的感情。有时可以用方言来模仿人物的说话，特别是不同人物对话的时候，要用不同的声音色彩表现不同的人物，有几个人就读出几种感觉来，让听众听出不同的感觉。这就要求带有表演的成分了，总之要做到绘声绘色。

要求：用声的时候偏厚而松弥，粗亮而通畅，吐字要清晰，颗粒性强，气息要缓而扎实。例如：

七月初的一天，在辽宁省海城县一个山村里。住在张大爷家的某部侦察排的战士们刚刚起床，就看见房东张大爷气冲冲地走进屋来。张大爷绷着脸问道："昨天，你们谁进了我家东菜园，把菜弄得乱七八糟？"一句话把全排战士都问怔了，互相看了看，谁也没有吭声。

这时候，有一个小战士脸一下子红到了耳根。他叫洪松彪，是今年才入伍的新战士。原来，昨晚上是他悄悄跑到菜地里，帮张大爷干活的。小洪心里直打鼓，他想，是不是我铲地的时候伤了苗？是不是水浇多了淹了菜？小洪越来越不安。这时候，张大娘又跑进来火上浇油地说："老头子，别跟他们说了，咱们去找指导员说个清楚。"话音未落，就拉着张大爷的袖子往外走。

刚刚十八岁的洪松彪，哪见过这个场面呀。小伙子沉不住气了，马上开口说："大爷、大娘别发火，昨天是我跑到菜地里去的。我看你们二老年纪大，大爷成天忙着队上的事儿，顾不了家，就抽空帮你们干了点活。谁知道我不会干，给你们添了麻烦，真对不起你们，有多大损失我一定赔。"说着伸手掏钱包。

张大爷看到这个情景，倒哈哈大笑起来。大娘也跟着笑起来。疼爱地拉着小洪的手说："孩子你受委屈了。"小洪纳闷地抬起头看看两位老人，老大爷得意地说："孩子，你中计了，从打你们到我们村来搞训练，给大家伙干了那么多好事。可我们就是不知道谁干的，昨晚上我和你大娘一合计呀，就想出这个小计策来。果不出我所料，你们还真中计了。"

全排战士这才恍然大悟，和张大爷张大娘一起笑了起来，洪松彪，这个虎头虎脑的小伙子却像个大姑娘似的，羞涩地低下了头……

9. 庄重严肃型

庄重严肃型基调的内容一般是郑重、严肃,切忌诙谐。

要求:用声偏厚,以实声为主,音色偏高些,吐字力度要强,干脆利落,清晰度高,颗粒性强(每个字都像枣核一样,吐字归韵要好,没有吃字、丢字、落字的现象,让人听着清晰);节奏要明快,不拖泥带水;态度要严正明朗。一般这种基调都用在新闻播音上,在朗诵中用的不是很多。例如:

外交部新闻发言人今天下午发表谈话说,中国政府和人民对南非军队6月14日入侵博茨瓦纳首都哈博罗内表示极大的愤慨和强烈的谴责。

发言人指出,南非当局对博茨瓦纳的袭击不是一个孤立的事件。事实一再证明,南非当局顽固地坚持破坏邻国稳定和种族主义政策是南部非洲局势动荡、不安的根源。

他说:南非当局种种倒行逆施,只会激起非洲国家和人民更加强烈的反抗和更大的义愤。博茨瓦纳、安哥拉和莫桑比克等非洲前线国家反对种族主义、维护国家主权和领土完整。支持纳米比亚人民争取独立的斗争,得到全世界所有主持正义的国家和人民的同情和支持。中国政府和人民将一如既往,坚定地站在非洲国家和人民一边,坚决支持他们的正义斗争。

第三节　不同体裁作品的朗读

不同体裁的作品,对朗读的要求是不一样的。一般来讲,抒情性作品应着重表现其抒情线索和情感脉络,叙事性作品应着重表现情节和人物性格,议论性作品应着重表现论据和论点的关系。当然,这只是从内容而言。不同体裁的作品,对朗读的语速、语气、节奏都有不同的要求。总之,只有掌握不同体裁作品的特点和对朗读的不同要求,才能增强朗读的驾驭能力,才能驾轻就熟、随心所欲地表达出作者的本意和作品的真谛。

一、诗歌

诗歌的特点是内容凝练、想象丰富、感情充沛、节奏鲜明、韵律和谐、语言精练。朗读诗歌时,必须把这些特质突出出来,读出诗歌中的诗情画意来,给人以美的享受和熏陶,起到美化、净化人的心灵的作用。首先,要了解诗歌的写作背景和目的,感受诗人所要表达的思想感情。其次,要把握好诗歌的写作特色与艺术风格,体现出作者的思想个性、语言个性和艺术个性。再次,要读出诗歌的节奏感和音乐美,要有变化、有起伏、有顿挫,要把节后的韵脚读出来。最后,要投入真情实感,做到以情感人。

诗歌从形式上讲大体上有古典诗和现代诗之分,这两种诗在朗读的技巧和要求上都各有不同。

1. 古典诗

古典诗当中,不管是五言诗、七言诗还是长短句,都是有格律的。朗读古典诗,最关键的是要把格律读出来。不同的格律有不同的语节划分:五言诗是二、三格式,七言诗是二、二、三格式。要读出格律,除音节外,更重要的是平仄,通常是平长仄短。在音节构成

中，五言句是上二下三，七言句是上四下三，形成句中半逗，半逗处要有停顿。词中的领字、去声字宜重读。词（长短句）和曲基本上是以五言、七言为基础，或断或连，错落组合而成。朗读时根据五言、七言的语节划分，或扩展或紧缩，酌情处理即可。当然，朗读古典诗不仅要追求韵律美，更重要的还要透过字面产生联想，造成内心视像，挖掘出诗的意境，通过声音来表意和造型，从而给人以美的熏陶和享受。

2. 现代诗

现代诗即自由诗。比起格律诗来，现代诗的朗读可以更自由一些，句数、字数、平仄、句子长短等，都可以根据表情达意的需要“自由”确定。但自由诗毕竟是诗，不是散文，还是要讲究诗的意境、韵律和语节等。朗读时，既要深入意境、因境抒情，以具体形象的比喻和象征，传达出意境的可感性，发挥意境的感染力；又要把握节奏、重视诗味，讲究诗的呼应对称、语节对称和诗行的并列对称，从节奏中体现诗的韵味。朗读现代诗，要善于使用突停、长停、快连、推进、虚实等技巧，要因境生情，因情用声，充分表现出现代诗的“精神与形体的调和美”。

二、散文

散文是与诗歌、小说、戏剧并列的一种文学体裁，是一种自由、灵活地抒写见闻感受的文体。散文形式自由，题材多样而带有艺术性，其独特的美在于能够让人们通过一个精粹、亲切的形式，读到作者对人生或自然的感情。散文主要是借助形象描写、意境创造来抒发感情、表达主题。因此朗读好一篇散文作品，必须做到以下三点。

1. 入境

好的散文就像诗一样具有深邃的意境。散文中的意境，不管是山川景物还是风土人情，不管是历史文化还是生活掠影，都融入了作者的思想、学识、情感。朗读者要想真正领会作者的这些人生体验，必须身临其境地融入作者所描写的意境当中，用意念使自己成为其中的一分子，与作者一起感受山川的秀美、历史的变迁、造化的神奇和人间的冷暖。只有这样，才能读懂、读透作品，才能通过声音把作者的人生感悟传递给听众。

2. 入情

作者的思想感情是创作的基础，是贯穿作品的脉络和主线，朗读者必须将其紧紧扣住。朗读一篇作品，就要像演员扮演一个角色一样，充分调动自己的经历和体验，把作者的感情变为自己的感情，从而形成强烈共鸣，掀起思想感情的波澜或涟漪，通过声音汩汩滔滔，奔涌而出。

3. 品言

品言就是要品味散文的语言。散文和其他文学作品不同，一般来讲，没有故事情节，没有矛盾冲突，也没有节奏韵律，散文的艺术性更多地体现在作者对语言的驾驭和运用上。不同的散文语言特色不同，或庄或谐，或藏或露，或委婉或平直，或纤浓或清淡；不同的散文家语言风格也不同，或平淡朴实，或冷峻辛辣，或纵横恣肆，或简练干净，或如涓涓细流，或如大河奔涌。这些都需要朗读者仔细品味，并在朗读中表现出不同的语言美感。

三、记叙文

无论记人、叙事、写景、状物，记叙文总要给人以启迪。朗读记叙文，要求因事明理，以事启人，具体细微，语气自然，节奏简朴。朗读中要注意做到：第一，要理清线索，抓住主线。记叙文的线索，有时以人、事、景、物为主，有时以作者的思想感情发展脉络为主。要通过反复阅读，找出暗藏在字里行间的线索。朗读时沿着这条线索因势利导、循循善诱，使听众在不知不觉中受到熏陶和感染。第二，要注重立意，突出主题。紧紧围绕文章的主题思想和作者想表达的中心意图，确定朗读基调，真实客观地反映出作品原貌。第三，要运用技巧，细腻表达。朗读记叙文，语气总体要舒展、自然、平淡。但朗读叙述、描写、抒情、议论语言时的语气、语调是有差别的。一般来说，叙述部分要清楚、舒展、自然，语句要分开；描写部分要读得形象、栩栩如生；抒情部分要真挚，有感而发；议论部分要缘事而说，娓娓道来。

四、说明文

说明文是介绍、说明社会生产和实践活动、科学技术研究和日常生活中事物的性质、特点及规律的文章。说明文最大的特点在于“说明”，一般不带感情色彩，或者说感情色彩不明显。朗读说明文要做到以下三点。

1. 知事

知事就是要全面认识和理解文章中说明的事物，特别是其本质特征。如果不知所云，自己都一头雾水，是很难让听众听明白的。

2. 明理

明理就是要明白说明文的方法，如分类、定义、举例、比较、数字、比喻、图表等，了解说明文的种类，如阐述性、记叙性、介绍性、文艺性、实用性说明文等，以便有根据、有针对性地确定朗读的基调、方法。

3. 达意

达意就是要求朗读者通过恰当运用停连、重音和语调等朗读技巧，显示文章的结构层次与条理，达到突出文章主题、让听众明白道理、掌握知识的目的。说明文的语言特点是：准确、简明、明白无误、质朴自然，这就要求朗读者在朗读时，也要做到语调自然、准确，达到客观确切、平实舒展的效果。

五、议论文

议论文是要说明、论证某个道理、某个观点，所以作者常常用精辟的理论和明白的事实，用严密的逻辑和凝练的语言，阐述个人的主张，达到就事论理、以理服人的目的。朗读议论文，要把握文章内存的逻辑，作者论述整理的思路、层次，体现“提出问题、分析问题、解决问题”的论证过程，要读得从容、肯定、自然、平实。

1. 突出论点，把握论据

论点在文章中起着提纲挈领的作用。朗读时要对文章的论点及论证的过程认真体味并消化吸收，内化为自己的感受，然后才能调动各种朗读技巧和方法将其加以表现和强调。强调和突出论点的方法要根据文章的不同格局而进行不同处理。对开宗明义式的论点可以采取上扬突出的办法，对中心论点在文章结尾部分以总结式方式提出的，可采用下抑加重突出的办法。论据是论点的支撑，文章的说服力很大程度上取决于论据。对论据的朗读，要根据其不同情况采取不同的表现方法。如对引经据典的，要用平稳的语气、肯定或否定的态度表达出来；对用事实说话的，要用肯定、坚实语气，充分表现出其可信性；对用名人名事喻理的，要读出景仰或欣赏之意，起到引导和鼓励的作用；对用小故事折射大道理的，要读得隽永生动，意味深长。

2. 态度明朗，感情含蓄

议论文是要晓之以理，所以在朗读中，态度必须鲜明，是非曲直要求直露，而感情却要相当含蓄。态度明朗，就是要肯定、果断、从容、大度；感情含蓄，就是要把感情的运动控制在心里，在适当处流露。朗读议论文用情要含蓄，这是因为议论文的描写、抒情、议论都是为论点服务的，而不是为了表达感情的。即使是情感色彩很浓的语言，其真正的目的也是为了说理，而不是抒情。所以，朗读议论文，感情一定要含蓄深沉，掌握分寸，把握火候，收放有度。

3. 语气肯定，语势平和

朗读议论文，只有用肯定的语气、庄重的态度，才能增强文章的可信度和可靠感。没有人会信服一篇连朗读者自己都没有信心的文章。但朗读文章的目的是要交流，是要与听众之间产生共鸣。因此，不能板起面孔、正襟危坐，拒人于千里之外，而是要用舒缓、自然、平和、流畅的语调，营造一个亲切、平等、互动的交流氛围。

第四节　朗读口语训练

一、语气语调训练

（一）朗读下面的语句，变化语气和语调，表达不同的意思

（1）两组同学相对而行，碰面后，一位同学说："你回来！"然后逐个说下去，但说的语气不许雷同，十几个人就要有十几种说法（试练一练）：轻蔑地、询问地、乞求地、意外地、恐惧地、威胁地、呵斥地、讽刺地、撒娇地、命令地、真诚地、懒散地、远呼地、肯定地、悲伤地、惊喜地、悄悄地……

（2）叫"妈妈"。你试着可以叫出十几种内容的"妈妈"：正常地、惊喜地、撒娇地、高喊妈妈、委屈地、妈妈真可笑、暗示妈妈、生气了、犯了错误怕妈妈、告诉妈妈意外的消息、意外地发现妈妈、询问妈妈、跟妈妈说悄悄话、乞求妈妈……

（二）阅读谌容的《活着的滋味》，注意用不同的语气语调表达出不同的身份、立场和观点

第一个人说：活得太累了。没完没了的解释，无休无止的小心，成年累月为别人活着。为人子、为人夫、为人父、为人同事、为人哥儿们、为人“喽喽”、为人“头头”。看别人的脸色，讨别人的喜欢，避别人的忌讳，给别人以好感。摇旗呐喊，插科打诨，不想笑要笑，哭不出来要哭……累了，太累了。

第二个人说：活腻味了。爱过了，恨过了，哭过了，笑过了，乐过了，苦过了。金银财宝，身外之物。功名利禄，过眼云烟。香酥鸡、肯德基、道口烧鸡、大同小异。长城饭店、昆仑饭店、建国饭店，千篇一律。台球、保龄球、高尔夫球，无非是球。人生不过如此，该收场了。游戏人生，我够了。你们爱玩玩去吧，别拉扯上我。

第三个人说：怎么能这样对待生活？怎么能说活得太累？怎么能说活得太腻？在这大变革的年代，难道你们就没有一点社会责任感？人生在世，难道就为自己活着？我们的国家能有今天，这容易吗？同志们，振兴中华，匹夫有责；开放改革，重担就落在你、我、他身上。我们应该对社会负责，对国家负责，对后代负责，否则就是犯罪。振作起来啊，前进！

第四个人说：你有什么资格教训别人？你是活得有滋有味，轻松活泼。坐着公家的小车，住着公家的小楼，吃着公家的宴会，三天两头上电视，仨月俩月出趟国。你当然可以大谈社会责任感。可你自己呢？你有多少社会责任感？

第五个人说：何必那么激动！你以为当官那么愉快？你以为当官的都活得挺舒坦？没有那事儿。官场不好混。左右逢源，上下照应，按下葫芦起来瓢，没金刚钻还真揽不了这瓷器活儿。别瞧着当官的就有气，别听着当官的号令就腻烦，人家也有一本难念的经。就说社会责任感吧，他当官的不说谁说？

第六个人说：算了，都别嚷嚷了。树林子大了，什么鸟都有，人跟人哪能都一样？不把社会责任感挂嘴上的，有的未必没有社会责任感，有的也确实没有社会责任感。把社会责任感挂嘴上的，有的确实有社会责任感，有的也未必有社会责任感。

第七个人说：算了，算了，管它呢，反正都得活着。活着就得吃喝，吃喝就是消费，消费就刺激生产。更何况，吃了喝了还得拉、还得撒，拉了撒了就为社会增加了肥料。走，喝二两去。

二、节奏训练

朗读短诗，注意音步，以加强节奏感。

(1) 老天爷，你年纪大，耳又聋来眼又花。老天爷，你年纪大，耳又聋来眼又花，你看不见人，也听不见话。杀人放火的享受荣华，吃素看佛的活活饿死。老天爷，你不会做天，你塌了吧！

（摘自段宝林《民间诗集》）

(2) 世人都晓神仙好，惟有功名忘不了！古今将相在何方？荒冢一堆草没了。世人都晓神仙好，只有金银忘不了！终朝只恨聚无多，及到多时眼闭了。世人都晓神仙好，只有娇妻忘不了！君生日日说恩情，君死又随人去了。世人都晓神仙好，只有儿孙忘不了！痴心父母古来多，孝顺儿孙谁见了？

（摘自《红楼梦》中的《好了歌》）

三、综合训练

朗读下面的文字，注意停连、重音、节奏、语气、语调等语言技巧的综合运用，并体会作者表达的感情，做到声情并茂。

（1）“解放了！解放了！”人们欢呼着，渔岛沸腾了，我们一群赤脚娃子，蹦啊，跳啊，唱啊！

（2）正当我们尽兴而返的时候，天渐渐黑了。霎时间，四面八方，电灯明亮，像千万颗珍珠飞上了天！这排排串串的珍珠，叫天上银河失色，叫满湖碧水生辉。

（3）你看，你看，这不是又一批新砍的毛竹滑下山来了吗？它们滑下溪水，转入大河，流入赣江，挤上火车，走上迢迢的征途。

（4）在这千钧一发的时刻，传来了团长和政委的喊声：“同志们！为了党的事业，为了最后的胜利，冲啊！”

第六章

演讲口语

演讲又叫讲演或演说，是指在特定的时空环境中，以有声语言和相应的体态语言为手段，公开向听众传递信息，表述见解，阐明真理，抒发感情，以期达到感召听众目的的口语表达艺术。

第一节　演讲的特征及分类

一、演讲的特征

了解演讲的特征，有利于提高演讲水平。演讲的主要特征有以下几方面：

（一）现实性

演讲是演讲者针对社会现实，面对听众，陈述自己的观点和主张的一种现实活动。它的现实性表现如下。

1. 内容的现实性

讲述的多是现实的问题与事理。即使是针对过去和未来的演讲，归根结底也是借机回顾和展望，以便更好地把握现实。

2. 主体活动的现实性

演讲者是演讲的实践主体，发表的是自己的现实观点。这一点不同于演员，需要进入“角色”，表现角色的情感和观点。

3. 表现形式的现实性

演讲是一种面对面的活动，无论“讲”还是“演”，都是现实而生动的。

（二）艺术性

演讲是一种口语艺术活动。其艺术性表现如下。

1. 有声语言的艺术性

通过用气发声、吐字归音、共鸣控制、口腔控制、喉部控制、声音弹性训练等方式传递出每一位演讲者声音的质感、美感、动感。

2. 体态语言的艺术性

体态语言的艺术性是指在进行演讲时，要讲究表情的丰富、手势的自然优美、动作的

恰当协调，给人以从容不迫的美感。

3. 整体的艺术性

演讲者要讲究内容、形象、语言、声音、表演等各要素的协调统一，同时富于变化，生动活泼。

（三）感召性

演讲的目的在于感召听众并促使其行为。所以演讲者就必须始终以清晰的语言、饱满而炽烈的情感、艺术性的表现手段去感染听众和鼓动听众，从而引起听众的强烈共鸣。

（四）工具性

演讲本身不是目的，而只是一种手段。语言是人们交流思想的工具，那么作为一门口语语言艺术的演讲自然也是一个工具。各行各业的人都可以借助演讲这个工具来进行信息的交流。这个工具最经济、最普遍、最实用、最方便。

（五）交际性

演讲是社会交际的重要方式和途径。这种交际是多层次、多角度的，各行各业、各种身份的人都可以直接参与进来交流信息，是人与人联系的最广泛的一种交际手段之一。

演讲具有广泛的社会作用，它是政治、经济、学术、工作、生活等各个方面的理想工具和有力武器。它可以传播知识、启迪思想，也可以鼓舞人心、振奋斗志。它能够让思维敏捷、口舌伶俐的人脱颖而出，也能够让一般人的表达能力和社交能力显著提升。刘勰在《文心雕龙》中说："一人之辩，重于九鼎之宝；三寸之舌，强于百万之师。"演讲作为一种社会活动，可谓源远流长。古希腊、古罗马、古代印度和中国，都产生过影响深远的著名演说家。千百年来，演讲在历史的天河中一直是一颗耀眼的不落明星。在竞争激烈的今天，演讲更以它的独特魅力受到人们的广泛青睐。世界上发达国家都非常重视演讲和口才，演讲与口才已经成为现代人才的必备素质。

二、演讲的分类

演讲根据不同的标准，可以有不同的分类。

（一）按功能分

按功能分，可以分为五种类型：使人知、使人信、使人激、使人动、使人乐。

1. "使人知"演讲

这是一种以传达信息、阐明事理为主要功能的演讲。目的在于使人知道、明白、了解。是其他演讲的基础。例如，商家的新产品推介，各种展馆的解说员的解说，还有以言语表达为主体的广告等，都属于"使人知"演讲。

2. "使人信"演讲

这是一种以让人信赖为目的的演讲。是一种具有过渡功能的演讲。例如，各种竞选演讲，包括总统竞选、部门或地区领导人竞选等，就是想让选民相信自己并相信自己的施政纲领。

3. “使人激”演讲

这是一种让听众激动，把听众激发起来的演讲。这种较深层次的演讲，关键在于能和听众产生情感上的共鸣。演讲者不仅要“晓之以理”，更要“动之以情”。例如，李燕杰1981年所做的《国家、民族与正气》的演讲，张海迪《在困难面前要做胜利者》的演讲，古罗马执政官安东尼在安葬恺撒时的演讲等。

4. “使人动”演讲

这是演讲者所追求的最高境界。就是要使听众产生欲行、欲动效果的一种演讲，鼓动性较强。例如，闻一多《最后一次演讲》，戴高乐《反法西斯广播演说》等。这类演讲要求演讲者要立场坚定，态度鲜明，感情饱满，情绪激昂，多用号召、呼吁式的语言结尾，以达到强烈的宣传和鼓动效果。

5. “使人乐”演讲

这是一种以活跃气氛让人快乐为目的的演讲。多以笑话、幽默为材料，通过生动活泼的语言达到寓教于乐的目的。例如，婚礼等喜庆场合的演讲，娱乐场合的演讲等。

（二）按内容分

按内容分，可以分为政治演讲、学术演讲、宗教演讲、法庭演讲、生活演讲等类型。

1. 政治演讲

政治演讲是为了一定的政治目的，就某个政治问题而发表的演讲，包括外交演讲、军事演讲、政府工作演讲、竞选演讲等。

特点：①政治思想性强；②立场鲜明；③鼓动性强；④逻辑性强。

例如，毛泽东同志的《在延安文艺座谈会上的讲话》、邓小平《坚持党的路线，改革工作方法》、周恩来《在万隆亚非会议上的演说》、拿破仑《对出征西班牙先遣军的讲话》等。

演讲口语例1[1]

2. 学术演讲

学术演讲是指教师或从事科学研究的工作者就某些科学知识、某一学术问题所发表的演讲，包括讲课、专题、讲座、学术报告、学术发言、学术评论等。

特点：①科学性；②严谨性；③准确性；④专业性。

例如，鲁迅在1924年发表的《未有天才之前》演讲、法国著名物理学家皮埃尔·居里的《镭的发现和对镭的担忧》、著名教育家朱光潜的《谈作文》、黑格尔的《哲学史开讲辞》、爱因斯坦的《相对论的基本思想和问题》、李政道在上海交大的演讲《以天之语，解物之道》的演讲等。

演讲口语例2[2]

3. 宗教演讲

宗教演讲是指一切与宗教仪式、宗教宣传相关的演讲，包括宗教神职人员和教徒参与的教义宣传、布道、宗教故事、宗教会议等。

① 视频可在新华网 http://news.xinhuanet.com/2015-09/03/e_1116456504.htm 观看。

② 视频可在 http://v.youku.com/v_shou/id_XOTUzNjY5NzL=.html 观看。

特点：①宗教性；②说服性；③虚幻性(或欺骗性)。

例如，著名美国宗教人士马丁·路德·金的演讲，藏传佛教人士索达吉堪布2013年4月12日在德国哥廷根大学的演讲《宗教与现代生活》。

4. 法庭演讲

法庭演讲是指在法庭上由公诉人、辩护人、诉讼代理人、证人、犯罪嫌疑人、法官等所发表的与案件相关的演讲，包括法庭公诉、法庭辩护、法庭论辩等。

特点：①事实性；②公正性；③针对性；④对抗性。

5. 生活演讲

生活演讲是指社会生活中的各种演讲，包括礼仪演讲、日常演讲、家庭演讲等。其中礼仪演讲又包括欢迎词、答谢词、贺词、悼词、欢送词等。

演讲口语例3①

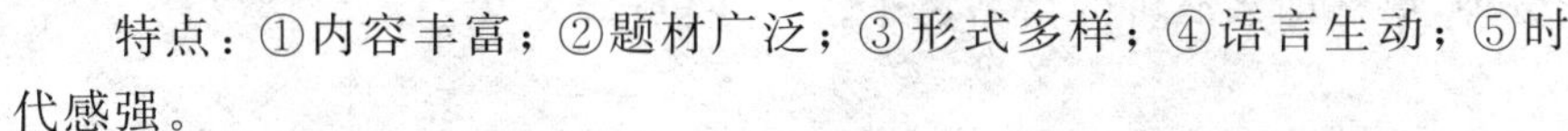

特点：①内容丰富；②题材广泛；③形式多样；④语言生动；⑤时代感强。

例如，2016年12月31日，习近平总书记通过中国国际广播电台、中央人民广播电台、中央电视台、中国国际电视台(中国环球电视网)和互联网，发表了二〇一七年新年贺词；又如，2012年12月11日凌晨著名作家莫言在诺贝尔晚宴上的答谢词、爱因斯坦《悼念玛丽·居里》的演讲等。

演讲口语例4②

(三) 按形式分

按形式分，可以分为命题演讲、即兴演讲、论辩演讲三类。这是最常用的演讲分类方式。

1. 命题演讲

命题演讲就是事先由演讲组织者拟定演讲题目或演讲范围的演讲。又分为全命题演讲和半命题演讲两种形式。

(1) 全命题演讲：事先由组织者拟定演讲题目的演讲。

优点：针对性强，主题鲜明，演讲者有充分的准备时间，可以提前写出质量较高的演讲稿，并进行反复训练。

缺点：局限性大，演讲者难以发挥出最佳水平。

例如，以“谈谈爱国主义”“记忆不会随风飘逝”等为题目进行的演讲。

(2) 半命题演讲：事先由组织者拟定演讲范围的演讲。

优点：演讲者可以自主选题和选材，灵活性强，有助于演讲主题的深化，还有助于演讲者发挥最佳水平。

例如，1998年山东省举办的“为了21世纪”全省大学生普通话演讲比赛等。

总的来说，命题演讲尤其是半命题演讲，主题鲜明，内容稳定，针对性强，是各个部门和单位喜闻乐见、广泛采用的一种演讲形式。

---

① 视频可在 http://CVL.qq.com/a/20150922/058962.htm 观看。

② 可由任课老师在课堂上示范。

2. 即兴演讲

即兴演讲就是事先无准备而就眼前的情、境、人、物临时起兴、有感而发而发表的演讲。即兴演讲最能体现一个人的口才，所以它是人们交际中最受欢迎的一种演讲形式。

即兴演讲的特点如下。

(1) 临时性：临时起兴、有感而发，是演讲者真情实感的流露。

(2) 灵活性：没有既定的题目和范围，可以思路灵活地自由发挥。

(3) 简洁性：因事先没有准备，所以很难做长篇大论。

(4) 针对性：充分体现了“到什么山，唱什么歌；见什么人，说什么话”的特点。

例如，1863 年 11 月 19 日美国总统林肯的《在葛底斯堡国家烈士公墓落成仪式上的演说》，总共不到三分钟，堪称即兴演讲的精品之作。

3. 论辩演讲

论辩演讲就是两方及其以上的人们，因对某个问题产生不同看法而展开的面对面的语言交锋。

论辩演讲的特点如下。

演讲口语例 5

(1) 针锋相对：辩论各方的观点对立，辩论中都是围绕着自己的立场引经据典、寸理不让，对抗性很强。

(2) 短兵相接：辩论都是面对面进行的，你来我往，直来直去，回合变换极快。

(3) 快速应变：每一个辩论者都必须头脑上、语言上具有高超的快速应变能力，以应付论辩中的风云变化。

(4) 众人参与：辩论的各方不只是一个人，相同立场的人都可以加入进来参与辩论或者是出谋划策。

例如，1993 年在新加坡举行的首届“国际大专华语辩论赛”大决赛《人性本善》，一直被认为是现代辩论赛的经典之战。其文字部分扫描二维码可看，其视频可在网上搜寻观看，也可与编辑联系直接索要(270462997@qq.com)。

第二节　演讲的准备

在正式演讲之前，演讲者都是要做一些准备的，如选择什么样的题目，确立什么样的主题，围绕什么内容来讲，举哪些例子，运用什么样的语言等，进而写出演讲大纲或演讲稿，这一阶段就是演讲活动的准备期。

一、演讲题目的选择

演讲的题目是演讲的重要组成部分，是听众最先了解的，具有“眉目传情”和“指路标”的作用，既可以调动听众的兴趣，又可以引导听众的思维，为演讲的顺利开展创造条件。

好的演讲题目可以使听众从中透视出许多内容，如演讲的主题、范围等，这样就使听

众能够做好心理准备，在听演讲时有的放矢，抓住主要内容，听得清楚、明白，同时也能够使演讲者顺利实现演讲目的。言简意赅、贴切自然、警策醒目、富有启发，这是对演讲题目的基本要求，如果做到这几点，“题好一半文”，一篇演讲就成功一半了。一般来说，演讲题目应具备以下特点。

1. 言简意赅

言简意赅即用最简洁明了的语言揭示出演讲主题或划定演讲范围。

例如，李燕杰的《塑造美的心灵》、蔡朝东的《理解万岁》、张海迪的《在困难面前要做胜利者》、梁启超的《为学与做人》《人权与女权》这些演讲题目就能够直接揭示出演讲的主题；又如，鲁迅的《关于知识阶级》、马寅初的《北大之精神》、郭沫若的《科学的春天》，这些演讲题目可以揭示出演讲的内容、范围以及涉及的具体问题等。

2. 积极向上

积极向上即演讲题目应选择乐观、美好或富于建设性的话语来表述。

例如，能用《勤学终成才》做题目，就不用《勤学路漫漫》；能用《战胜困难，迎接未来》做题目，就不用《前进路途中，困难何其多》，这样通过演讲题目就能够催人上进，给人力量，而不是让人感到悲观，或是找不到出路的感觉。

3. 力求新奇

力求新奇即演讲题目要新颖，有吸引力，能够紧紧抓住听众的心理，激发他们的兴趣。

例如，鲁迅的《流氓与文学》《老而不死论》、蔡畅的《一个女人能干什么》、马克·吐温的《我也是义和团》等演讲题目就新颖别致，能够一下勾起听众的兴趣。

演讲题目既要站在演讲者的立场认真考虑，又要站在听众的角度反复斟酌，努力避免出现冗长、乏味、宽泛、深奥、费解、古怪、离谱等毛病。

二、演讲主题的确立

主题是演讲的灵魂，它决定演讲思想性的强弱，制约材料的取舍和组织，影响演讲论证的方式和艺术的调度。没有明确的主题，演讲就如同没有灵魂的雕像，即使表面再惟妙惟肖、光彩照人，也不会有生命的动感。一般来讲，一篇演讲稿只能有一个主题，必须围绕这个主题展开阐述。主题多了，中心就不突出，观点就会模糊松散，也就很难说服听众、打动听众。因而，主题要求是鲜明的、正确的、新颖的、深刻的。庄子曾说：“语之所贵者，意也。”要达到这一点，就必须在主题的选定角度和挖掘深度上下功夫。

一篇演讲稿所表达的中心思想就是它的主题。主题是演讲的灵魂、支柱，统率着整个演讲的进行。如果主题出了偏差，那么演讲也不会获得成功。所以，在演讲的准备期，确立好主题是至关重要的。好的演讲主题应有以下特点。

1. 正确

主题必须正确，否则就失去了演讲的意义和价值，还会对听众产生误导，结果是事与愿违、适得其反。

例如，关于妇女解放、女性权利问题，有的人就认为“现在妇女地位够高的了，还谈什么妇女解放，我想该谈谈男性权利才对”，殊不知事实远不是这样，否则，就不会有打击拐

卖妇女儿童犯罪活动的工作部署，也就不会有相关法律条文的建立。妇女解放问题实际上关系到人类社会的文明与进步，什么时候社会上杜绝了遗弃女婴、殴打妇女、拐卖妇女、歧视女性等现象的发生，那才真正不用谈这个问题了。所以，目前只有积极地倡导男女平等，才是正确的、顺乎民意的，也才能够顺应时代的进步与发展。

正确的主题源于正确的思想。要想具备正确的思想，就必须认真学习科学知识，树立科学、正确的世界观，并学会用辩证唯物主义的方法去观察问题、分析问题和解决问题。

2. 鲜明

鲜明就是主题要突出、明了。通过演讲，应该让听众明白你赞成什么，反对什么，喜爱什么，憎恨什么，否则就会使听众晕头转向，不知所云。

例如，李燕杰的演讲《国家、民族与正气》，全篇分为三个部分：爱国之心、民族之魂、正气之歌。看似讲的不同主题，实际上听完之后就会发现，这个演讲通篇都是紧紧围绕"爱国主义"这一主题而层层展开的。李燕杰通过不同的角度、真实生动的举例、自然优美的语言和真诚的演讲态度，为听众展现出一个美好的意境，散发出真理的光辉，给人以思想的启迪和美的感受，演讲的结尾处最为感人，再次点明主题：

爱国的人受到人民的爱戴，卖国的人受到人民的唾弃。这就是一个国家，一个民族的正气所在。

青年朋友们，爱我们的国家吧，爱我们的民族吧，同心协力，把我们民族的正气，把我们中华民族奋发图强的爱国主义精神极大地发扬起来！最后用几句名人名言作为结束语：

谁不属于自己的祖国，他就不属于人类。

爱国主义的力量多么伟大呀！在它面前，人的爱生之念，畏苦之情，算得了什么呢！

我无论做什么，始终在想着，只要我的精力允许我的话，我就要首先为我的祖国服务。

真正的爱国主义不应该表现在漂亮的话上，而应表现在为祖国谋福利、为人民谋福利的行动上。

整篇演讲通过鲜明的主题的体现，使听众又受到了一次很好的爱国主义教育。

3. 集中

集中就是指一篇演讲，主题只能有一个。古人云"意多乱文"，就是说主题多了，文章内容就会乱，别人就很难了解你到底要讲什么。

例如，张海迪在人民大会堂所做的演讲《在困难面前要做胜利者》，虽然很长，整整讲了三个多小时，但主题思想只有一个，就是如何排除自身疾病、残疾和外部环境等所带来的诸多困难，不断坚持努力学习和攀登，最终赢得世人赞誉，取得胜利。她讲的所有内容都是紧紧围绕主题，并为主题服务的，所以听众会被深深地吸引和打动。

4. 深刻

深刻就是指挖掘主题要深刻，不能表面化，而应该抓住问题的实质，讲清楚讲透彻，让听众从中有所启发和收获。

例如，李燕杰的演讲《心上绽开春花，芳草绿遍天涯》，其主题是发扬雷锋精神、建设社会主义精神文明。这篇演讲共分三部分：第一部分"精神文明的春天"，注重理论的阐述；

第二部分“美丽的春花”，注重举例分析；第三部分“芳草绿遍天涯”，是对广大青年朋友的祝愿。全篇内容不长，但结构清楚，理论的阐述深入浅出，既严密完整又通俗易懂；分析事例注重新颖，不仅材料新颖而且角度、观点也新颖，增强了对听众的吸引力和感染力；最后的祝愿真诚、热烈，使人备受鼓舞，结尾引用贺敬之的《雷锋之歌》：

“雷、锋”——
我是在写呵
我们阶级的
整个新一代的
姓名；
……
“且看这里：遍地青松，
个个雷锋！——
……快摆开你们新的雁阵呵，
把这大写的“人”字——
写在那
万里长空！……”

令人荡气回肠，深受感动，既点明了主题，又深化了主题。全篇结构严谨、主题深刻，让听众既喜欢听，又从中受到教育。

5. 新颖

新颖就是演讲主题要不落俗套，有新意和吸引力。新颖的演讲主题能够使听众始终紧紧地跟随着演讲者的思路，全神贯注、兴趣盎然地听完整个演讲，不会觉得枯燥，也不会听不下去。正如法国大作家巴尔扎克说的：“世界上第一个用鲜花来比喻美女的人是天才，第二个用鲜花来比喻美女的是庸才，第三个还用鲜花来比喻美女的是蠢材。”演讲主题要想做到新颖，必须认真深入生活，仔细观察和琢磨，大胆创新，以独具的匠心构思出新颖的主题。

例如，曲啸的演讲《人生·理想·追求》是一篇思想教育演讲。主要讲的是自身对共产主义人生和理想的追求。应该说，这一主题本身并不算新颖，但曲啸同志在讲的过程中赋予了新的含义。他用朴实无华、饱含深情的语言，将自己因错划为“右派”而历经的十二年监狱生活经历娓娓道来，虽经历坎坷，但对党的忠诚不变，对共产主义理想的追求不变。从现实和历史的高度，把个人的悲剧与所处的时代结合起来，寓理于事，使听众从中既了解了那个动乱的年代，又感受到他多年的不懈追求，从而给人以启发和激励。

总之，演讲主题的确立，是关系到演讲是否能够成功的第一步。俗话说：“万事开头难”，只有认真、全面、细致地做好第一步，才能够增强信心，把整个演讲活动顺利地进行下去，并最终取得成功。

三、材料的收集

收集和选取材料要遵循以下原则。

1. 定向

材料是为主题服务的，材料的收集必须把准方向，根据主题的需要有计划、有针对性地收集，防止盲目性和随意性。

2. 真实

所谓真实，就是指材料的客观性。即所选材料是客观存在的、符合事实的。只有真实的材料才最有说服力。要保证材料的真实性，必须克服两种倾向：一是主观臆造，为主题的需要假造材料或虚构想象；二是以讹传讹，对引用的材料缺乏鉴别、检查和核对，导致选材失真。

3. 典型

典型性的材料是指最具代表性、最具说服力、最能揭示事物本质的材料。演讲的目的是要说服人、鼓动人。要达到这样的艺术效果，就必须围绕主题深挖细掘，防止和避免材料的平淡化。

4. 新颖

演讲者人云亦云，重复使用别人用滥了的材料，就会令人感到乏味，甚至反感。好的演讲选材必须新颖。一方面要留心收集新近发生的事情；另一方面要善于挖掘过去的但鲜为人知的事情。这样的材料才能引起听众的新奇感，从而增强演讲的吸引力。

四、演讲稿的起草

主题和标题确定了，材料也收集齐了，下一个重要环节就是要起草演讲稿了。所谓演讲稿，就是演讲者在演讲之前，根据口头发表的需要写出的文稿，是进行现场演讲的最主要、最直接的依据。起草演讲稿，先要编写提纲，然后根据口语表达的需要，按照提纲的脉络把所要讲的话原原本本地写出来。演讲稿是一种特殊的应用文。首先，它是一篇文章；其次，它又是一篇直接为口语表达服务的文章。因此，演讲稿是“成文性的口语”和“口语化的文章”。

一篇完整的演讲稿，总是由开头、主体和结尾三部分组成。

（一）开头

开头又叫开场白，是沟通演讲者和听众的第一座桥梁。古人云：“善于始者，成功已半。”好的开场白，应该是短小精悍，新颖诱人。

常见的开头方式主要有以下几种。

1. 开宗明义

开宗明义即开门见山，直奔主题，一开篇就直截了当地把主题阐明。例如，毛泽东《改造我们的学习》这样开头：“我主张将我们全党的学习方法和学习制度改造一下。”

又如爱因斯坦《悼念玛丽·居里》的演讲开头就讲：

“在像居里夫人这样一位崇高人物结束她的一生的时候，我们不要仅仅满足于回忆她的工作成果对人类已经做出的贡献。第一流人物对于时代和历史进程的意义，在其道德品质方面，也许比单纯的才智成就方面还要大。即使是后者，它们取决于品格的程度，也

远超过通常所认为的那样。”

开门见山地把对居里夫人的悼念和对她品德的赞赏展示出来。

2. 叙事导入

叙事导入是指用讲故事的方式引入主题。所讲故事一要短小；二要切题；三要有极强的针对性。例如，恩格斯《在马克思墓前的讲话》开篇：

“3 月 14 日下午两点三刻，当代最伟大的思想家停止思想了。让他一个人留在房里还不到两分钟，等我们再进去的时候，便发现他在安乐椅上安静地睡着了——但已经是永远地睡着了。”

这篇举世闻名的经典悼词用叙事的方式导入，语言质朴，感情真挚，用词简洁明了。

3. 设问开篇

设问开篇是指以一个出乎意料的、能够迅速唤起听众兴趣和注意力的问题作开头。如闻一多《组织民众与保卫大西南》这样开头：“诸位！我们抗战了七年多，到今天所得的是什么？”紧接着话锋一转：“眼看见盟国都在反攻，我们还在溃退，人家在收复失地，我们还在继续失地。”既回答了问题，又抓住了听众的心。

又如蔡畅的演讲《一个女人能干什么》，其题目本身就是一个问句，紧接着用设问开宗明义：

“今天讲一个问题，就是一个女人能干什么？”

一个女人能干什么呢？我的回答是：“能干，什么也能干，不干，什么也不能干，能干又不能干，不能干又能干。”为什么这样说呢？要确定女人能干不能干，有两方面的条件。首先要看看环境，就是要看处在一个什么政权下，什么社会制度下，这是一方面；另一方面，也要看个人努力怎样。如果环境好，自己不去努力，只靠人家解放，那就什么也不能干。但如果自己经常努力干下去，就可以得到好的结果。如果努力干，就是从些小的具体工作到管理国家大事都能够干；如果不干，就又会变成新社会的寄生虫。”

4. 名言引用

名言引用是指用格言、警句、诗歌、谚语等作开场白，有启人心扉、振奋精神之妙。例如，《信念永不倒》这样开头：“著名黑人领袖马丁·路德·金有这样一句名言：这个世界上，没有人能够使你倒下，如果你自己的信念还站立的话。是的，只要信念不倒，我们在任何不利的情况下，都不会趴下，都能闯出一条路来。”

又如，鲁茂升在洛阳市第九届牡丹花会上的欢迎词《牡丹花开喜迎嘉宾》开头：“春来谁做韶华主，总领群芳是牡丹”，就是引用了明朝诗人冯琦《牡丹》中的著名诗句，直接引出花会的主角。入题简明，开讲不俗。

5. 巧设悬念

巧设悬念是指设置一个悬念或以一个出人意料的事件作为开头，以起到“镇场”作用。如闻一多《最后一次演讲》这样开头：“这几天，大家晓得，在昆明出现了历史上最卑劣、最无耻的事情！”

6. 道具导入

道具导入是指通过借助实物道具，给听众一个感性的直观印象，提出和阐述自己的见

解。如《拼搏——房屋的旋律》这样开头："今天我给大家带来了一件礼物。(举起一个小铜盒)我珍藏它已五年多了。它不仅使我改变了自己的命运，更使我明白了自己肩上重担不止千斤。你一定想知道它是什么。那就听一个关于我自己的真实故事……"

7. 别具一格

别具一格是指用新颖、别致的语言或表现方法吸引听众的注意力，引发他们的兴趣。例如，黄开林在朋友婚礼上发表的祝婚词《普通的祝福》开头说：

各位来宾：今天的日子很普通，普通的日子里有一对普通人要结为夫妻。正是为了这普通，一个普通的朋友要来道一声普通的祝福。

这个开头紧扣"普通"二字，引出"祝福"这一主题。说普通，其实并不普通。以普通开始，以不普通结束，别有一番风味。

（二）主体

主体是演讲稿的主干，是演讲者对演讲主题的深入分析和精心论证的部分，其质量的好坏直接关系到演讲的成败。演讲者在主体写作过程中，必须注意把握好以下几个方面。

1. 紧扣主题

紧紧围绕演讲主题组织材料，不可偏离中心，更不可洋洋洒洒、不知所云。

2. 层次分明

为了让听众能够准确、全面地把握演讲的内容，演讲者对各部分内容必须统筹安排，做到主次分明、有条不紊，使听众能够顺着演讲者的思路去思考，受到演讲者的感染，接受演讲者的观点。

3. 结构合理

演讲主体的结构设计，大致可分为并列式和递进式两种结构。并列式结构是围绕主题，从不同角度、不同侧面进行论证。递进式结构是围绕主题，采取层层递进的方法，使内容层次环环相扣，层层推向深入。

4. 设置高潮

演讲若要吸引听众的注意，在演讲过程中，就要设置一个或几个高潮，形成强烈的"共振效应"。演讲高潮实际上是演讲者和听众感情最激昂、精神最振奋的地方，是崇高美、哲理美和读音美达到的高度和谐统一。

（三）结尾

结尾是演讲稿的自然收束。好的结尾，如同画龙点睛、锦上添花，"犹如咀嚼干果，品尝香茗，令人回味无穷"。常见的结尾方式主要有以下几点。

1. 总结式

简要总结演讲内容，起到提醒、强调的作用，给听众留下完整的印象。

2. 呼吁式

通过向听众提出希望、发出号召等方式，以达到鼓舞人、激励人的效果，具有较强的鼓动性。

3. 警句式

通过引用格言、警句、诗词、谚语等方式，使内容显得充实丰满，具有哲理性和启发性。

4. 照应式

与开头相呼应，使整篇演讲首尾呼应，结构完整。

五、演讲稿的修改

演讲稿写出来以后，还需要反复修改，使其更臻完美，才能定稿。毛泽东同志在《反对党八股》一文中就深刻地说明了修改文章的重要性：

“我看重要的文章不妨看它十多遍，认真地加以删改然后发表。文章是客观事物的反映，而事物是曲折复杂的，必须反复研究，才能反映恰当；在这里粗心大意，就是不懂得做文章的起码知识。”

那么，怎样修改演讲稿呢？

可以从内容和形式两方面着手进行。

（一）内容方面

内容方面主要是深化主题、增删材料和控制篇幅。

(1) 深化主题：主要是看主题是否贴近现实、深刻、新颖，令人耳目一新，并受到启发。

(2) 增删材料：就是要力求材料的典型、生动、真实，增强说服力。

(3) 控制篇幅：就是要根据演讲时间的限制控制好演讲的长短。无论内容需要充实还是压缩，都可以从举例和论证这两方面着手修改。

（二）形式方面

形式方面主要是调整结构、润色语言、斟酌题目、讲究修辞。

(1) 调整结构：就是指如果主题有了变化的话，结构则必须作相应的调整。另外，还需对结构有缺陷的地方进行修改，使其达到清楚、紧凑、分明。

(2) 润色语言：就是要使语言标准、生动、明白，富于变化和韵律美。

(3) 斟酌题目：就是要使题目真正起到“画龙点睛”的作用。

(4) 讲究修辞：就是要使演讲稿具有较高的文采，既有较强的逻辑性，又有相当的艺术性。主要包括两个方面的内容：一是通过选词练句(句子宜较短，宜正句；词语宜通俗不宜生僻，宜具体不宜抽象；语音宜多用双音节词和叠音词，少用单音节词和同声词)，以达到语言准确、规范、通俗易懂的目的；二是恰当运用比喻、拟人、排比、设问、反问、夸张、引用等修辞方法，以达到语言生动、形象、感人的目的。

文章不厌百回改，只有反复地边写边讲边改，达到手里写的、心里想的和嘴里说的完全一致了，演讲稿才算是正式定稿了。这样上台演讲的时候就会胸有成竹，并取得演讲的成功。

第三节　演讲的表现技巧

一、演讲的控场

演讲不同于日常生活中的说话，它所处的时空环境是比较复杂的，面对的听众也是参差多样的。因此，经过充分准备的演讲，要想取得成功，还必须掌握一定的控场技巧。从大的方面讲，控场可分为主动控场和被动控场两种。

（一）主动控场

主动控场是指演讲者立足自己作为演讲活动的主导者地位，牢牢掌握现场气氛的控制权。要做到"善始"，给听众一个良好的第一印象。演讲开始前，演讲者要以稳健、大方、镇定、自信的姿态出场，礼貌地向听众鞠躬致意，站姿端庄，情绪平稳，以温和的目光扫视观众，然后从容开讲。要切忌扭捏作态，点头哈腰。

要坚持"善终"，保持完美形象。演讲临近结尾时，演讲者要继续保持饱满的情绪，尽量完善自我形象，既不能因演讲成功而扬扬得意，也不能因演讲不如意而草草了事。

要克服"怯场"，努力做到从容镇静。初次登台的演讲者往往会因为心理压力较大而容易怯场。克服怯场心理，要增强自信、自我鼓励，相信自己能够成功，也可以通过深呼吸或慢喝水等办法来舒缓内心压力。

（二）被动控场

被动控场是指根据现场出现的各种异常情况，当机立断采取应对措施，控制现场的气氛和秩序，保障演讲活动顺利进行。

1. 忘词时的控场

忘词是很正常的事情，许多成功的演讲家也难免在台上忘词，关键是忘词后该如何应对。一般来讲，忘了台词在台上是很难想起的，因此一定不要停顿太长时间硬想。首先，要稳住心神，面带微笑面对听众，切不能有抓耳挠腮等小动作。其次，要现场另择词汇和话语把话顺下去，直到记起下面的词来。最后，如果现场找不到合适的语言往下顺，不如干脆跳过去讲下面的内容。

2. 说错话时的控场

一旦意识到自己说错了话，演讲者可采取"当即纠错"的办法，把错话搁置一旁，把正确内容再讲一遍。也可以采取"借错为靶"的办法，把说出的错话当作反面论点进行批驳。例如，"我刚才这样说对吗？当然是不对的！因为……"听众非但不会觉察到失误，反而会更加集中精力思考。

3. 冷场时的控场

面对冷场现象，通常采取的措施是提神醒目，引起兴奋。主要是通过适当提高音量、骤然停顿、设置悬念、穿插故事等办法，活跃现场气氛、调动听众情绪。

4. 出现意外情况时的控场

演讲者对意外情况的出现不要惊慌失措，要根据现场情况随机应变、灵活处理。例

如，有位演讲者上台时不小心被话筒线绊倒，但他并没有窘迫不安，而是非常机智地说："我确实为大家的热情所倾倒，谢谢！"

二、演讲的表达

演讲的表达过程就是演讲内容通过演讲者传达给听众的过程，其载体就是演讲者在演讲时的语音和体态。

（一）语音表达

关于语音、语气、语速方面在技术层面的要求和训练，在本书的相关章节中已经进行了讲解。这里需要强调的是，在具体实践操作和情感色彩运用层面的要求：语言要准确规范，声音要优美响亮，音律要平仄相间，感情要充沛真实，语气要轻重缓急得当。

（二）体态表达

体态表达是语音表达的重要补充，对语音表达起着辅助和加强的作用。美国演讲大师戴尔·卡耐基说："一篇优秀的演说词，如果它的背后没有表情、姿态等附加力支持的话，其效果就会和用蜡烛发光一样软弱无力。"这正说明体态表达对于演讲在传神达意方面所具有的重要作用。一般来讲，演讲中的体态表达主要有四个方面，即眼神、表情、手势和站姿。演讲者要学会用眼睛说话，用面部表情的变化来表达情感思想，恰当运用手势和站姿，要把握好分寸，自然生动、真情流露，而不能矫揉造作、过于夸张或生硬呆板。

第四节　演讲口语训练

一、即兴演讲训练

请根据下面的题目和素材，构思一段即兴发言。

题目：如何面对失败

1. 素材

（1）人生最大的失败；

（2）失败是一种财富；

（3）不倒翁；

（4）必修功课。

2. 提示

（1）思维点要展开，否则三言两语就说完了，显得单薄。

（2）在讲的时候，要注意内容的中心和重点，不要"放野马"。

（3）要会"避"。在大量思维点中，众所周知的、自己知之不深的或有争议的问题，均宜避开，应全力抓住最有把握、最能体现主题或引起共鸣的东西讲。

3. 参考范文

如何面对失败

不愿意面对失败与不愿意承认失败同样不可取，人生最大的失败就是永不言败和永不敢败。

失败是一种财富。每当你开始做一件事的时候，失败可能随时伴随着你。如果你害怕失败，那么你就将一事无成。每一个做父母的都知道，孩子不摔几跤是学不会走和跑的，而当父母看到孩子在摔跤中学会了走和跑的时候，他们的心情是激动的。

听说过这样一个故事：有一个步行的人，因为路不平而摔了跤，他爬起来，可是没走几步，一不小心又摔了一跤，于是他便趴在地上不再起来了。有人问他："你怎么不爬起来继续走呢?"那人说："既然爬起来还会跌倒，我干吗还要起来，不如就这样趴着，就不会再摔了。"这样的人，你一定认为他是一个可笑的人，因为他摔怕了，所以不敢再起来继续往前走，因而他也就永远无法到达他的目的地。你肯定见过一种叫作"不倒翁"的玩具，"不倒翁"的重心在下面，所以无论你怎么推它，捅它，只要一松手，它立刻又会直立起来，因此，它永远都不会趴下。人生正是这样，由于不断地经受磨难，人才能变得更坚强。你从失败中学到的东西，远比你从成功的经验中学到的东西要多得多。

所以说，不愿意面对失败与不愿意承认失败同样不可取，人生最大的失败，就是永不言败和永不敢败。其实，如果你能够把失败当成人生必修的功课之一，那么你就会发现，几乎所有的失败和经历，都会给你带来一丝意想不到的益处。把失败当作你人生成功的基础，这是你最好的选择。

二、开场白训练

学校召开欢迎新生演讲会，主题是"在大学你都应该做些什么"，邀请你做主持人，请你为这个演讲会设计一个开场白。

提示：设计时，尽量避免说教的企图，可以采用委婉曲折，含蓄入题或幽默风趣的方法开场，打开局面，导入议题，形成轻松活泼的会议基调。

三、评论训练

阅读下面这篇文章，然后进行评论。要求：

(1) 态度明确，语气激昂，发音吐字清晰，节奏要快、干脆、犀利。

(2) 要有力控诉法西斯的暴行，但不要悲切，提醒人们不让战争与屠杀的悲剧重演。

请把我埋得浅一些

"二战"时期，在一座纳粹德国的集中营里，关押着很多犹太人。他们遭受着纳粹无情的折磨和杀害，人数在不断减少。

有一个天真、活泼的小女孩和她的母亲一起被关在集中营里。一天，她的母亲和另一些妇女被纳粹士兵带走了，从此，再也没有回到她的身边。但当小女孩问大人她的妈妈哪里去了？大人们流着泪对小女孩说，你的妈妈去寻找你的爸爸了，不久就会回来的。小女孩相信了，她不再哭泣和询问，而是唱起妈妈教给她的许多儿歌。她还不时爬上囚室的小窗，向外张望着，希望看到妈妈回来。

小女孩没有等到妈妈回来，就在一天清晨被纳粹士兵用刺刀驱赶着，将她和数万名犹太人逼上了刑场。刑场上早就挖好了很大的深坑，他们将一起被活活埋葬在这里。

人们一个接一个地被纳粹士兵残酷地推下深坑，当一个纳粹士兵伸手要将小女孩推进深坑中去的时候，她睁大漂亮的眼睛对纳粹士兵说："叔叔，请你把我埋得浅一点好吗？要不，等我妈妈来找我的时候，就找不到了。"纳粹士兵伸出的手僵在了那里，刑场上顿时响起一片抽泣声，接着是一阵愤怒的呼喊……

人们最后谁也没能逃出纳粹的魔掌。但小女孩纯真无邪的话语却撞痛了人们的心，让人们在死亡之前找回了人性的尊严和力量。

四、演讲稿写作训练

根据下列题目做演讲稿写作训练，注意结合前面所讲的演讲稿开头、主体、结尾的写法，成稿前选择最好的模式安排全篇结构。

(1) 当我第一次走上讲台时

(2) 相信自己

(3) 人生的意义

(4) 我们班级的热门话题

(5) 做时间的主人

(6) 让青春无悔

(7) 谈大学生自主创业

(8) 真诚无价

(9) 笑对生活

(10) 培养责任心

训练提示：演讲内容的结构安排是演讲成功的关键。因为演讲是通过连贯而快速的口语来传播情感和信息的，听众没有回头品味的余地，所以，演讲者必须精心构思，使演讲内容结构恰当、层次分明、条理清晰、逻辑性强。在安排演讲的结构时，要从实际出发，考虑演讲内容的内在联系，以此确定先讲什么，后讲什么，要使听众能顺着演讲的思路去思考，自然得出最后结论。在开头、结尾的句子要精心考究，推陈出新，争取一开始就吸引听众，最后也能做到意犹未尽。

五、辩论训练

请按照以下辩题，自由组合，进行论辩。

(1) 正方：大学生应以求知为主要任务

反方：大学生应以学做人为主要任务

(2) 正方：在规范网络发展过程中，法律比道德重要

反方：在规范网络发展过程中，道德比法律重要

(3) 正方：自律在公民道德规范过程中起决定作用

反方：他律在公民道德规范过程中起决定作用

(4) 正方：留学归国是个人问题，不是社会问题

反方：留学归国是社会问题，不是个人问题

(5) 正方：人为自己而活快乐

反方：人为别人而活快乐

(6) 正方：个性强的人更能被群体接受

反方：个性弱的人更能被群体接受

(7) 正方：商业化使人们更亲近

反方：商业化使人们更疏远

(8) 正方：影视使用方言对白，利大于弊

反方：影视使用方言对白，弊大于利

第七章

主持口语

主持是一门综合艺术，有广义和狭义之分。狭义的主持是指传播媒介中的节目主持人；广义的主持是在一定场合中对某项工作或活动的进行过程的掌握或处理。它既包括传播媒介中的主持，也包括现场活动主持、会议主持等。主持人通过对自己有声语言的把控在不同的场合与受众进行交流和沟通，完成信息传播。

第一节　主持口语的分类及特点

一、主持口语的分类

主持口语根据不同的标准，可以有不同的分类。

（一）根据场合分

根据场合分，可以分为新闻口语、通讯口语、评论口语、文艺口语、对话口语等。

(1) 新闻口语：就是向受众传播（报道）最新发生的具有新闻价值的信息时所用的有声语言。

(2) 通讯口语：就是向受众详细地报道典型人物、事件、消息时所用的有声语言。

(3) 评论口语：就是向受众传播（报道）政论性文章时所用的有声语言。

(4) 文艺口语：就是向受众传播文艺作品时所用的有声语言。

(5) 对话口语：就是与受众或嘉宾进行面对面交流时所用的有声语言。

（二）根据传播渠道分

根据传播渠道分，可以分为电视主持口语、广播主持口语、网络主持口语和现场主持口语等。其中，网络主持口语是近些年新兴的在网络媒体主持渠道中使用的语言，也称为网络主播口语。

(1) 电视主持口语：就是在电视传播媒体中主持时所使用的有声语言。例如，电视节目主持人或播音员所用的口语。

(2) 广播主持口语：就是在广播媒体中主持时所使用的有声语言。例如，电台主持人或播音员所用的口语。

(3) 网络主持口语：就是在网络传播媒体中主持时所使用的有声语言。例如，网络主播所用的口语。

(4) 现场主持口语：就是在活动现场主持时所使用的有声语言，不借助任何传播媒介。例如，婚礼、庆功宴、辩论赛、庆典仪式等活动主持人所用的口语。

（三）根据内容分

根据内容分，可以分为会议主持口语、活动主持口语等。

（1）会议主持口语：在主持会议时使用的带有指挥性、引导性的有声语言。

（2）活动主持口语：除会议之外的所有内容的主持用语。

二、主持口语的特点

主持人所承担的工作大都是用有声语言向受众进行传情达意，所以，有声语言表达能力直接影响主持人传情达意的表现力和感染力。一个合格的主持人其语言要符合以下特点。

（一）口语化

相对于书面语而言，口语具有亲切自然，通俗平易、简洁明快、更加生活化的优点。有声语言有稍纵即逝的特点，它不像报纸那样的书面语言，看不懂的内容可以反复看，复杂的句子成分可以反复推敲，细细品味，所以主持人的语言应该是一听就懂，易于接受，符合受众收听收看的特点，很快能拉近与受众的距离。

（二）规范化

主持人的工作语言是普通话，语言的规范性，就是指语音、词汇、语法等应符合普通话的规范。

1. 语音规范

语音标准、吐字清楚是主持人普通话发音的基本要求。如果主持人的语音不规范就会对受众产生误导。

2. 词汇规范

主持人的语言要造词恰当、简明清晰、表达准确，使受众在与主持人交流的过程中准确把握传播内容的实质，提高传播的有效性，避免生造词语、滥用简称、滥用方言和外来词等词汇误用现象。

3. 语法规范

主持人的语言要逻辑清楚，条理分明，充分满足受众听觉的需要，避免语言上的词性的误用、句子成分不搭配、代词指代不明、成分残缺、成分多余、词语搭配不当、句式杂糅、语序不当、歧义、前后矛盾等，造成受众的理解困顿，不利于思想交流。

（三）个性化

主持人独特的语言特征往往是代表自己的一面旗帜，语言的个性化差异不仅表现在先天声音的特征上，还表现在由于语音、语速等各方面的差异而形成的不同语言表述的方式上，有的温柔亲切，有的简洁明快，有的幽默风趣。“言为心声”，每个人的语言都会呈现出不同的特点，表现出不同的个性和认知世界的方式。

（四）交流性

主持人与受众始终处于面对面的局面。因此，主持人的语言具有明显的交流性。受

众是主持人的朋友，主持人是在和朋友交谈，告诉朋友所见所闻，帮助朋友排忧解难。无论是媒体主持还是现场主持，主持人竭力要达到的都应该是双向交流，而不仅仅是“我说你听”的低级传播效果，所以，每一个主持人都应努力调动自己和受众，形成最接近于生活的那种“面对面”交流。

（五）审美性

要吸引受众，主持人的语言一定要富有美感，给人以美的享受。主持人语言的审美性主要体现在声韵美、辞采美上。

1. 声韵美

声韵美是主持口语艺术性、审美性的重要方式，动听悦耳的声音和起伏有致的语流往往能够唤起人们的美感，主持人独特的嗓音也是给受众呈现出美的“第一印象”。

2. 辞采美

辞采美也是主持人语言体现审美性的重要方面。主持人语言讲究口语化，要求亲切自然，通俗平易，但绝非不要体现文学性和逻辑性，而是既要简洁精练，又要俗中见雅，让人听起来亲切自然，声韵和谐。

第二节　主持的要求与准备

一、主持的要求

主持人要对所主持工作的每一环节都了如指掌，能全面控制整个活动或节目的内容及节奏。一个好的主持人，应该具备以下几方面的能力。

（一）组织协调能力

一台节目或一场活动是各部门工种集体努力的结果。好的主持人不仅仅只是主持者，更是节目和活动的设计者和组织者。从确定主题、构思节目、采写稿件到编制节目，各个环节的参与都需要主持人具备较强的组织协调能力。这一过程不仅能增加各部门人员对主持人的认同感，更有利于主持人准确把握节目或活动的内容实质，提高主持质量。

（二）临场应变能力

主持人在主持过程中难免会遇到一些事先无法预知的突发情况，比如，自己或嘉宾忘词、现场发生技术故障、受众情绪失控等。这就要求主持人必须在短时间内做出反应，根据情况组织语言临场发挥，且情绪上还需保持冷静自如。

2015年，在电视娱乐节目《我是歌手》总决赛淘汰环节，孙楠突然放弃晋级机会，主持人汪涵表现沉着，迅速反应，要求导播临时加播广告，腾出时间让导演组可以召开紧急会议，调整比赛顺序。汪涵近五分钟的个人感言获得了业界和观众的高度称赞，这段临场发挥情感真实，交流真挚，表达顺畅，条理清晰，展示了较高的临场应变能力。

（三）现场控制能力

主持人是现场的组织者，控制着现场的秩序、流程、节奏、时间，机智巧妙地引导节目或活动向预设程序进行。

1. 时间的控制

控制时间是主持人的一项基本功。访谈类节目或大型会议的参与者自由度大，话题多，致使现场时间具有随意性和不确定性。一旦时间控制不好，节目和活动就会偏离预订计划，尤其对直播节目来说后果不堪想象。这就需要主持人随时掌握工作的流程，灵活反应，适当进行提示或安排好话题（或节目）的转换过渡，以确保节目和活动在规定时间内完成。

2. 内容的控制

主持人有话题选择权和控制权。对紧扣主题的话题，主持人要及时鼓励肯定，还可以通过加时引申来深化主题；对游离主题的话题，主持人要巧妙地回避并适当引导；对模棱两可的话题，主持人要坚定立场，亮出正确观点；对复杂而又一时难以说清的话题，主持人应只做简要介绍，不宜渲染。

3. 气氛的控制

主持人控制现场气氛一般遵循这样的原则：遇热场做冷处理，遇冷场做热处理。例如，在访谈节目中，如果嘉宾不善言谈或由于紧张而羞于表达使现场气氛略显沉闷，主持人应当立刻选取较为轻松的话题，并使用幽默和活泼的语言风格来缓解紧张的氛围，使嘉宾逐渐融入谈话的内容中；如果嘉宾对于一个问题口若悬河、兴致高涨、说个不停，主持人应当采用巧妙的方式适当打断，如针对嘉宾的谈话进行发问以引入另一话题，或找空隙插入并接上嘉宾的话，简短总结其意思再引领嘉宾进入下一内容。

4. 受众的控制

现场受众会对主持人的言行产生即时反应，表现为各种外部形态。主持人要对受众的细微动作、表情做到明察秋毫，判断准确，及时调整部署，积极应对。主持人对受众的良好“控制”不仅仅是机敏智慧的表现，更是一种真情的流露。

杨澜主持《正大综艺》节目的时候，一次有个中学生做嘉宾，他是抽签上来的，他前面都是作家、舞蹈家，轮到介绍他了，他什么都不是，就特别不好意思地说：我什么都不是，我就是一个中学生。杨澜马上就说：“中学生才好呢，中学生将来做什么都有可能！”当时，现场观众对杨澜报以热烈的掌声。杨澜的一句话既快速又得体，使中学生放下了包袱，清除了自卑心理。

（四）心理承受能力

主持人还要有稳定的心理素质和良好的心理承受能力，淡定从容地应对各种外界刺激和压力，时刻保持自信乐观的精神状态，使“心理状态—情绪变化—主持表现—外界影响”形成一种良性的循环反应。

二、主持的准备

如同“播音”创作的准备工作一样，“主持”的准备也有广义和狭义两个意思。对主持人而言，广义的准备也是一个长期学习和积累的过程，是培养自身良好素养的唯一途径。

换句话说，一个优秀的主持人，需要对知识有广泛的涉猎、汲取和储备，具有良好的艺术文化修养，较高的政治觉悟和理论水平，以及扎实的专业技能等，这就是广义的准备。而狭义的准备主要是指主持人针对某一节目或活动所进行的具体的准备工作，此处所谈的“准备”即为后者。

（一）分析语境，确定风格

主持人需要主动去了解节目或活动的目的、掌握流程、了解场地和参与人员等，通过对现场场景的勾画，分析恰当的语境，从而确定主持风格。

（二）围绕主题精选材料

主持人应该围绕节目或活动的主题收集相关的信息资料，精心挑选出能服务于主持现场的素材备用。同时，这也是主持人进行相关知识储备的过程，储备越丰富，对现场的发挥和把控越自如。

（三）把握三个环节，撰写主持词

主持词的撰写是在前两个阶段的基础上来完成的，定稿后可能还会经历演练、彩排等过程后的反复修改。但无论怎样修改，主持词必然包含以下几个重要的环节。

1. 开场

开场关键要引人入胜，一开始就要像一块巨大的磁石，牢牢地吸引住受众。一般可有以下几种方式。

(1) 开门见山式。主持人在向受众进行必要的问候和介绍之后直接进入第一个内容。一般会议主持的开场多采用这种方式，直奔主题。如“尊敬的来宾，亲爱的朋友们：大家上午好！今天我们在这里隆重集会，召开庆祝我国第56个教师节大会。”会议主持的开场语还可以围绕会议背景、任务和目的展开简要的介绍。这样的开场语简单明了，在电视节目主持中也屡见不鲜。例如，张泉灵在某次主持《开讲啦》时是这样开始的：“欢迎来到中国电视青年公开课《开讲啦》，我是今天的主持人张泉灵，我们今天会请到的主讲嘉宾是电影导演冯小刚。”几句话简单明了，干脆直接。

(2) 情绪渲染式。主持人抒发情感、感慨万千，用自己的情感“点燃”受众的情感，并确定节目基调。董卿在某期《中国诗词大会》的开场语由诗句引发情感：“天生我材必有用，千金散尽还复来。一千两百多年前的诗句，今天读来，依然让人血脉贲张。诗人如椽巨笔下喷涌而出的跌宕起伏的情感，让我们感受到震动古今的气势和力量。这就是中国古诗词的魅力。从今天开始，我们将和大家一起展开一场诗词之旅，去重温那些历久弥新的经典诗句。我想这样的温故知新，可以拂去我们记忆上的灰尘，而古代文人的情怀和智慧，也同样能点亮我们今天的生活。人生自有诗意，来吧，一起加入我们的诗词狂欢！”这种主持人用自己的情感感染受众的开场语，可以为节目营造出一种和谐、亲切的现场气氛。

(3) 引人思考式。主持人从谈论一个道理或陈述一个事实开始，引导受众参与思考或陷入沉思。撒贝宁在主持某次《今日说法》时这样开始：“2000年11月4日的晚上，在杭州发生了一起案件，这个案件轰动了整个杭州城，不仅仅是因为案件发生的时间恰好是杭州举办首届西湖博览会期间，更是因为这起案件的侦破，前后历时10年之久，在这10

年当中为了征集破案线索，警方的悬赏金额从最初的5万元提高到了最后的10万元，而受害者家属的悬赏金额从一开始的5万元到了最后的50万元，这究竟是一起怎样的案子?”很明显，撒贝宁的这个开场语瞬间吸引了观众的注意力，并不知不觉地进入了节目(或活动)状态。

(4) 由此及彼式。主持人一上场并不直接点明主题，而是借用相关事物来引出内容主旨。与之前《开讲啦》的主持人张泉灵不同，撒贝宁在某期主持《开讲啦》时就是采用“迂回”的方式引出开讲嘉宾王力宏：“大家好！欢迎收看中国电视荧屏上首个青年电视公开课《开讲啦》。你知道吗？中国的孩子，从小最烦一个人，这个人的名字叫人家，小时候爸妈就说‘你看人家!’好不容易长大了，上了大学，结果女朋友说‘你看人家!’我们今天请来的开讲嘉宾从小到大就一直扮演着“人家”的角色，这是一个怎么样的‘人家’呢？请看大屏幕。”这样的开场语能起到引人入胜、调动受众情绪的作用。

(5) 幽默风趣式。主持人通过说些饶有兴味的话语，使受众心理产生一种乐趣，然后进入主题。例如，何炅在2014年第十届中国金鹰电视艺术节颁奖晚会的开场中是这样说的：“今天又看到了非常多的熟悉的面孔，其实我心里是很激动，但是我不知道大家是不是看我有些看烦了，因为金鹰节已经十届了，而我呢，是安安分分地在这个舞台上主持了十届金鹰节，此处应该有掌声。(掌声雷动)但是我这么安分呢，我是有榜样的，我是跟前辈学的，比如说我们的刘劲老师，专注演总理十几年如一日，这是一种什么样的精神？(掌声雷动)值得我们学习！还有我们的张嘉译老师，专注演魅力型男大叔，多少女性心目当中的偶像，我要跟张老师悄悄地说一句话：如果您特别忙的话，我是说特别特别忙的话，您告诉我一声，我觉得大叔这条路，我也准备好了……”之后闫妮、刘涛、黄磊、朱丹、乔振宇、李易峰、陈伟霆、张翰、赵宝刚、高希希、唐季礼等都一一被他“调侃”了一遍，整个现场气氛火热，观众情绪瞬时高涨。

2. 衔接

主持人一个重要任务就是要串联起活动或节目，不断地做好铺垫，推进整个活动，不使受众产生突兀的感觉，使节目浑然一体，还必须在衔接语上下功夫。一般可有以下几种方式。

(1) 承上启下式。主持人用几句话概括小结或评点上一内容，然后自然介绍或引出下一内容。这种方式能使受众直接感觉到上下两个内容的内在联系。《生活24小时》有一期节目，前面说的是安全使用煤气，后面说的是自我保健操，可以说两个内容根本不相干，但由于主持人说了下面一段串联词，就使两者自然连接起来，而且可以帮助受众更好地去欣赏下一项内容：“刚才我们谈的是安全问题，安全问题包括环境安全，也有身体安全。身体的安全就是我们要说的健康问题。下面介绍一种自我保健的方法，对观众的身体健康是有益的，您不妨试试看。”这段主持无疑起到了烘托渲染气氛和抛砖引玉的作用。

(2)“我”问“你”答式。由主持人提出问题，通常问题是与下一内容有关，然后由另一主持人或嘉宾加以回答。通过对话完成了内容的自然过渡。例如，董卿和李咏两位主持人在2016年中央电视台春节联欢晚会中为引出歌曲《草原上升起不落的太阳》而做的问答式衔接。

董卿：李咏，打听一下：你喜欢听歌吗？

李咏：喜欢。

董卿：民族唱法的歌喜欢吗？

李咏：喜欢。

董卿：美声唱法的歌喜欢吗？

李咏：喜欢。

董卿：原生态唱法的歌喜欢吗？

李咏：喜欢。

董卿：把三种唱法组合在一起演唱的歌你喜欢吗？

李咏：喜欢……没听过。

董卿：下面演唱的歌曲就是这样一个别具特色的组合，第一次在春节晚会联手。由著名歌唱家吴雁泽、戴玉强和从《星光大道》走向春晚舞台的农民歌手阿宝演唱：《草原上升起不落的太阳》!

这段董卿和李咏之间的递进式问答幽默自如，顺利完成了节目的过渡。

(3) 设置悬念式。主持人向受众抛出几个问题，引起受众的期盼心理，以此来衔接上下内容。这种方式能引起受众对下一个内容的兴趣，给受众产生一种神秘感、求知欲，引人入胜。

例如，《共度好时光》节目中的一段衔接语："一生中的好时光，总离不开一个'情'字，亲情、友情、爱情、师生情、战友情等。有欢乐，有温馨，有开怀的欢聚，也有默默的感动，好时光离不开一个难忘的人，一个难忘的故事……今天，又一位朋友要来到我们现场，讲述一段他难以忘怀的故事。"这段话没有问句，却制造了悬念并引起受众对下一个节目的兴趣。这位朋友是谁？要讲什么故事？为何难以忘怀？主持人卖了个关子，受众便自然而然地形成了几个问题，急切地等待节目的进展。

3. 结束

在活动或节目结束时，主持人所说的与开场语相对应的话就是结束语。结束语也切忌粗疏草率，要巧于结尾，或掀起高潮，给人以鼓舞和欢笑；或波澜不惊，给人留下回味和思考。常见的几种结束语如下。

(1) 开门见山式。开场语可以用简单明了的几句话直接入题，结束语同样也可以。表达包含三个方面的意思：一是向受众表示感谢；二是向受众宣布结束；三是向受众表示祝愿。比如，《超级访问》节目，几乎每一期都是这样结束："感谢您收看本期的《超级访问》，本期《超级访问》成功！我们下次《超级访问》再见！"

(2) 依依惜别式。依依惜别式就是主持人在结束时说的一些情深意切的离别话语。这种结束语可以在情感上引起受众的共鸣。例如，随着一段背景音乐的响起，广播电台主持人说："我们都熟悉的这首音乐又响起来了，今天的节目也该和您说再见了，每当这个时候我都有一种难舍的情结，感谢您的支持和陪伴，谢谢您的参与，我们下期节目再会！"虽然只是几句简单朴素的话，但听众感受到的却是情真意切的情谊。

(3) 引人深思式。引人深思式就是主持人提出一些让人深思的与内容有关的问题，从而引起观众的思考。中央电视台节目主持人敬一丹在《教师流失》这期节目中就恰到好处地运用了这种方式：

“我想起小的时候，第一次听到‘流失’这一词是在一部科教片里，记得那部科教片是记录泥石流的，伴随着泥石流爆发的可怕的画面，我第一次听到了‘流失’这一词，从此，一听到这个词，似乎就有一种不祥之兆。那么眼前的教师流失对教育来说恐怕也不是一个好兆头，土壤流失了，秧苗怎么办？教师流失了，教育怎么办？今天教育搞不好，明天我们的经济又将怎么样呢？冰心老人曾经痛心疾首地说，我们不能坐视堂堂中华民族在二十一世纪变成文化的沙漠。我想，有的沙漠恐怕也是由绿洲一点一点变成沙漠，绿洲一点一点流失，于是就成了沙漠，从这个意义上说，眼前的教师流失是不是一个值得我们关注的信号呢？”敬一丹这“一环扣一环”的问题起到了深化主题的作用，也激发了受众对节目的更大兴趣。

(4) 总结归纳式。总结归纳式就是由主持人对节目或活动进行总结归纳，让受众对刚才的内容产生一种终结感。比如，在会议结束时，主持人通常可以这样来结尾：“我们这次会议开得很成功，概括起来有几个特点：一、二、三……”或者“我们这次会议达成了几个方面的共识：一、二、三……初步解决了几个方面的问题：一、二、三……现在，对解决这几个方面的问题，大家都拿出来具体的对策措施，下一步关键是抓好落实。”通过主持人的简要回顾和概括，加深了与会者对会议内容的印象。

（四）临场心理准备

主持人除了做好以上必要的案头工作以外，还要做好相应的心理准备，正视现场可能出现的任何“意外”。对于现场的“意外”，灵活机智的应变语是在沉着冷静、淡定从容的心态下发挥出来的，心理准备不充分，现场应变便无从谈起。

第三节　主持的表现技巧

一、语言运用技巧

主持人要运用好有声语言就要在语音、词汇、语法规范化的前提下掌握一定的技巧。不同类型的主持，对语音技巧的选择与运用也不同。

（一）准确运用词汇

1. 口语和书面语的不同

主持口语的突出特点就是口语化。口语和书面语的不同，在词汇上表现最为明显。例如：

害怕（口）—惊恐（书）

好像（口）—仿佛（书）

马上（口）—即将（书）

生日（口）—诞辰（书）

到达（口）—抵达（书）

吓唬（口）—恐吓（书）

天边（口）—天际（书）

抬头（口）—昂首（书）

还是(口)—依然(书)

徘徊(口)—踟蹰(书)

这几天(口)—连日来(书)

一点儿(口)—丝毫(书)

信(口)—函(书)

语言来源于生活,汉语中大量书面语词都有相应的口语词形式。为了突出亲切感,主持人应尽量选择口语化的词语,但在庄重严肃的场合不适合用纯口语词。另外,还应注意在进行口语化表达时要避免使用不规范、不纯洁的词语。

2. 少用同音词

同音词就是读音相同但意义不同的词语。由于主持口语信息的接收主要靠听觉来完成,因此,主持人应尽量少用或不用同音词,以免产生歧义。例如:

期中考试—期终考试

致癌物质—治癌物质

一切向钱看——切向前看

切忌靠右行驶—切记靠右行驶

可以想象,主持时使用类似以上的同音词势必会给受众带来理解上的困扰,以致影响内容的表达。

3. 少用简称

双音节词语比单音节词语更容易让受众听明白、想清楚,并且听起来显得更亲切自然。例如:

虽—虽然　但—但是　因—因为　即—就是

应—应该　为—为了　若(如)—如果

显然,把“今天我虽有空,但不愿出门”换成“今天我虽然有时间,但是并不愿意出门”之后,听起来更顺耳些。

4. 多用开口音的词

因为语音的响亮度主要取决于音节中元音的开口度大小,所以从听感上,开口音的字词要比闭口音的字词更响亮、更清晰。例如:

立即—马上

比如—好像

旭日—朝阳

美滋滋—喜洋洋

主持口语“稍纵即逝”的传播特征要求主持人应尽量选用响亮悦耳的开口音词汇。

5. 去繁求简

莎士比亚说过:“简洁的语言是智慧的美,冗长的语言是藻饰。”主持人应力求用最少的语言表现尽可能丰富的内涵。口若悬河、堆砌辞藻的主持人只会与受众的距离越来越远,唯有质朴天然、简洁大方的语言表达才能赢得受众的认可。

6. 选择合适的词语

主持口语一定是在某种语境之下产生的，面对不同性别、不同年龄、不同职业、不同兴趣的受众，主持人应选择不同的词汇。也就是说，主持人所选用的词汇要与所处的语境和对象相吻合。

（二）正确运用句式

1. 少用关联词

像“虽然……但是……”“不仅……而且……”“因为……所以……”这样的关联词，可以使句子逻辑一目了然，但把它们用在口语中便显得有些生硬，不利于主持人与受众感情的交流。其实，主持人完全可以用重音、停连、语气、节奏等外部技巧来表达句子间的逻辑关系，另外还可以像日常口语一样，多用语气词、感叹词、象声词来营造亲切活泼的语言感受。

2. 句式简短，结构精练

长句子使用在书面语中，读者可以边看边思考，但是在口语传播过程中，主持人如果使用长句子，就会把句子结构变得比较复杂，说话的难度就会加大，同时，也加大了受众对内容的理解难度，从而给传播效果带来不良影响。而短句子的句子结构一般比较简单，语意也清楚，主持时使用这样的语言更利于传播，同时也会给受众的接收提供方便。例如：

今天，我要和大家介绍的是一位年纪轻轻，相貌平平，却干出了一番大事业的张三。

今天，我要和大家介绍的是干出了一番大事业的张三，尽管他年纪轻轻，相貌平平。

这两个句子表达的意思一样，不同在于后者将“张三”的修饰定语部分改成了分句形式，句子简短、结构精练，说起来、听上去都舒服，是主持人适合的口语句式。

（三）合理运用修辞

要想把有声语言表达得绘声绘色、有景有情、生动有趣、活泼动听，主持人还须运用并掌握各种各样的修辞手段。

1. 比喻

比喻是我们在日常生活中说话时最常用的一种修辞，它可以直观形象地向受众展示事物的内在特征，从而更清楚、更深刻地认识和感受事物。例如，“幸福其实就是像水一样的东西，就在我们身边流过。幸福就像冬天里温馨的阳光，就像一杯好茶，亲人的笑脸，夜半时分下班回家，万家灯火中那盏为你点亮的灯。”白岩松这段话运用了比喻的修辞手法，把幸福寄意于人们日常生活中的事物，使观众更易于感受幸福。

2. 借代

借代就是说话或写文章时不直接说出所要表达的人或事物，而是借用与它密切相关的人或事物来代替。这是张绍刚在主持《非你莫属》时常用的修辞手法。例如，在某期节目中，某女应聘者干脆地拒绝了应聘谢欣公司的旅游体验师。

谢欣（很不甘）：“这么好的职业你都没多问我几句就拒绝了。”

女应聘者：“我认为天下没有免费的午餐。”

张绍刚：“我告诉你谢欣，这是我听到的最好的回答，不要老拿馅饼在面前给我们摆

着，馅饼底下就是陷阱……"

在这个对话中，张绍刚用借代来描述谢欣提供的岗位虽表面光鲜，薪金丰厚，但岗位和薪金背后需要求职者付出很大的努力。这样既可以给老板找回面子，还能化解老板和选手之间的不愉快，使节目进行下去。

3. 双关

在一定的语言环境中，利用词的多义或同音的条件，有意使语句具有双重意义，言在此而意在彼，这种修辞手法叫作双关。双关是语言智慧的火花，是人们的灵感突发。

例如，在主持婚礼时，贴在堂上的"囍"字突然飘下来，刚好落在新人的头顶上。这是一个谁都不愿看到的意外，恐怕会引起现场新人、喜主及宾客们的不快甚至反感。但是这个时候，聪明的主持人如果恰当运用双关语："各位亲朋好友，你们看，这真是喜从天降，喜上眉梢，双喜临'人'啊！"相信一定会重新点燃现场的喜悦气氛。

4. 排比

排比就是把结构相同或相似、意思密切相关、语气一致的词语或句子成串地排列的一种修辞方法。杨澜在采访时经常运用排比句来增强语言的感染力和表现力。例如，她在采访严歌苓时有一段解说词是这样的："严歌苓的小说大多是以女性为主角，但是读她的小说你会有种感慨，这些女人实在是太不一样了：从青藏高原的女兵到裹着小脚的华工；从漂泊异乡的新移民，到满口土话的河南村妇；在她的笔下无不栩栩如生。我想这样的跨度与她丰富的人生经历是密不可分的：她当兵十几年，走遍祖国大山大水；她30岁学英语去美国当穷学生；她跟随外交官的丈夫全世界的辗转；她为了写作四处采风，她的脚步走得越远，她的文字就越广阔。"排比句中有规律地停顿，增强了节奏感，表现出有声语言的韵律美。

5. 设问

设问就是为了强调某部分内容，故意先提出问题，明知故问，自问自答。例如，杨澜在录制《杨澜访谈录》之《广州，从千年商都到国际枢纽》时这样开场："我现在所在的位置是刚刚落成的广州市地方志新馆，站在这里呢就仿佛站在过去、现在和未来的一个交汇点上。我在想究竟是什么让广州这座具有2230年历史的商都不断地焕发出活力，正在加快进行的三大国际战略枢纽的建设又为这座城市描绘了怎样的未来呢？就让我们从这里出发，去感受古代广州海纳百川的胸怀，去触摸当代广州敢为人先的勇气，也去共同描绘未来广州创新发展的蓝图。"杨澜的自问自答，层次分明，结构紧凑，成功地吸引了观众的注意力。

6. 反问

反问是用疑问的形式表达确定的意思，以加重语气的一种修辞手法。反问只问不答，人们可以从反问句中领会别人想要表达的意思。例如，在某期《东方之子》播出的白岩松与深圳文稿拍卖活动的策划者王星先生的访谈中有段对话：当王星夸夸其谈这次活动的重大意义和发展前景时，白岩松横插了一句："许多非常好的作家在这次活动中并没有体现出他们应有的价值，你们还给不给中国文学一点面子？"这里，主持人运用反问毫不客气地给对方泼了一瓢冷水，而且，坦率地指出王星文稿拍卖活动的严重缺陷。白岩松的适时反问使得整个谈话节目在峰回路转中吊住了观众的胃口，使得谈话的内容向着更加深化的方向发展。

7. 夸张

夸张是为了达到某种表达效果的需要，对事物的形象、特征、作用、程度等方面着意夸大或缩小的修辞方式。例如，孟非在《非诚勿扰》的一期节目中讲到自己曾经经历过一次十分"别致"的婚礼。由于新人没有考虑来宾的心情和胃口，将餐前的互动环节设计的啰唆冗长，导致婚礼时间过长。"等新郎开始宣布吃饭的时候桌上的盘子都被大家吃掉了。"孟非这样把来宾的饥饿程度夸大了说，意指婚礼拖沓，同时也博得了现场观众的开怀大笑。

汉语的修辞手法还有很多，合理运用恰当的修辞，可以使语言更加形象生动，表意丰富，更容易引起受众的共鸣，达到媒体传播的目的。但也要看到，由于主持的内容多种多样，个人的语言风格各有不同，在主持时运用修辞切不可刻意盲目模仿，脱离实际，给人以生硬呆板的感觉。

另外，主持人表现在有声语言外部形式的技巧还包括语调和节奏。抑扬顿挫的语调使语言更加丰富生动，更容易感染受众；适当的节奏使口语富于韵律的美感，有助于表情达意。

二、场景应对技巧

（一）进入话题

1. 直接式

直接式就是直接进入话题，适用于话题简单且活动（或节目）时间有限的情况。例如，"听众朋友，今天生活服务窗栏目的第一个话题是跟朋友们谈一谈如何挑选自然熟的草莓。"这种方式开门见山，直奔主题，较为简洁；但缺乏铺垫和过渡，显得单调生硬。

2. 承上式

承上式就是承接上一个话题后直接进入，一般用于两个话题之间。例如，"观众朋友，刚才华晨给您谈了如何让小孩子集中注意力，接下来呢，我再和您说说老年人如何预防心脑血管疾病这个话题。"这种进入话题的方式优缺点与"直接式"类似，不适合在一次活动或节目中频繁使用。

3. 渐进式

渐进式就是向受众提前做好话题的铺垫，适用于话题内容多且复杂的场合。例如，北京经济台《都市生活》节目主持人在介绍《中国人要变一变草"观"》时是这样进入的："听众朋友，在我们很多中国人的观念中啊，草往往是不被重视的，比如朋友们都比较熟悉的《小草》歌里就这样唱道：没有花香，没有树高，我是一棵无人知道的小草。还有一首歌里也这样唱道：有妈的孩子像块宝，没妈的孩子像根草。我们的成语里还有一个成语叫'斩草除根'，听众朋友，不管是轻视也好，鄙视也好，或者是仇视也好。总之呢，在我们大多数中国人的眼中，草起码是容易被忽视的。那么在今天，这种忽视草、不重视草以至不愿意种草的观念也要变一变了。下面呢，我们就来谈一谈这个话题。"这种渐渐把内容引入话

题的方式使话题的进入自然、轻巧又富于情趣，容易引起受众的收听兴趣，而且容易拉近主持人与受众的距离，使人感到亲切、热诚。

4. 举例式

举例式就是从主持人自己或者身边人的实例以及受众较为熟悉的事情说起，从而展开话题。使用这种方式可以快速吸引受众的注意力，但同时要注意四点：一是主持人的举例必须是确有其事的实例，不能去编造哄骗受众。二是实例要典型，并且能够紧扣话题，说明问题。三是尽量避免用“据说、听说”之类的用语，以免给受众道听途说的不真实感觉。四是在话题的结尾最好能再回到这个实例上来，或者由此例引申，使话题首尾呼应，整体结构完整且严谨，效果更好。

5. 推荐式

推荐式就是把最能吸引人的内容先推荐给受众，使受众产生一种期待感。适用于介绍一些产品、厂家或人物。例如：

“听众朋友，在现代生活中，眼镜已经成为许多人不可缺少的伴侣，但是戴眼镜的朋友如果对镜片保护不当，眼镜也容易慢慢受到损害。那么，在今天的《生活服务窗》栏目里，我给您谈谈雷鹏牌明镜液对眼镜的清洁防护作用。”

“听众朋友，在今天的《生活服务窗》栏目里，我给大家介绍一种眼镜清洁防护液——雷鹏牌明镜液。”

相比之下，前者推荐式的进入话题观众易于接受，而后者显然有广告宣传之嫌，易引起受众的抵触情绪。

6. 交谈式

交谈式就是两位主持人以交谈的形式展开话题，适用于原文稿开头不吸引人，或者不适宜由一人展开的内容。

例如，某台播出话题：谈谈书籍封面的装帧艺术。

原稿：“歌德曾说，读一本好书就是和高尚的人谈话，当然，这是指书籍的内容而言，但是在实际上，无论读书或在书店里，都不得不先和书籍的封面谈话。您将首先向书籍封面发问，这是一本什么书？于是，封面便可以把书名、作者、出版单位告诉您，这也就是书籍封面艺术的实用属性和使用功能。”

交谈式的进入话题如下。

主持人甲：“哎，刘佳，你们女同胞在逛商店的时候首先吸引你们注意力的是什么商品？或者说是商品的什么部分？”

主持人乙：“那当然是商品的包装了，精美独特包装的商品最容易吸引人了，其实不只是逛商店，比如在商店浏览的时候，那些封面漂亮、设计巧妙的书往往也最容易吸引人。”

主持人甲：“对，你说的这种封面设计巧妙，漂亮的书，之所以容易吸引人，是因为书籍封面装帧艺术的艺术美作用。”

经过两个主持人改动之后的“你来我往”的交谈式，内容上通俗易懂，形式上轻松活泼，更利于受众的认同和接受。

7. 过渡式

过渡式是为了填充衔接上的“空档”而使用的语言，这种方式在广播电台或现场发生某种技术故障的时候经常用到。无论是在电台直播时主持人的衔接不畅，还是现场活动时应变不及时，都可以用“过渡式”来“救急”。例如：

“听众朋友，现在是北京时间12:40，欢迎您继续收听方童为您主持的《午后阳光》节目，接下来……”

“听众朋友，从刚才陈佳为您介绍的未来两天的天气情况来看，最近两天呢，气温偏低，请这两天出门的朋友多加件衣服，以免着凉。好，下面我给朋友们谈一下……”

主持人可以利用类似这样的过渡性话语迅速理清思路，稳定情绪，然后从容进入下一个话题。

8. 回顾式

回顾式就是用回顾受众比较熟悉的和较为亲切的人与事的方式展开话题。这种方式容易产生亲近感，缩短主持人和受众的距离，使受众产生收听的欲望。

对于周期性的固定节目，采用回顾式进入话题，在本次话题开始前联系上次播出的内容，可以使话题内容产生连续性，便于受众完整地理解和接受话题的内容。

9. 摘要式

摘要式就是把话题的主要内容概括出来先说。这种方式一方面是让需要的受众做好认真收听的准备；另一方面也让不需要的听众松弛一下神经，这是对受众的尊重，尊重他的选择，避免因话题内容不对口味而产生失望心理。

10. 接力式

当两位主持人共同主持时，话题由前一话题的主持人在其话题的结尾说出，下面话题的主持人就像接力赛跑一样，接过话题，顺势展开。在两个衔接比较紧的话题之间，或者同一话题的两个需要有所区分的内容之间，用这种接力式开头来衔接，可以使内容既连贯又独立，形式也较为活泼自然。

（三）结束话题

1. 回题式

回题式就是在话题结束时再简要概述下话题的内容。例如，“听众朋友，以上我给朋友们介绍的是英语学习的一些趣闻。希望它对学习英语的朋友们能有所帮助。”这种方式简洁明了，常用于话题内容较为短小、不需点评且前后内容衔接紧凑的情况。

2. 重复式

有时为受众的收听需要着想，话题中的某些内容主持人在话题的结尾应给予一定的重复，以便听众记忆和加深理解，尽管这些内容有时并不是话题的中心重点。只要主持人心里时刻想着受众，就能够发现那些需要并且值得在结尾重复的话题，重复式话题结束方式是维系主持人与受众之间的感情和信赖的有效方法，是实践中较为常用的话题结束方式。

3. 强调式

对需要引起受众特别注意或需要加深印象的内容，主持人可以选用强调式话题结束方式加以突出。主持人可以通过选用突出、强调的词语，加重语气色彩等手段达到提醒受众特别注意和充分重视的目的。

4. 归纳式

有些话题材料由于条目众多，内容繁杂，缺乏概括性的总结，受众难以得出清晰明确的印象。对于这样的材料，主持人就可以设计一个归纳式结尾，帮助受众得出明确的结论。因为受众在接收有声语言的过程中不具备反复收听收看和停下来思考的可能，所以主持人在需要的时候给予必要的归纳和总结，帮助受众做出判断和结论，使受众在轻松、毫不费力的情况下，接受和理解主持人话题的内涵。

5. 点评式

点评式就是主持人因话题内容有感而发，阐述自己对话题内容的一番见解或感想，以议论的方式结束话题。点评式结尾可以深化话题的意义，"言"受众想"言"而未能"言"。

在进行点评式结尾设计时要注意以下几点：第一，点评要有意义，主持人要善于以小见大，以点代面，从个别的现象中发现具有普遍意义的观点，而不能就事论事或者是空发议论。第二，要有感而发，既不无病呻吟，也不牵强附会，既不故弄玄虚，也不有意拔高。第三，要讲究分寸，主持人的议论、点评要以党和政府的政策为依据，对人、对事都不能感情用事的妄加评论，或者是轻易地论断是非曲直。第四，要留有余地，不绝对化，不说过头话，不以偏概全，不强加于人。第五，要力求点评有真知灼见，确实能给人以启发、警醒，"语不惊人死不休"。

6. 联想式

有些话题的内容需要由主持人在结尾作举一反三的联想和引申，从而使话题更具普遍意义。主持人要善于使用联想式结尾，把话题内容的意义引向深处。当然，适时适当适度的联想的产生也是主持人综合素质和修养的体现。

7. 建议式

在有些话题的结尾主持人可以通过向受众建议做某某事情，尝试某种方法或者提醒注意的方式结束话题。这种话题结束方式既委婉得体又显得亲切热情，受众乐于接受，是主持人行之有效的一种话题结束方式。

8. 呼应式

呼应式是一种首尾关照的话题结束方式，主持人以某人某事进入话题，而在话题的结尾，又回到此人此事上来，并由此做一定的生发引申，深化话题的意义，使受众加深理解，得出完整深刻的印象。

9. 感叹式

在话题的结尾主持人适时地抓住受传双方共同的感情凝聚点，或感慨或赞叹或抒情，让受众在主持人的感叹抒情之中受到感动，受到激励，从而产生行动的力量。主持人从一个大家熟悉的动人的事例发出感慨，以情感人，以自己的感情去影响和激发受众的思想感情。

10. 综合式

有时某种话题用单一方式结尾往往不能够满足表达的需要，这时可以采用几种话题结束方式综合并用的技巧结束话题。例如，“听众朋友，以上我给您谈的是医术高超、医德高尚的军医高力宽大夫的事迹。(回题式结尾)您可能会和我一样产生这样的感慨：要是我们的白衣天使们都能像高大夫那样，医术高超、全心全意为患者服务该有多好啊！(感叹式结尾)也许有些朋友患有腰腿疼、颈椎病、腰椎病，您不妨去找高大夫用按摩治疗试一试。(建议式结尾)高大夫治病的门诊部在魏公村解放军艺术学院内，坐 320、332 路汽车到魏公村站下车就可以找到，您记住了，魏公村解放军艺术学院，坐 320、332 路汽车到魏公村站下车。(重复式结尾)”像这种综合式话题结束方式便于精练、简约的表达多层含义的内容，生动、活泼，受众容易接受。

（三）转换话题

为了控制话题内容、气氛和节奏，在话题结束或枯竭、交流出现冷场、有人失言或出现意外时，主持人常常会主动转换话题。转换要领在于巧妙、自然、适时地将对方注意力从原来的话题引入新的话题上。转换话题主要有以下几种形式。

1. 故意岔开式

故意岔开式就是不直接回答对方的问题，而是回答与之有一定联系的其他问题。例如，一位著名主持人应邀去某地做晚会主持，有人问他自认为长得怎样。他说：“我的脸很中国，你认为中国怎样?”他的回答既避开了他不愿公开回答的问题，又表达了他对中国的深厚情谊。

2. 补充跳转式

补充跳转式就是在原话题的基础上，为对方进行补充。表面上补充对方所言，实际上是转换话题。

3. 启发引导式

启发引导式就是在对方表达陷入困境时，不失时机地提出一些问题，通过这些问题开启对方的思维，把话题逐渐引开。

4. 借用外因式

借用外因式就是借助邻近或相关的事物或非语言因素，巧妙地转换话题。眼前的景色、物品、陈设，听到的声响等都可以用作转换话题的外在要素。比如，“我注意到您今天戴了一支非常别致的胸针，它对您来说有什么特别的意义吗?”注意这种方式不能使用过于频繁。

5. 直截了当式

直截了当式就是用明白的语言直接刹住对方的谈话，以一个新话题取代旧话题。但是使用时要特别注意礼貌原则，用词尽量亲切委婉。

6. 投其所好式

投其所好式就是用对方感兴趣的、熟悉的话题替换旧话题的方式。例如，交谈对象是

一名企业家，主持人如果在企业家“滔滔不绝”的话题中适时提问：“在去年的金融风暴中，原材料成本不断上涨，很多企业都破产或转产了，而你的企业是怎么渡过难关的?”相信会立刻吸引这名企业家的注意，转而讨论这个新话题。

（四）即兴点评

在新闻评论节目和竞技类活动中，主持人的即兴点评是必不可少的环节。点评要在“立场正确”的前提下，结合“围绕内容重点、引发情感共鸣、评论点到为止、剖析深层意义”四个方面着手开展。

（五）打断谈话

为了把握谈话内容的正确导向，为了使议论集中和深入，为了给更多人谈话机会，主持人在必要时还必须“打断”某些谈话。主持人可以用提出新问题的方法将已经跑题的交谈者拉回到既定的话题范围中来；也可以用垫话的方式给谈话抓不住要领的交谈者助一臂之力；而对于观点片面、情绪偏激的交谈者，主持人则应该果断处置。总之，主持人在“打断”时，要礼貌谨慎，时机恰当，也要注意方式方法。

（六）重复

主持人在话题进行中经常通过“重复”来突出重点，“放大”正确的观点。一般有两种方式：一是直接重复要强调的内容（与复述类似）；二是用简明扼要的语言来归纳和概括重点。两种方式都可以加深受众的印象，强化认识。

（七）提问

作为主持人，提问也是需要技巧的。精妙的提问可以获得更多价值丰富的信息和知识，帮助了解对方的需求和感受，促进双方的和谐交流。一般提问的方式有以下几种。

1. 正向提问

正向提问就是开门见山地直接提出自己想要了解的问题。

2. 反向提问

反向提问就是从相反的方向提出问题，在后续的交流过程中话锋一转，回到正题上来。

3. 侧面提问

侧面提问就是从侧面入手，以“迂回”的方式绕到主题上。

4. 设问

设问就是由主持人先假设一个问题，启发对方思索并回答。

5. 追问

追问就是在对方的谈话中捕捉新的信息点进一步提问。

另外，主持人在提问时还应考虑对象的情况，要从对方的年龄、身份、职业、性格，以及民族文化背景出发选择不同的提问方式。

（八）插话

时机适当、分寸适宜的插话，不仅能够强化双向交流的谈话气氛，在“提问”的配合下还可以使谈话的层次更清楚、重点更突出。但同时,"插话"本身实际上是不礼貌的,因此主持人在插话时,无论是有声语言还是副语言都应合乎礼仪。

1. 注意把握时机

主持人可以等交谈者将某个意群的话说完,在交谈的间歇处进行"插话";也可以从将对方的话做简单总结后展开自己的话题。主持人需要插话的情况通常有以下几种。

(1) 话题内容转换时,用"小结"的插话方式概括上一内容并自然进入下一内容。

(2) 处于话题的重点或难点时,用"重复"的插话方式加深受众印象,或解释某些观点(或理论),方便受众理解。

(3) 对方话题过长或跑题时,及时用"打断"的插话将话题拉回。

(4) 话题中衍生出有价值的新内容时,及时抓住话头跟进追问。

2. 注意语气

主持人在插话时应该以"交换意见"的语气进行,用"我认为""我觉得"这样的说法来发表见解比"听我说""你知不知道"的说法更适宜。

3. 妥善应对无端插话

(1) 婉言制止。如果对方的插话已经干扰了活动或节目的正常进行,同时为了顾及对方的情绪,主持人可以用委婉的语气来干预,使对方察觉自己的插话是不合时宜的。

(2) 针锋相对。如果对方的插话对原话题产生了十分消极的影响,主持人应该明确指出所插话内容的问题,表明正确的立场。

(3) 副语言暗示。面对无端插话,除了用有声语言外,主持人还可以利用手势、表情等"副语言"来对插话者进行积极的暗示。

三、现场应变技巧

在正式主持活动或节目的过程中,难免会遇到意想不到的情况,主持人要积极发挥自己的组织和引导作用,注意灵活控制气氛,机智应变,因势利导,既要避免冷场,又要防止场面过分热烈而失去控制,保证活动切实按预定程序进行。这种现场应急反应,可以检验出主持人思维品质、知识涵养、语言储备和心理素质等多方面的水平。在实践中,现场应变分主动应变和被动应变两类。

(一) 主动应变

主动应变就是在活动或节目进程中,灵敏地捕捉到新的信息,在思维活动高度兴奋的状态下,随之转变,迅速地调节整合,也就是"即兴发挥"。

1996 年云南大地震后,《综艺大观》在昆明做了一期节目,有一段要向大家介绍震后出生的第一个孩子,这孩子曾收到南京不愿意透露姓名的好心人 1 万元捐助。彩排时,倪萍抱着只有 7 个月大的婴儿,看到孩子好奇的张望摄影机的镜头,她灵机一动,大胆改变原有台词,有感而发:"来,震生,阿姨抱抱,咱们转过脸来,让坐在电视机前的爷爷、奶奶、叔叔、阿姨们看看,瞧,得到你捐助的小震生长的多好,多健康!"这时,孩子突然大声地"啊"了一声,全场热烈地鼓掌,倪萍高兴地搂紧孩子说:"来,给捐助你的亲人们鞠个躬,告诉她们,我会使劲长,将来好报答他们。"孩子似乎听懂了,又神奇地"啊"了一声,现场的

许多观众流下了眼泪。显然,倪萍的即兴发挥要比原来的设计更自然、更亲切,并且触动了观众的心。由此可见,即兴发挥是主持人知识面、敏感度和思辨力碰撞出的智慧火花,对主持人自身的各方面要求都很高。

(二) 被动应变

被动应变就是在毫无准备或缺乏准备的条件下,面对突然发生的意外情况和困境从容反应,恰当处理,这也就是"临场应变"。

主持过程中的意外情况永远都出乎意料,比如技术故障,忘词,活动时长,以及来宾或选手不在预料之中的表现等,而使节目得以顺利进行,情绪一如既往,往往全靠主持人临场随机应变,力挽狂澜。主持人的应变智慧不仅要注重反应的迅速,更强调质量。以下几种应变方式都必须在契合"题旨情境"的前提下来完成。

1. 顺水推舟

顺水推舟就是顺应意外,化不利为合理的应变方式。杨澜曾在广州担任过一场文艺晚会的主持人,上场的时候却发生了她踩空台阶,滚落到台下的意外事件。顿时观众哗然,有的观众还吹起了口哨。然而,杨澜镇定自若,重新上台后说道:"真是人有失足,马有失蹄啊,我刚才的'狮子滚绣球'滚得还不够熟练吧?看来这次演出的台阶不那么好下啊,但台上的节目会很精彩。不信你们瞧他们……"杨澜没有刻意回避尴尬,也没有故作镇静,随意的转移话题,而是顺其自然的表达心声,利用一句俗语"人有失足,马有失蹄"道出了当时的内心感受。紧接着一句"狮子滚绣球"化解了观众中的部分不良反应。最后利用下台和台上的关联,顺势引出精彩节目,把观众注意力转移到节目中来。

2. 推波助澜

推波助澜就是主持人在别人表达突然"卡壳"时及时地给予语言上的配合。例如,在第九届金鹰节上,何炅和撒贝宁主持开场秀。当撒贝宁说道:"再看我们的两位体操冠军,陈一冰……"然后卡壳了,显然忘记另一位的姓名。幸好何炅不露声色地提醒:"陈一冰不是电视圈的啊,冯哲是说相声的。"撒贝宁才记起了冯哲的名字,将主持进行下去。这种方法可以缩短冷场的间隔,避免对方窘困和尴尬的情况出现。

3. 调侃成趣

调侃成趣就是主持人在主持过程中不小心出了洋相或发生意外情况时采用机智幽默、合理得体的语言,化窘迫为轻松的应变方式。

著名节目主持人倪萍在主持一次访谈节目时,正和嘉宾讨论歌星的假唱问题,突然现场灯光暗了下来。面对这一突发情况,倪萍幽默地说:"你看灯光也不容忍一个假……"说着灯光又恢复了,讨论不但没有中断,意外反而如同增加了一种乐趣。

4. 坦诚相见

坦诚相见就是主持人不掩饰自己所犯的错误,而是向受众勇敢承认,用坦诚去改变自己在受众心目中本会留下的不良印象。

有位主持人某次主持一台游戏节目,节目要求观众上台把球都放进筐子里。由于她一时慌乱不小心把"把球放进筐子里"说成"把筐子放进球里",话出口时她便意识到自己的口误，连忙笑着说道："哎哟，瞧我乐的，把话都讲反了。谁也没这个本事把这么大的筐子放进这么小的球里，应该是'把球放进筐子里'，游戏开始。"她坦诚相见，承认了错误，也逗乐了观众。

第四节 主持口语训练

一、思维能力训练

（一）逆向思维训练

培养逆向思维能力，有利于提高对传统观念的批判、继承能力，以及善于发表独立见解的能力。

题目：成语新解

1）素材

（1）"东施效颦"，何错之有？

（2）"狐假虎威"，何错之有？

（3）"班门弄斧"新解。

（4）近朱者未必赤，近墨者未必黑。

（5）不破"规矩"，不成"方圆"。

（6）"滥竽充数"新说。

（7）"叶公好龙"，有何不可？

（8）"朝三暮四"，聪明的高招！

（9）"愚公移山"质疑。

（10）眼见未必为实。

（11）良药"甜"口更好。

（12）开卷未必有益。

（13）"想入非非"很重要。

（14）忠言应当"顺"耳。

（15）"敝帚"不必"自珍"。

2）提示

要注意逆向的立论应比原成语（俗语）内涵更深刻、更有积极意义。避免曲解原意或表面化、浅层次甚至消极地思考问题。

（二）发散思维训练

培养发散思维，有利于提高主持人灵活转换话题的能力和对话题进行立体分析的能力。

题目一：请给下面的故事设想一个合乎逻辑的结局。

1）素材

（1）晚自习上，同学们正在忙碌，有的做着作业，有的预习着明天的课程。突然，停电了……

(2) 放学了,王雨萌背起书包正要往外走,无意间看到自己的桌角处有一个细长的纸条,边缘处似乎写着一个"王"字……

(3) 夏夜,韩兵的心情被闷热的天气和没完没了的蝉鸣搅得一团糟。他无法入睡,索性走到窗前,忽然,他看见……

2) 提示

(1) 联想、想象要符合人物身份和实际生活。

(2) 要有创新。

题目二:请列举出下列现象的各种可能的原因,越多越好。

(1) 总经理上班迟到了。

(2) 街对面的霓虹灯不亮了。

(3) 两个女人突然打起来了。

(4) 某商场服装大减价。

题目三:发挥想象力,将下面不相干的几个词连成一段话,说出来。

1) 素材

(1) 窗户、渔网、汽车、女人

(2) 大海、飞机、鞋拔子

(3) 橘子、马桶、字典、抹布

(4) 厕所、黑豹乐队、导弹、宇宙

2) 提示

(1) 拟题时要注意构成题目中词语之间的跳跃性。

(2) 这段话要体现一定的思想意义。

(三) 集中思维训练

培养集中思维能力,有助于主持人从大量信息中凝练出最有意义和价值的结论,追求语言的深度。

题目一:请从以下物体或现象中抽象出共同的属性。

(1) 桌子、水池、足球场、报纸

(2) 油条、桂树、苹果、火龙果

(3) 蜗牛、毛笔、滑雪、喷气机

(4) 嘴巴、烈火、大海、洪水

(5) 旗帜、墨水、袖章、印泥、救火车、信号灯

题目二:请想出具有以下属性的事物或现象,数量越多越好。

(1) 淡蓝色

(2) 刺耳的声音

(3) 柱状

(4) 能使人产生恐惧的东西

(5) 能使人产生愉悦的东西

(四) 形象思维训练

题目:请用形象化的语言说明什么是生命。

提示：可以用隐喻式的描绘，把具体生活感受汇聚起来。

参考：生命如同烹调菜肴一样，菜肴的味道完全取决于调料的齐备和火候的把握，你可以按照固定不变的食谱来烹调，也不妨由你自己自由发挥。

（五）类比思维训练

类比思维使主持人的语言丰满、鲜活。

题目一：请运用类比思维分别谈谈夏天、冬天、冰雹、大雪和台风给你带来的心情上的变化。

题目二：请将莲花、菊花、牡丹、玫瑰分别与你知道的某些人进行类比。

题目三：请将文房四宝：笔、墨、纸、砚分别与你喜欢的主持人进行类比。

提示：

(1) 注意运用比较的方法，突出集中自然现象各自不同的特色。

(2) 注意在同一具体事物上找差异（人的心情变化差异，主持人风格差异、外形气质差异，人物性格差异等），从而抓住其特点。

(3) 任何两类事物之间都有着或多或少的共同点。

二、应变能力训练

题目：根据以下情景模拟主持现场。

提示：要将自己设定为正在现场主持节目的主持人，在突发状况下，继续将节目做下去，而不是简单阐述解决问题的思路。

1. 情景一：电台音乐节目

主持人：您刚刚听到的是庾澄庆演唱的《特别的爱给特别的你》，接下来请听他的一首新歌……

导播跑进来递上一张纸条：报错歌名了，是伍思凯演唱的《特别的爱给特别的你》。

提示：应巧妙更正自己刚才所犯的错误，同时自然进入下一首歌曲的介绍。

2. 情景二：谈话节目现场，现场有观众

主持人：谢谢两位嘉宾的精彩发言，谢谢！（鼓掌，两位嘉宾下场）

主持人：观众朋友们，刚才两位司机朋友就我市的交通拥堵状况已经谈了很多，那接下来，我们要谈的内容就是要如何解决交通拥堵这个话题，现在我们请本市交管局的李科长和来自新加坡的交通问题专家林玉良教授和大家一起来聊聊，大家欢迎。

现场掌声。

现场导演对主持人：林教授在路上堵着呢。现场不要停，你们继续。

提示：主持人要敏感捕捉到嘉宾误场的原因和探讨的话题之间的关系，并可借此大做文章，提升节目主题的意义，以摆脱嘉宾因误场带来的尴尬。

3. 情景三：游戏节目的录制现场，在观众参与的过程中，忽然有几个照明灯熄灭

导演对主持人：电路照明出了点问题，马上就可以修好，你的话筒有声音吗？

主持人：有。

导演：那好，给你一分钟时间调动一下现场观众的情绪。一分钟后继续录制。

提示：可以带着大家做游戏，想办法让尽可能多的观众都参与其中。

三、即兴说话训练

（1）请介绍班上一位同学，让大家猜是哪一位同学（可抓住某同学的外貌、性格特点、典型事件或细节来介绍）。

（2）假设你是一位推销员，请在大庭广众下推销某种商品（如食品、玩具、衣服、饰品、工艺品、科技产品等）。

（3）请根据下面的素材自拟主题做即兴说话练习。

哪里有什么天才，我是把别人喝咖啡的时间都用在工作上了。

——鲁迅

（4）人们的惯性思维总认为“老鼠”是害人精，偷吃粮食，损坏衣物，传播疾病。请用三分钟时间，以“老鼠的贡献”为题说一段话。

第八章

发言口语

发言，即讲话、评论，一般是指在会议、晚会、聚会等特定场合中特殊人物的讲话或参与聚会人员表达意见的口语表达活动。

第一节　发言的作用及分类

一、发言的作用

（一）传递信息

传递信息是发言的基本作用。任何发言都具有传递信息的作用，没有无内容的形式，也没有无信息功能的发言，越是信息容量大的发言内容，发言越是典型。当然，这里的信息容量大，并不一定是指发言内容长篇累牍，也可以是简洁、明快，但内涵丰富，内蕴深厚。新闻发布会、主题班会等会议上的发言便具有典型的传递信息的作用。例如：

某班级遵守交通规则的主题班会上，一学生为了说明一天中交通事故多发的那个时段时发言道：据公安部全国道路交通事故统计，2005 年，全国发生于日间的交通事故共 272715 起，导致 51125 人死亡，分别占总数的 60.6%和 51.8%；夜间发生 177539 起，导致 47613 人死亡，分别占总数的 39.4%和 48.2%。下午至晚间时段（14:00—22:00）发生交通死亡事故比例较高，共死亡 44835 人，占总数的 45.4%。这一发言以权威部门的数据不可辩驳的传达了“下午至晚间时段交通死亡事故多发”的这一信息。

（二）总结评论

在研讨会、评论会或者是座谈会上的发言大都具有研讨主题价值、评论事物优劣和总结个人主要观点的作用。例如：

在一次感恩心理主题班会观摩活动研讨会上，有的老师发言道：我觉得这堂课有两个突出的优点，一是把课堂交给学生，学生做课堂的主人，是课堂的主体，教师是学生的领路人，教师起穿针引线的作用，学生是这次活动的真正感受者，也是感动者。二是整堂课没有任何华丽的语言，也没有制作精美的课件，但学生所讲述的真实故事非常感人，这有利于密切同学关系，有利于班级建设。可以说，这种方式层次虽浅，但达到了同学之间、师生之间互相了解的目的。因为真实的故事，坦诚的心，触动了我们的心灵。如果有单面墙，相对隔离观察者和实验者，效果可能会更好一些。

这位老师在这个发言中既总结评论了主题班会两个优点，同时，也委婉地表达了对于

班会观摩的建议,发言切实、中肯。

（三）促进交流

教师课堂上的发言是师生建立联系、沟通情感的第一座桥梁。成功的发言往往寥寥数语便能拨动学生心弦,赢得学生的信赖和认可。例如:

一位姓俞的老师,接了一个高三毕业班,首次见面发言道:我姓俞。按《说文解字》讲,俞的本义是“船”。我觉得我作为一个老师,就好比一条船,载着你们几十个同学一起在求知求真的大海中航行,抵达成功的彼岸,而我再回来送下一届……

风趣而形象的几句话,缩短了师生间的距离。没几天过教师节,俞老师收到学生们送的一张贺卡,上面写着:“献给我们敬爱的船长,祝您这次出航顺利、愉快!”下面署名是“您的四十三名乘客”。一个成功的发言沟通了感情,促进了师生关系融洽、和谐。

人与人之间如是,国家与国家之间更如是。例如:

1954 年 4 月 19 日在万隆会议上,由于许多国家的代表对新中国还不了解,会议一开始便出现了对中国的怀疑,代表们吵吵嚷嚷,分歧加剧,眼看会议将陷入僵局。在这种情况下,周恩来总理当机立断,发表了一个著名的补充发言:“中国代表团是来求团结而不是来吵架的,中国代表团是来求同而不是来立异的”发言内容虽简洁,但由于立意准确,发言一开始便抓住了与会代表的心,会场顿时鸦雀无声,代表们频频点头。发言结束后,代表们报以经久不息的掌声,向周恩来总理致敬!向新中国致敬!

（四）活跃气氛

课堂气氛沉闷不利于教学的有效开展。高明的教师总是善于运用独特的言语来活跃气氛,创造良好的教学氛围。例如:

有一次钱梦龙老师给武汉地区近千名语文教育工作者上示范课。上课前气氛很严肃、紧张,这时,钱老师从容走上讲台,面带微笑,作了一个独特的发言:“我打个谜语给你们猜一猜,好不好?”经过霎时的惊愣,学生高兴地回答:“好!”“虽然发了财,夜夜想成才。打一人名。你们认识的人。”场上静得出奇。一会儿,一位女学生举手,回答道:“钱梦龙!”顿时,会场欢呼雀跃。简短的一个发言便使课前的紧张气氛扫除得一干二净。

二、发言的分类

（一）根据内容分

根据内容分,可以分为开场发言、主题发言、讨论发言、总结发言等。

1. 开场发言

开场发言是指会议或活动开场时的讲话,一般由主持人发言。主要是向听众介绍会议或活动名称,参加人员范围,举行的背景、目的和任务,主要内容和程序等。要求紧扣主题、语言精练、自然地引出下文。例如:某县学习贯彻党的十八届五中全会精神宣讲报告会主持人开场发言。

同志们:

为深入学习宣传贯彻党的十八届五中全会精神,切实把广大干部群众的思想和行动统一到全面深化改革的决策部署上来,根据市委统一部署,今天,由市委党校某某副校长带队来我县作党的十八届五中全会精神宣讲报告。让我们以热烈的掌声对某校长一行的到来表示诚挚的欢迎。

参加今天宣讲报告会的有：县四套班子领导同志，人武部政委，法检两长，公安局政委；各乡镇场、县委各部门、县直各单位副科级以上干部及××镇各村(居)委会负责人，工业园区企业代表等共计700余人。

某校长长期从事干部理论教育工作，对党的重大方针政策、马克思主义基础理论、中国特色社会主义理论都有一定的探索和理解，先后发表省级以上学术论文××余篇，主持完成省级以上社科课题××项，获得省级优秀科研成果奖励××项。

今天，某校长为我们作的宣讲报告题目是《×××××》，希望大家珍惜机会，自觉遵守学习纪律，仔细听、认真记，确保学习实效。

现在，让我们以热烈的掌声请某校长作宣讲。

2. 主题发言

主题发言是指会议或活动中重要人士(或特邀嘉宾)针对主题进行的较系统全面的专题讲话。例如：北大校长王恩哥在2014年本科生毕业典礼上的讲话；马云在2016年民营资本投资江苏大会的主旨发言。

3. 讨论发言

讨论发言是指会议或活动的讨论环节中，与会人员或部分代表围绕讨论主题发表自己的观点。例如：全国人大代表和政协委员在“两会”小组会议中的发言；集体学习活动中的讨论发言；学校班会中的讨论发言。

4. 总结发言

总结发言是指在会议或活动临近结束时，由组织者或主持人进行归纳、总结和评论，并提出希望或要求的发言。例如：某县学习贯彻党的十八届五中全会精神宣讲报告会主持人总结发言(摘选)。

刚才，某校长紧扣党的十八届五中全会主题，紧密联系我国改革开放和现代化建设的实际，深入全面地阐述了党的十八届五中全会召开的重大意义……对深刻理解、全面把握全会精神具有重要的辅导作用。

我提议，让我们再次以热烈的掌声对某校长的精彩宣讲表示衷心的感谢!

当前，我们正处在爬坡过坎的重要阶段，正处在扎实推进项目建设、“两区”征迁等工作的关键时期，全面深化改革任重道远，发展提速升级迫在眉睫。党的十八届五中全会为我们奋力推进各项事业指明了方向，明确了路径，提振了信心。为了深入宣传贯彻好党的十八届五中全会精神，我提几点要求：

一要切实抓好学习宣传工作。……

二要将贯彻落实与推动当前工作结合起来。……

三要将贯彻落实与谋划明年工作结合起来。……

今天的宣讲大会到此结束。

（二）根据形式分

根据形式分，可以分为讲述、复述、评述、描述等。

1. 讲述

讲述就是叙述或讲解。一般用于讲述事实、介绍情况等，是叙述说明性的发言。例如：

2015 年 1 月，习近平总书记同中央党校县委书记研修班学员座谈，谈到自己当年在河北省正定县的工作经历时讲道："我在正定时经常骑着自行车下乡，从滹沱河北岸到滹沱河以南的公社去，每次骑到滹沱河沙滩就得扛着自行车走。虽然辛苦一点，但确实摸清了情况，同基层干部和老百姓拉近了距离、增进了感情……"

2. 复述

复述就是将自己接收的信息在会议或活动中重新讲述出来。分为重复性复述和改造性复述两大类。其中重复性复述一般用于传达会议精神或文件通知的原文时；改造性复述，也称转述，一般是对要复述的主题内容进行概括或改编，转达给听众，一般用于学习、宣传、领会重要主题精神时。转述要注意把握以下几点：①把书面语转换为口语；②准确体现和突出原材料中心和重点；③条理清楚；④语言力求准确；⑤必要时可加入个人理解。

3. 评述

评述是指评论、论述、叙述，表达对一事物的观点。多用于议事会议、学术研讨会等场合，是议论性的发言。例如：

2015 年 10 月 23 日白岩松在与中国传媒大学新入职教师进行有关大学教育的交流和讨论时谈道，教育不仅仅是教给孩子知识，更重要的是教会学生思维方法，是为学生提供什么样的方法，让学生走到你所期待的那个方向；老师是帮助学生推开门的人，让学生在不同的门里面找到自己的兴趣，发挥最大的才华；老师教给学生的永远是学生一生中长跑用得上的东西，而不是短跑的一时所需；传媒教育应该是动态的，但动态中有些东西是基本不变的——那就是人性，或者说是一个健全的人格；教学的最高境界是无言之教；教师不仅仅只当作一种职业，要发掘职业之中的乐趣，超越职业才能长久……

4. 描述

运用各种修辞手法对事物进行形象化地阐述。多用于汇报见闻，介绍风景、人物、事物等发言。例如：清华大学博士梁植的演说《我的偶像，中国原子弹之父邓稼先》(节选)。

"26 岁，用不到三年的时间拿到美国的博士学位。在拿到博士学位的第九天，回到了 1950 年的那个一穷二白的中国。

34 岁，他回家告诉妻子说：我要调动工作了，我明天走。妻子问他：你要去哪儿？你要去做什么？你要做多久？他的回答是一样的：不能说，不能说，不能说。从此，他从他的妻子、两个孩子和所有熟悉他的人中消失了。整整 28 年，回来的时候，他是一个直肠癌晚期的病人。

61岁，作为中国第一颗原子弹和第一颗氢弹的理论设计的总负责人，他一共获得了国家奖金、特别奖20元。其中，原子弹10元，氢弹10元。是，我的偶像叫邓稼先。”

（三）根据是否有准备

根据是否有准备，可以分为即兴发言和有备发言两类。

(1) 即兴发言就是发言者在无准备的情况下，对现场的人物、事件、情境有感而发，发表的临时性讲话，又叫即席发言、即时发言。即兴发言具有即兴、灵活、精悍的特征。

(2) 有备发言一般指专题发言，是针对某一命题和内容，在有准备的基础上向听众发表有关某一事物的知识或对某一问题意见的讲话。有备发言具有针对性、系统性、稳定性的特点。

（四）根据有无稿件

根据有无稿件，可以分为无稿发言和有稿发言两类。

(1) 无稿发言多见于即兴发言，由于是现场临时发挥，要注意发言的逻辑性和准确性，言简意赅，不要偏离主题或啰唆冗长。

(2) 有稿发言分宣讲式发言和脱稿式发言两种方式。由于提前准备了书面发言稿，有稿发言要注意现场发言的口语化和表现力，表达要情绪饱满、形象生动，避免读书腔和平淡无味。

（五）根据场合分

根据场合分，大体上可以分为会议发言和聚会发言。其中，又可细分为班会发言、家长会发言、酒会发言、座谈会发言、茶话会发言、颁奖会发言、讨论会发言、交流会发言等。

每种类型的发言特点都不尽相同，座谈会发言、茶话会发言的语言多平实，比较口语化；颁奖会发言语言多简洁，感召力、号召力较强。家长会发言、交流会发言则与听众具有很强的信息交流和情感互动性。班会发言、发布会发言具有信息通报的目的，语言多慷慨，逻辑性、凝练性较强。

第二节　发言的准备

发言不同于一般的讲话，要想发言成功就必须有所准备。主要包括打腹稿、列提纲和撰写发言稿三种形式。如果发言的内容比较简单，或者是临时发言没有准备的时间，一般是快速准备腹稿；如果发言有一定准备时间，但发言内容相对简单、熟悉，则可以列出提纲，主体部分可以围绕提纲现场发挥；如果发言内容很复杂，场合很重要、很正式，则需要提前准备发言稿。

一、发言准备的要求

（一）适应听众和语境

一个会议或活动，参加人员的年龄、职业、学识往往有一定共性，主题和背景也具有鲜明特色。在准备发言时，选择的语气、内容及感情色彩要适应听众群体的语言交流习惯，

符合会议或活动的主旨要求。比如，政治学习应该严肃严谨，如果发言过于俏皮诙谐，就会冲淡主题，达不到预期效果。而艺术探讨就应该活泼热烈些，多一些妙语连珠。再比如，同样的主题，面对小学生时，言语选择应多诙谐有趣；面对青年人时，则可前卫新潮一些；而面对成年人，则应多考虑言语沉稳、专业。

（二）选择适宜的内容

在选择语言素材的时候，兼顾三个方面，一是契合发言主题；二是选择发言者熟悉的话题；三是适应听众的语言习惯和生活常识，选择他们喜欢听、听得懂的内容。

（三）合理组织语言

可按以下步骤进行：一是明确发言的主题或观点；二是理清思路，选好展开话题的不同角度或部分；三是逻辑清晰，按先后次序、因果关系或重要程度把几个部分串联起来，各部分字数最好不要相差太多。

（四）控制好发言时间

测量自己发言的语速，控制自己准备发言内容的字数，使发言按预定时间准时完成。若是现场即兴发言，则贵精贵短，时间不宜过长，以免跑题、逻辑混乱或重复啰唆。

二、发言内容的准备

（一）准备腹稿

首先，明确发言内容涉及的思想观点；其次，组织自己熟悉的语言材料，按照思路和一定顺序展开：比如如何开头？如何展开？如何结尾？脑子里最好一、二、三、四排列一下，先说什么，后说什么等。

（二）列提纲

列提纲分简单提纲和详细提纲两种。

简单提纲就是按照思路简单扼要地列出发言要点，这种提纲用语简单，内容高度概括，不涉及具体材料和细节，只提示思路。例如：

林肯做律师时，曾为一位烈士遗孀的抚恤金遭到勒索一事，向法院起诉。他的发言稿有一个简要提纲，是这样的：并无合同——不应索取手续费——不合理的勒索——描述锻铁谷惨状——原告的丈夫——怒驳被告——结尾。

详细提纲就是比简单提纲更为具体、细致。将事例、实物、证据、照片、引义等都一一列出来，使发言的基本内容和前后顺序都反映得比较明确。

（三）撰写发言稿

首先列出提纲，然后精心安排文稿结构，包括：开场白、正文和结尾部分。好的开场白是发言成功的重要因素，要求新颖独特，引人入胜。可采用赞美式、提问式、幽默式、名言警句式、即景抒情式、讲故事式等方式，点题开头；正文要布局合理，条理清晰；结尾要出人意料，简洁明了，耐人寻味，有总结归纳式、借景生情式、号召希望式、故留悬念式、首尾呼应式等方式。

第三节　发言的技巧

一、表达的技巧

（一）情态泰然自若

稳定情绪，保持自然的状态，根据发言场合和听众特点选择适当的体态语言，如手势、面部表情、眼神等增强发言效果，突出发言作用。

（二）语速略微放慢

要比平时讲话的语速“慢一拍”。一般来说，中文发言的速度在每分钟160～230字，完全没有准备的即兴发言会更慢一点。

（三）提供辅助资料

制作播放有关发言内容的多媒体文件，或向听众提供发言文稿或提纲，能使听众更清晰地理解发言意图，提高听讲的效果。

（四）准确把握时间

发言过程中进行几次时间控制，若因临时增加了内容或某部分内容强调过多造成延时，可在随后稍微增快语速，或精简某些例证素材，使发言能够在限定时间内完成。

二、即席发言的技巧

即席发言主要应该把握好以下几点。

（一）冷静

即席发言往往面对的是紧张严肃或气氛热烈的各种场面。发言者此时此刻，也多处于热血沸腾、情绪激昂的状态。这就要注意，发言者在发言之前，先要稳定自己的情绪，保持镇静。如果自己的心情忐忑不安，势必举止失当，言不由衷。要克服“怯场”，努力做到从容镇静。克服怯场心理，首先要增强自信、自我鼓励，相信自己能够成功。也可以通过深呼吸或慢喝水等办法来舒缓内心压力。

（二）准确

发言时，语言的表达一定要准确。如果表达不准确或者不注意说错话了，不仅会引起哄堂大笑，使自己难以下台，还会造成不良的后果。所以，最好能事先打个腹稿，明确自己要说什么。新闻发言人的语言遣词造句就必须非常严谨、准确。例如：

2017年3月20日外交部发言人华春莹主持例行记者会，有记者问：美方官员称特朗普政府正酝酿对台大规模军售计划，中方是否已就此向美方提出交涉？答：中方坚决反对美售台武器的立场是一贯、明确的。我们希望美方充分认清美售台武器问题的高度敏感性和严重危害性，恪守一个中国政策和中美三个联合公报原则，停止售台武器，慎重、妥善处理台湾问题，维护中美关系大局和台海和平稳定。

（三）精练

即席发言务求简短精辟，切忌漫无边际地离题空谈，否则，主题不明，絮絮叨叨，听者

反感。言简意赅，深邃隽永的发言往往都能给人留下深刻的印象。例如：

美国的莱特兄弟于1903年12月17日成功地驾驶有动力的飞机飞上了蓝天。不久，他们在法国的一次欢迎酒会上应邀发言，大哥盛情难却，即兴发言："据我们所知，鸟类中会说话的只有鹦鹉，而鹦鹉是飞不高的。"发言虽然只有一句话，却博得了与会者长时间的掌声。无独有偶。美国演员珍·惠曼在《心声泪影》中因扮演一个聋哑人而获得奥斯卡奖，在受奖时她说了一句话："我因为一句话没说而得奖，我想我应该再一次闭嘴。"

（四）含情

即席发言要尽可能达到言者与听者感情上的交融，引起共鸣。在把握好分寸的基础上，还应尽可能把话说得风趣些，使现场气氛活跃，能给人留下深刻印象，效果更佳。"感人心者先乎情"，饱含深情的发言更能够使听众动容，让人记得更久，效果最好。例如：

一位老师在高三学生毕业典礼上发言的结尾说道：同学们，你们的后面是"小小"的母校，你们的前面是整个世界。怎样走上这世界的光明大道去，这需要知识，需要理解——但尤其需要勇气和良知。同学们，愿你们心中永远飘扬着"人"字旗帜，以人道主义为橹，以理想主义为帆，驾着人生的航船，驶向那广阔壮丽的世界。至于我，只要我知道你们都快乐，我也会快乐的。再见了，亲爱的同学们，我将永远祝福你们。这种祝福只有在我生命结束时，才会终止。谢谢！这位老师的发言饱含深情，寄托着对学生的祝福和希望，强调生命的意义，强调求学与做人的真谛，给人以深刻启迪，感染着每一位即将离校奔赴前面世界的学子。

三、有稿发言的技巧

提前已准备稿件的发言，要注意把握以下几个方面。

（一）把握稿件内涵

准确把握发言稿的思想内涵和情感类型，结合发言的主题、场合和听众特点，拟定适宜的表现风格。

（二）提前熟悉演练

无论是宣读式发言还是脱稿式发言都应充分体现发言者的风度，生动地表达出发言内容所要传递的信息，不能照本宣科的一念到底。因此发言者要重视和做好发言前的熟悉和演练。一方面，演练可以对整个发言过程进行检验，从中发现问题，及时修正措辞、语气、手势等，选择恰当的发言技巧，保证发言流畅通顺；另一方面，演练可以使发言者调整好心境和情绪，提前进入"角色"。

（三）适当的互动和发挥

发言时应随时观察现场听众的反应，在听众情绪不高，听讲不投入时，可以通过改变语调、提出问题、插入笑话、列举具体事例等办法，活跃现场气氛，集中听众的注意力。

第四节 发言口语训练

一、即兴发言训练

（一）复述、讲述训练

通过“讲故事”的方式，把看到的、听到的、清洁完整的语言、文字材料讲述给别人听，但可以不受原材料的束缚，有的地方可以详述，有的地方可以扩展，有的地方可以变序、变角度、变更表达形式，从而培养自己的创作能力和表达能力。

提示：

(1) 确定一个有积极意义的主题，确定故事的主要人物和情节主线。

(2) 通过删节、充实、调整，使故事紧凑、生动。

(3) 故事要完整，设计有吸引力的开头和让人回味的结尾。

(4) 讲故事的语言要用通俗易懂的口语，尽量淡化书面语色彩，尤其要避用文言词汇。叙述时要从容不迫；描述时要正确表达感情倾向。还要把握好语速、节奏的变化，并适当运用表情、手势、姿态辅助表达。

（二）描述训练

根据下列话题，对风景、人物、物体、事件进行3分钟左右的口头描述。

(1) 自我介绍

(2) 描述四季的风景

(3) 描述一位老师或同学

(4) 描述一件悲伤的事

(5) 描述你喜欢的职业

例如：趣说自己

本人，男性；海拔182厘米，未婚，身体健康，世代忠良，无不良嗜好；生性爱交朋友，性格开朗，乐于助人！今天有幸结识大家，三生有幸！相信你们也都有同感！我来自美丽的××。那里山美水美人也美，山美水美有机会我可以带大家去见识下，至于人美我相信大家现在已经“见识”了吧？最后欢迎大家有空去我寝室喝茶，我住××，最后才是重点，我的名字叫×××，(解释自己的名字是哪几个字)，×××，×××，重要的事情说三遍，谢谢大家！

（三）评论训练

围绕下列话题展开一段发言，时间控制在3分钟左右。

(1) 治理雾霾先治人心

(2) 谣言止于智者

(3) 毕业分手的大学爱情

(4) 我最骄傲的事

(5) 人多未必力量大

例如：再试一次

大家好！

什么东西比石头还硬，或比水还软？然而软水却穿透了硬石，坚持不懈而已。那么在生活中，我们缺少的也是这种精神。

有个年轻人去微软公司应聘，而该公司并没有刊登过招聘广告。见总经理疑惑不解，年轻人用不太娴熟的英语解释说自己是碰巧路过这里，就贸然进来了。总经理感觉很新鲜，破例让他一试，面试的结果很糟糕。年轻人对总经理解释说是因为事先没有准备，总经理以为他不过是找个托词下台阶，就随口应道："等你准备好了再来试吧。"

一个星期后，年轻人再次走进微软公司的大门，这次他依然没有成功。但比起第一次，他的表现要好得多。而总经理给他的回答仍然同上次一样："等你准备好了再来试吧。"就这样，这个青年先后5次踏进微软公司的大门，最终被公司录用，成为公司的重点培养对象。

也许，我们的人生旅途上沼泽密布，荆棘丛生；也许我们追求的风景总是山重水复，不见柳暗花明；也许，我们前行的步履总是沉重、蹒跚；也许，我们需要在黑暗中摸索很长时间，才能找寻到光明。也许我们虔诚的信念会被世俗的尘雾缠绕，而不能自由翱翔；也许，我们高贵的灵魂暂时在现实中找不到寄放的净土……那么，我们为什么不可以以勇敢者的气魄，坚定而自信地对自己说一声"再试一次"！

二、有稿发言训练

根据下列话题写作发言稿并进行模拟发言，注意发言稿开头和结尾的写法，并将时间控制在5分钟左右。

(1) 手机与大学生活

(2) 受聘新岗位见面会发言

(3) 个人年度总结发言

(4) 大学生的爱国方式

(5) 毕业感言

(6) 我的母校

(7) 谈谈孝顺

(8) 网聊是有聊还是无聊

例如：改变不了环境，就改变自己

著名的文学家托尔斯泰曾经说过，"世界上只有两种人：一种是观望者；一种是行动者。大多数人想改变这个世界，但没人想改变自己。"想要改变现状，就要改变自己；要改变自己，就得改变自己的观念。一切成就，都是从正确的观念开始的；一连串的失败，也都是从错误的观念开始的。要适应社会，适应环境，适应变化，就要学会改变自己。

柏拉图告诉弟子自己能够移山，弟子们纷纷请教方法，柏拉图笑道，说"很简单，山若不过来，我就过去"。弟子们一片哗然。这一个世界上根本就没有移山之术，唯一的一个移动山的方法就是山不过来，我便过去。同样的道理，人不能改变环境，那么我们就要改变自己。

一个黑人小孩在他父亲的葡萄酒厂看守橡木桶。每天早上，他用抹布将一个个木桶擦干净，然后一排排整齐地放好。令他生气的是，往往一夜之间，风就把他排列整齐的木桶吹得东倒西歪。小男孩很委屈地哭了。父亲摸着小男孩的头说“孩子,不要哭,我们可以想办法去征服风”。于是,小男孩擦干了眼泪坐在木桶边想啊想,想了半天终于想出了一个办法,他从井边挑来一桶又一桶的清水,然后把它们倒进那些空空的橡木桶里,然后他就忐忑不安地回家睡觉了。第二天,天刚蒙蒙亮,小男孩就匆匆地爬了起来,他跑到放桶的地方一看,那些橡木桶一个一个排列得整整齐齐,没有一个被风吹倒的,也没有一个被风吹歪的。小男孩开心地笑了,他对父亲说“要想木桶不被风吹倒,就要加重木桶的重量”。男孩的父亲赞许地微笑了。

是的,我们不能改变风,改变不了这个世界上的许多东西,但是我们可以改变自己,给自己加重,这样我们就可以适应变化,不被打败!

在威斯敏斯特教堂地下室里,英国圣公会主教的墓碑上写着这样一段话:当我年轻自由的时候,我的想象力没有任何局限,我梦想改变这个世界。当我渐渐成熟明智的时候,我发现这个世界是不可改变的,于是我将眼光放得短浅了一些,那就只改变我的国家吧!但是我的国家似乎也是我无法改变的。当我到了迟暮之年,抱着最后一丝努力的希望,我决定只改变我的家庭、我最亲近的人——但是,唉!他们根本不接受改变。现在我在临终之际,我才突然意识到如果起初我只改变自己,接着我就可以依次改变我的家人。然后,在他们的激发和鼓励下,我也许能改变我的国家。再接下来,谁又知道呢,也许我连整个世界都可以改变。

人生如水,人只能去适应环境。如果不能改变环境,就改变自己,只有这样,才能克服更多的困难,战胜更多的挫折,实现自我。如果不能看到自己的缺点和不足,只是一味地埋怨环境不利,从而把改变境遇的希望寄托在改变环境上,这实在是徒劳无益。

虽然我们不能改变世界,但我们可以改变自己,让我们用爱心和智慧来面对一切环境。

第九章

教师口语

教师口语是指教师在一切教育、教学活动中所使用的口头语言。教师口语一般要使用标准或比较标准的普通话，它是教师在日常工作中需要使用的职业用语。教师口语从形式上，可以分为教学口语和教育口语两类。一般情况下，课堂口语会以教学口语为主要形式，课外口语会以教育口语为主要形式。

第一节 教学口语

教学口语是教师在课堂上采用讲授、提问、启发、应变以及总结等方式对学生进行教学的一种职业口语形式，也称作课堂教学口语，是教师口语的主体和基础。按教学环节和教学功能，可将教学口语分为导入语、讲授语、提问语、应变语和总结语五类。

一、导入语

导入语又叫启发语、导课语，是一节课的开场白，是整个教学过程的起始部分。导入语是将学生由非学习状态转入课堂学习状态的起始阶段，是教师在教授新课之前，有意识、有目的地启发、激励学生，并把学生的注意力吸引到学习新课上来的一种教学语言。好的导入语像磁石，往往有稳定学生情绪，聚拢学生思维，激发学习兴趣，增进智力活动的积极性，把握学习目标，拉近与学生的情感距离等作用。同时，好的导入语也是教师教学能力和教育机智在课堂教学中的具体体现。

（一）导入语的作用

导入语的作用主要有以下几个方面。

1. 激发学生的学习动机

新颖别致的导入语是激发学生学习兴趣的动力和源泉，能充分调动起学生的积极性，让学生感到“转轴拨弦三两声，未成曲调先有情”，从而激发学生的求知欲，为整节课的学习打下良好的基础。例如，于漪老师在教《孔乙己》这篇课文时，一开始便设置了悬念。她说，凡读过鲁迅小说的人，几乎没有不知道孔乙己的；凡是读过《孔乙己》这篇小说的，几乎没有不在心中留下孔乙己这个“苦人儿”的形象的。孔乙己是一个怎样的艺术形象？我们仔细读这篇文章之后，就可以得到回答。[①]

这段导入语用生动的语言，连连巧设悬念，再加上老师动情的语言，一下子就激起学生想了解孔乙己人物形象的欲望，将学生自然而然地带入新课的学习，往后的教学效果自然会很好。

2. 明确学习方向和目标

学习新的内容时，如果事先知道为什么要学，要解决什么问题，重点是什么等，学习者就有了方向和目标，注意力就会集中在重要的内容上，教学效果就好。尤其是课容量较大、学生学习有较大困难的课程，导入语应该让学生在上课开始就明确学习方向和目标，从而减轻学生学习的难度。例如，一位数学教师讲"等比级数求和"时的启发语：

传说印度的舍罕国，要重赏发明64格国际象棋的大臣西萨。他问西萨想得到什么奖赏。西萨说："我想要点麦子。您就在这棋盘的第1格赏我一粒麦子，第二格赏两粒，第三格赏四粒……依次都使后一格的麦粒比前一格多一倍，您就把64格内麦粒的总和赏给我吧?"国王听后连连说："你的要求太低了。"

老师讲到这里，转问学生："你们说，这个要求真是太低了吗?"这一问课堂活跃起来，同学们思索着，议论着，这时老师在黑板上书写了18 446 744 073 079 551 615一串数字，全班同学都睁大眼睛看着黑板。老师解释说："这就是西萨要求得到的麦粒总和。这些麦粒若以重量计算，约为5270亿吨，竟然是全世界两千年内生产的全部小麦。"听到这里学生兴趣盎然。这时教师趁势导入新课，说："国王为什么吃亏？这样大的数字怎样才能迅速算出？这是一个'等比级数求和'的问题，学了今天这节课同学们就清楚了。"[②]

这位教师的导入语既能激起学生的学习兴趣，又明确了该堂课的学习目标，并且告诉学生"等比级数求和"这个知识点在本学期学习中的地位，使学生有学习的紧迫感，这样，学生就会集中精力听课，真正起到一箭双雕的效果。

（二）导入语的基本要求

导入语要做到目的明确，紧扣课题，新颖有趣，巧具匠心，简明扼要。具体体现在以下几个方面。

1. 新颖别致，具有吸引力

导入语要针对学生的特点，直接抓住学生的心理，激发学生的兴趣，对学生有较强的吸引力。新颖别致主要体现在：一是引用导入的材料新，即多运用社会生活中新近发生的材料，也可以用学生熟悉的材料，但是要通过全新的角度分析，使学生产生新奇感，进而导入新课。二是方法新，即导入的方式要多种多样，且多种方式配合交叉使用，不能固守一种模式，要多尝试别人没有用过的导入方式，以起到激发学生兴趣、引人入胜的作用。

2. 短小精悍，用意明确

导入的言语一定要言简意赅，概括精练。导入新课所用时间不宜太长，一般控制在3分钟左右为宜，最好不要超过5分钟。新课导入不是教学的主体过程，因而要力求简洁

① 李山林. 语文课程与教学论案例教程[M]. 长沙：湖南师范大学出版社，2006：254.

② 国家教育委员会师范教育司. 教师口语训练手册(试用本)[M]. 北京：北京师范大学出版社，1994：251-252.

明快，内容精当，争取用最少的话语、最短的时间，迅速巧妙地转入正题，使学生的注意力快速集中到学习新课上来，切忌啰唆、冗长。

3. 内容关联，过渡自然

一则导入语与所讲内容没有联系，教师就浪费了时间，课堂教学效率就降低了。有的教师的导入语非常搞笑，学生很喜欢，但是仔细想想与课文内容关联不大，课堂信息量不大，这样的导入语显然不能算是一则成功的导入语。

（三）导入语的类型

导入语的种类很多，由于学科不同，使用导入语的方式也不尽相同。汇总各学科的导入语大约有几十种，如图片导入、实物演示导入等。但是最常见的、适合各门学科的主要有以下五种。

1. 开门见山直接导入新课

这类导入或解释课题，或介绍新课内容，直接进入新课的教学。例如，有位教师讲《济南的冬天》时是这样设置导入语的：著名作家、人民艺术家老舍在他的散文《济南的秋天》中说"上帝把夏天的艺术赐给瑞士，把春天的艺术赐给西湖，但却把秋和冬的艺术全赐给了济南。世界著名的避暑胜地瑞士夏日的美景宜人：绿色山林环绕着浅蓝色的湖泊，映衬着阿尔卑斯山头的皑皑白雪；悬崖上瀑布流泻，草地上鲜花盛开，无愧于'世界公园'的美称。而我国的杭州西湖更闻名天下。宋代大文豪苏轼的《饮湖上初晴》形容西湖'欲把西湖比西子，淡妆浓抹总相宜。'西湖之美由此可见一斑。而山东省的省会济南竟得上帝之钟爱，把秋和冬的艺术全赐给了她。济南该是一块何等到宝地！今天我们就来欣赏济南冬天的美"。

以上这则教例用开门见山的方式简要介绍课文内容，让学生对济南的冬天有初步印象，增加了学生的阅读期待，为下面进一步学习课文打下了良好的基础。

2. 应用名人名言导入新课

体现古今中外名人名家之精辟见解和切身体会的格言警句，有时可以影响人的一生。名人之所以有名，那是由于他们经历了比常人更多的磨难，为人类做出了不可磨灭的贡献，因此，他们那些经过时间的筛选而辗转流传下来的名言，可以说是人类智慧的光芒，是人类智慧的花朵。因此名人名言能给成长中的广大青少年学生以启发，让同学们在汲取人类优秀文化营养的过程中，丰富自己的精神世界，调整自己的人生坐标，同时也能够对提高同学们的写作水平有所帮助。例如，一位2005级实习学生在讲《春》时使用了这样的导入语：法国有一位雕刻家罗丹，他曾经说过一句话："美是到处都有的，对于我们的眼睛，不是缺少美，而是缺少发现。"的确，我们的生活充满了美。春天也是一种美，春回大地，万象更新，带来了温暖，带来了生机，带来了力量。古往今来，许多文人描绘过春天，歌颂过春天，由此产生了许多不朽的篇章。我们今天要学习的就是一篇赞美春的颂歌，学习的重点是要体会春天美在哪里。

这则导入语引用罗丹的名言，不但告诉学生《春》是一篇美文，同时也告诫学生要做一个有心人，要善于学习名人，要善于发现生活中的美，这样既引入新课，也教会了学生学习的方法，很有意义。

3. 通过讲故事导入新课

教师运用与新课的内容相关且有故事情节的资料，呈现其生动形象的情节内容，让学生通过对故事情节的感知体验，产生学习新课文的迫切心情和欲望。教师讲述的故事，不仅能吸引学生的注意，还可使学生在不知不觉中“悟”出故事中的道理。例如，有位历史教师在讲“席卷资本主义世界的经济危机”这部分内容时是这样设计导入语的。我给大家讲个故事：“这是发生在20世纪30年代初、一个美国煤矿工人家的场景。寒冷的北风呼呼地吹着，一个穿着单薄的小女孩蜷缩在屋子的角落里。‘妈妈，天气这么冷，你为什么不生起火炉呢?’小女孩在瑟瑟发抖。妈妈叹了口气，说：‘因为我们家里没有煤。’‘为什么我们没有煤呢?’‘因为你爸爸失业了，我们没有钱买煤。’‘可是妈妈，爸爸为什么失业呢?’‘因为煤太多了’。”讲完故事后这位教师不紧不慢地问道：“小女孩因为家里没有煤而挨冻的根源是什么?”“这个现象是不是互相矛盾呢?”学生面面相觑，谁也答不上来。“当时不仅煤太多了，而且牛奶也太多了，猪也太多了，一桶桶的牛奶，一车车的大肥猪被倒进河中，仅1933这一年，美国就有640万头猪被活活淹死。当时不仅美国出现这一个现象，而且英国、法国等一大批资本主义国家都出现这个现象。当时不仅小女孩的爸爸失业了，欧美各国共有300多万工人都失业了。这个看似矛盾的现象矛盾吗？它并不矛盾，这就是当年真真实实发生在整个资本主义世界的经济危机。它为什么会产生呢?”①

这则导入语通过讲20世纪30年代的一则故事，告诉学生经济危机给人民生活所带来的不幸，尤其是通过淹死的猪和失业工人数据的罗列使学生深受震撼，这样就激起了学生对经济危机现象强烈的探究欲，从而激发出学生学习的动力，能在充分调动学生学习积极性的同时也引发学生深深的思考。

4. 设置悬念导入新课

有时教师根据教学内容的需要，围绕教学主题，设疑问难，就能制造悬念，出乎一般人的预料或令人迷惑不解，从而刺激学生的思维，吊起学生学习的胃口，强化学生的学习动机。在教学中，巧设悬念不但可以调集学生的注意力，激发学习兴趣，也可以带动学生深入思考问题。例如，有位老师教课文《狼》，他先讲一个故事：有一屠夫，傍晚卖肉回家时，半路上遇到两只狼。两只狼虎视眈眈，紧紧地跟在他的后面……当学生急于想了解这个屠夫最后的命运将会如何的时候，老师反而停下了讲述，说：要知道屠夫的命运究竟如何，我们就一起来学习课文——《狼》吧。

这则导入语为学生学习课文设置了一个急于知道的悬念，引起学生的兴趣，吸引学生想急切地走进课文，了解课文的内容，为后面的讲解做好铺垫。

5. 通过复习旧知识导入新课

通过复习旧知识导入新课也就是通过温习学过的旧知识，抓住新旧知识的内在联系而导入新课的方法，这是各科教师常用的方法。巴普洛夫曾说过：“任何一个新的问题的解决都是利用主体经验中已有的旧工具实现的。”可见新旧知识之间的密切联系。教师在上课时，通过把握新旧知识之间的内在联系，设计导语，真正让学生既“温故”，又“知新”。

① http://eblog.cersp.com/userlog30/233743/archives/2009/1147878.shtml，2009年10月17日。

因此，复习法导入新课不是单纯地为复习而复习，而是担负着“铺路”“架桥”，巩固旧知识引入新知识的重要使命，使教学循序渐进，学生易于接受，而且由于引导学生从已知着手去探求未知，既减少了难度，又容易激发学生探求新知识的欲望和兴趣，同时使教师的主导作用与学生的主体作用有机结合，且易于前后知识的融会贯通，达到对旧知识的巩固和对新知识探求的目的。如高中地理“地壳运动”一课可以从复习地壳的结构和物质组成一节中的地壳物质循环过程导入，并提出地壳物质运动和变化的原因是什么？对地表形态又有什么影响？等等。

这样导入新课既复习了旧知识又引入了新知识，表现得自然、流畅，学生在不知不觉中就跟上了老师的思路，能够顺理成章地学习新课内容。

二、讲授语

讲授是课堂教学的最主要的环节。所谓讲授语，就是指教师系统、连贯、完整地讲解教学内容的教学用语。讲授语在课堂教学中使用频率最高，是课堂教学中最基本的语言表达形式，是教学语言的主体。教师运用讲授语向学生传授知识，更重要的是锻炼学生的思维。因此，教师运用讲授语做到用语精练、生动、形象，有感染力，逻辑性强。讲授语的信息量非常大，能使学生在简短的十几分钟内获得大量的较为系统的学科知识；讲授语的灵活性较大，教师要能根据学生反馈的信息在教学进程中不断调整变换。讲授语运用的好坏，是评价一个教师课堂教学好坏的重要指标。

（一）讲授语的作用

讲授语的作用主要有以下几点。

1. 传授知识，解疑释难

教师运用讲授语的首要目标是把知识准确清晰地呈现在学生面前，使之记牢、会用。所以，教师课堂的每一段讲解都应针对学生学习中的疑点和难点以及新知识传授的要点进行设计。教师设计的一个个讲解片段，既是构成课堂教学的整体框架，又是实现教学目标的明晰线索。

2. 培养学生的思维能力

教师的讲解要努力做到内容和学生的求知欲相一致，不断激发学生的学习兴趣，强化学生的注意力，努力培养学生的发散思维。例如，一位数学教师这样讲课。

师：中世纪意大利数学家斐波那契对事物处处留心，仔细观察，认真分析。因此，在数字研究上做出了巨大的贡献。他从一对兔子的繁殖中发现了有趣的问题：如果每月能生一对小兔而每一对小兔在出生后第二个月又生一对小兔，不发生死亡那么一对初生的兔子在一年能繁殖多少对？

月份	12	1	2	3	4	5	6	7	8	9	10	11	12
兔子对数	1	1	2	3	5	8	13	21	34	55	89	144	233

师：同学们，你从表格中各个月兔子数发现什么规律没有？

生：（每个学生都从等比、等差的关系去仔细观察，没有发现什么规律。）

师：数学家斐波那契从后面一个月兔子数与前两个月兔子总数一对比就找到了规律。

生：（这时学生从老师的点拨中得到了启示，都按老师解释的算了算感到惊奇，特别高兴，争先恐后抢着说。）后一个月兔子数＝前两个月兔子总数。

接着老师写了几排数叫学生找规律，学生在老师的鼓励下怀着好奇的心情，仔细观察，寻找规律，学习新知识。①

这时学生从老师的点拨中得到了启示，都按老师的思路找到了这些数字的规律，感到惊奇，特别高兴。

3. 陶冶学生的道德情操

柏拉图在他的《理想国》中借苏格拉底之口说出了教育的真正含义：真正的教育是在学习的实践中"引导人、引导人的灵魂、精神达到真实之境，从黑暗引向光明，从意见世界引向真理世界"。各学科的性质不同，但是在课堂教学中都能对学生的道德情操起到陶冶的作用。例如，一位化学老师在讲新课时，针对1984年12月3日印度博帕尔一家农药厂毒气渗漏事件对学生进行教育：同学们，当你听了这则震惊全世界的毒气渗漏事件后，也许要问：现代科技一日千里，难道对管道的漏气就无能为力吗？这个问题已经解决了。仿生学专家从嗅觉灵敏的狗鼻得到启示，制造一种小型电子鼻——自动嗅敏仪。可以用来测定大气污染的程度，分析潜水艇、高空飞机和航天飞船的气体，也可以用来进行军事侦探，帮助警察破案；还可以用来探矿，检查输气管道的漏洞。"电子鼻"真是神通广大。为什么印度农药厂不用上"电子鼻"呢？因为他们想的是如何赚大钱，根本没想到人民的生命安全。老师说完让学生计算这笔巨大的损失。当学生算出了这笔巨大的损失后便认识到尊重科学的重要性和人的生命的可贵，从而陶冶了学生的情操。

（二）讲授语的基本要求

讲授法是深受我国教师课堂教学喜爱和推崇的一种方法，课堂教学的重点与难点主要通过讲授的环节完成，讲授语使用的好坏是一个教师专业技能水平的集中体现，也直接影响教学效果，因此，教师使用讲授语时，要做到以下几点。

1. 语言严谨、精确

教师在授课时，要注意讲授语的严谨、精确，争取以最少的时间获得最佳的教学效果，精心设计传授知识的过程和环节，要做到严密、精确。例如，在讲朱自清的散文《威尼斯》时，先指出这篇课文重点、难点是运用了"空间转换写景法"来描绘威尼斯，接着进行了这样讲解："作者首先描绘了风光明媚的威尼斯的自然美，然后以细腻的笔法赞叹了威尼斯的艺术美。在这一部分中，作者采用了空间转换写景法，他所表现的美并不是这张冰冷的方位图所能展示出来的，只是作者运用这种方法将他在威尼斯的所见所闻进行了大刀阔斧的剪辑，留下了精华供我们欣赏罢了。首先，他对圣马克广场进行了描写，写出它建筑的华丽和夜曲的美妙。其次，描写了别致的玻璃器皿、刻花皮件及大理石雕像……"这位教师清晰地点出了课文的主线，并使得讲授语精确、恰当、严谨，让学生更容易跟随教师的

① 国家教育委员会师范教育司.教师口语训练手册(试用本)[M].北京：北京师范大学出版社，1994：262.

解说去感受威尼斯别致的地方，以及艺术内在的那种博大精神。这种讲授语设计牢牢吸引了学生的注意力，使得学生在教师讲授中既欣赏到了散文的写景美，也保证了学生在一定时间内学习活动注意的稳定性，从而学到更多的知识，更好地理解、把握课文。

2. 语言生动、活泼、形象

所谓生动，就是能够直观形象地再现事物的本来面貌，将抽象还原为具体，将概念、原理还原为它们所概括反映的事物本身。所谓活泼，就是不拘泥于某种特定的表现形式，能够运用多种描摹说明事物的方法，诠释事物，讲授得生动形象，声情并茂，这样才能进一步激发学生的想象，使学生更好地理解全文。为了能做到生动、活泼、形象，教师在讲授时要做到吐字清晰，语速、音量适中，语言简练、准确。不用生造词、土语、废弃的旧词、冷僻的行业术语、修饰成分太长的长句、语法修辞的病句、半文半白的语言、口头禅等。要追求语言的生动形象和节奏感，并辅以自然得体的体态语。比如，有的教师在讲《长江三峡》时，提到美的种类时指出美分为两种，有阴柔之美和阳刚之美。妲己美得妖媚，西施美得清纯，赵飞燕美得轻盈，杨贵妃美得丰满，这是阴柔之美。而在长坂坡于百万大军中横冲直撞，如入无人之境的常山赵子龙，既不沉鱼落雁，也不闭月羞花。他身高八尺，膀阔腰圆，威风凛凛，相貌堂堂，横枪立马这么一站，如山岳耸长空，苍松立平原，浑身上下每一块肌肉都突突地显示着无穷的力量，仿佛整个人类的活力都集中到了他一个人的身上。当我们想起了这位虎将的形象，我们就理解了什么是生命的力度，什么是阳刚之美。

3. 语言深浅适度、重在点拨

讲授的内容要充实，难易适度，多少适量。特别提倡讲授要能做到深入浅出，化难为易，通俗易懂。教师要善于借助形象化的语言，通过比喻、修辞、类比等形式，把要讲授的内容变得生动、形象、具体，使学生立得要领，顿开茅塞，透彻理解。讲授的重点要突出，切忌为了要讲清某些问题，不顾学生的接受能力而盲目地加以深化和拓展。有些重点、难点或关键处在讲授过程中要加以提示或停顿。整个讲解要前后连贯，做到不枝不蔓，不旁逸斜出，不背题离题。新的课程教学观注重师生互动、沟通、合作，学生是学习的主体，教师的作用就是教会学生学习，在学生困惑的地方适当点拨。

4. 讲授的时间要控制

一次讲解的时间不要太长，一般不要超过 15 分钟。较长的内容可以分成几个片段来讲授，在讲授的过程中真正做到以学生为主体，教师为主导。真正意义上的讲授是一种师生互动、信息互换的过程。一方面，教师个性化的解说、思维轨迹的展示、艺术语言的感染、浓烈情感的熏陶，会使学生产生积极思考、乐于表达、及时反馈以及信息重组的良好的认知效果，学生的认知水平会在教师声情并茂的讲解中不知不觉地得到提升。另一方面，教师从讲解的言语到讲解的内容再到教学方法等环节都要服务于师生共同学习，教师的讲授时间不能太长，教师不能仅仅去“满堂灌”，而是要以少量精当的讲授启发学生，调动学生，引导学生，要使学生处于自觉、主动和愉快的学习状态中，与教师形成互动，实现良性循环。

（三）讲授语的类型

课堂教学内容不同，使用的讲授语也不同。一般来说，讲授语分为叙述性讲授语、解释性讲授语、分析性讲授语、评点性讲授语四种。

1. 叙述性讲授语

叙述性讲授语是指教师采用叙述和说明的方式在课堂中客观地向学生陈述学科文化知识的用语，常用来反映事件、人物活动等的状况。该种讲授语也就是人们通常所说的讲述。这种语言通俗、简练，没有过多的感情润色，也不太重视语言修饰，具有条理清楚、脉络分明、系统完整的特点。该类型的讲授语一般适用于导入新课、叙述课堂内容、描述事件的情节、补充相关事实等教学环节。叙述性讲授语要力求生动、形象、具体，使听者愿意听。请看杨宏丽教师讲《乡愁》的片段。

师：这首歌是著名歌唱家佟铁鑫唱的，这首歌的歌词就是余光中先生的《乡愁》。我们先来看一下余光中简介(投影显示)。余光中，1928 年生于南京，祖籍福建永春，台湾十大现代诗人之一。已出版诗集、散文、评论和译注 40 余种。20 世纪 60 年代起，余光中创作了不少怀乡诗，故而被人们称为“乡愁诗人”。代表作有：《乡愁》《乡愁四韵》《春天，遂想起》。1971 年创作《乡愁》时，余光中时而低首沉思，时而抬头远眺。他说：“随着日子的流失越多，我的怀乡之情便日重，在离开大陆整整 20 年的时候，我在台北厦门街的旧居内一挥而就，仅用 20 分钟便写出了《乡愁》。”几十年的乡愁情结，仅仅用了 20 分钟就一气呵成的短短的小诗，却广为流传，甚至成为诗人余光中的代名词。温家宝总理访美期间，在纽约会见华侨华人时，引用了《乡愁》的诗句。他说：“浅浅的海峡，国之大殇，乡之深愁。”道出了我们中华儿女的心声，这首歌再次引起了海内外广泛的关注。现在我们一起来学习余光中的《乡愁》。[①]

这段讲述属于教学《乡愁》之前的作者及作品介绍，在不到 400 字的内容中，既介绍了作者情况，又介绍了《乡愁》的写作情况和传播情况，语言简练，内容生动，条理清楚，重点突出，引用材料典型，是一段比较成功的讲授语。

2. 解释性讲授语

解释性讲授语是教师采用解说的方式来讲授教学内容的一种语言，即通常所说的讲解。该种类型的讲授语的关键在于“解”，它以“解惑”为目的，要能解释得清楚、明白，容易让听的人理解。解释性讲授语一般适用于具体的、事实的、陈述的知识教学，主要适用于解释名词，讲解难点，解说知识概念，解答疑难问题等。运用讲解语要精练，要言不烦，而且还要灵活。例如，《论雷峰塔的倒掉》的教学片段。

1924 年 9 月，杭州西湖边上一座古老的雷峰塔倒掉了。消息传到北京，鲁迅先生在 10 月写了这篇《论雷峰塔的倒掉》。题目中的这个“论”字用得很别致。因为这篇文章不同于一般的议论文章，它通篇以记叙为主。作者巧妙地把现实生活中的事——雷峰塔的倒掉和传统中的故事相结合，赋予它反封建的意义，把深刻的主题寓于生动的描述之中。[②]

这个案例是对课文题目中的关键字词的解释，进而延伸到文章的体裁特点和全文的

① 杨宏丽.《乡愁》课堂实录[J].中学语文教学参考，2004(6)：36-38.

② 李山林.语文课程与教学论案例教程[M].长沙：湖南师范大学出版社，2006：282.

写作特点，教师所讲的虽然只有短短几句，但是在解题的同时，也给学生提供了文章理解的平台，信息量很大。

3. 分析性讲授语

分析性讲授语是教师采用分析探讨的方式来讲授教学内容的一种语言，即通常所说的讲析。讲授语的关键在"析"，要能运用分析、综合、归纳等方法，把概括的问题具体化，将笼统的道理清晰化。讲析语通常用于剖析讲授内容、分析重点、难点等。运用讲析语要突出剖析事理的逻辑性，阐述要充分，分析要到位。例如，一位生物教师在讲"激素调节与快乐加减法"这一节内容时所用的分析性讲授语：该教师通过课件展示出一个身患心脏病的女士为了照顾自己的孩子靠毅力活了八年，说明意志力对人的作用，之后他问学生："从生理学角度该怎么解释呢？"他接着解释道：怀特博士低估了 ACTH 这种荷尔蒙产生的生理作用，人类的情绪能刺激垂体，产生 ACTH 和正常荷尔蒙的可能性。因为在当时还不知道 ACTH 是什么东西。那么 ACTH 是什么东西呢？它是肾上腺皮质激素。然后引导学生分析各激素之间的关系引出内分泌腺的三个层次：下丘脑——垂体——被管理的某些内分泌腺。通过让学生自述寒冷刺激时机体所做出的反应来说明激素对机体的调节机制，加深学生对反馈调节的理解。之后教师总结：再回到怀特博士的病例，请同学们做合情合理的分析。然后，我运用心理学理论和反馈调节知识对材料做进一步分析总结。并说生活中的负性事件永远存在，关键是我们要以积极的情绪、快乐的心情看待"她"。

这段讲授语，把内容分解为三块，分别从引用典型事例、联系旧知识、通过学生体验等方面进行详细分析，最后又在分析的基础上做出准确的概括，讲得清楚、透彻，有一定的深度。

4. 评点性讲授语

评点性讲授语是教师采用点拨或评价的方式来讲授教学内容的一种语言，即通常所说的点评或讲评。评点性讲授语的关键在"评"，讲评要能切中肯綮，一语中的。评价学生的发言或作业或课堂发言，常常需要用这类讲授语。评点性讲授语要能紧扣评价内容的实际，有的放矢，评价精当，切不可作脱离实际的空谈。评价还要言之有物，有理有据，以理服人，尤其是课堂学生回答问题的评点，要面向全体学生，要有针对性。例如，有位教师教毛泽东的《沁园春·雪》，一名学生声情并茂地朗读之后，教师激动地说："很好，你读得真好！读出了北国雪景的壮观，读出了诗人对新一代风流人物的歌颂，更读出了无产阶级领袖坚定的自信和伟大的抱负！我们为你的精彩诵读而喝彩！"

这则评点侧重点评学生阅读的感受，语言准确、中肯，要言不烦，一语中的。这才是课堂教学中教师评点的魅力所在。

三、提问语

提问语是指教师根据教学要求围绕教学内容针对学生的实际提出问题，促使学生积极思考加深理解的教学语言形式。课堂提问是引起学生做出反应，增强师生双边交流的主要教学手段，教师精心设计的提问，可以活跃课堂气氛，充分调动学生参与的积极性，给学生思考的机会，让他们"思而后得"。可见课堂提问在教学中的作用。成功的教师都十

分重视课堂提问。提问语表现出来的句子形式必然是带有疑问语调的句子，我们称为疑问句。提问可以运用各种手段，用语调、疑问词、语气副词、语气词或疑问格式。

（一）提问语的作用

提问语的作用主要体现在以下几个方面。

1. 训练学生思维

教师提问的过程就是教给学生提出问题方法的过程；学生对问题的思考回答过程就是检查思维训练的过程。教师的提问要事先精心设计好并有巧妙合理的安排。教师要善于设计有利于发展学生创造性思维的问题，如设计问题的正确答案不止一个，而是几个。它要求学生从不同角度，不同侧面，用不同方法去思考、解决问题，从而引起学生多角度的心理兴奋，有利于发展学生的创造性思维；也可以是解答问题时所用的理论是综合性的，它要求学生把学过的知识纵向、横向或纵横交错地联系起来，进行一番加工创造、灵活的运用，这也能促进学生创造性思维的发展；另外，课堂提问要紧扣教学中心内容，针对学生的实际水平、心理特点、兴趣爱好，有的放矢。除了问题本身要明确之外，教师还应当明白，为什么要问这些问题，通过提问要解决什么问题，达到什么目的。例如，一位教师给学生上自然课，为解释什么是“动物”，老师的提问语设置如下。

师：什么是动物？

生：会爬。会爬会走的都叫动物。

师：鱼不会爬、不会走，只会在水里游；鸟会飞，它们是不是动物？

生：它们是动物，因为它们会活动。会活动的生物叫动物。

师：能活动的生物叫动物，可是，飞机会飞，是不是动物？

生：飞机自己不会飞，是人开动的，它没有生命，不是动物。

师：对了，能自己活动的生物叫动物。①

2. 集中学生注意力，激发学习兴趣

当学生在教学过程中不能集中注意力听讲时，通过提问可以使学生注意力集中。这种情况下，教师一般提问单个学生。提问单个学生时要注意学生的表情、反应，如果学生低下头，说明他对这个问题没有足够的把握。如果学生双眼跟着老师转，而且脸上露出喜悦的表情，证明这个学生期待回答这个问题。对于一些有争议性的问题或者难度较大的问题，最好先让学生分组讨论，集全组同学的智慧，总结出最合理、最全面的答案。这样有利于培养学生的团队精神，有利于激发学生的学习兴趣，调动学习积极性。再者，当教师提出问题时，往往会使学生的注意力处于高度集中的状态。例如，一位教师在讲解篇幅较长的英文课文 The Universe and Man－made Satellites 时，为了吸引学生的注意，提问学生如下几个问题：①What do we mean when we talk about the universe? ②How far is the moon away from the earth? ③What do you know about the universe?

3. 优化课堂教学，提高课堂效率

教师通过教学提问活动，了解学生掌握知识的情况，探明学生知识链条上的漏洞和产

---

① 罗明东. 教师口语技能[M]. 昆明：云南大学出版社，2007：41.

生错误的原因，从而针对每个学生在学习中存在的问题，对症下药，因材施教，及时调整课堂教学思路，切实地改进和提高教学质量。同时，学生也可以通过答问，从老师那里获取评价自己学习状况的反馈信息，在学习中不断审视自己，改进自己的学习态度、方式等，使自己后继的学习活动更富有成效。因此，高明的教师往往就是通过提问来了解学生对知识的理解程度，如在关键处向学生提问，引起学生重视，检查学生对所学重点内容的理解，以便为进行下一步的教学做好铺垫。例如，一位教师在讲《东郭先生和狼》时，发现学生对寓言的含义不理解，于是，他及时调整策略设计了如下问题：①如果不是遇到老农，东郭先生的处境会怎样？②要是东郭先生再次遇到狼，他会怎么办？结果会怎样？③救狼差点被狼吃，斗狼却无任何危险，这给我们什么启示？通过这三个问题，学生一步步回答，自然就理解了本课寓言的含义了。

（二）提问语的基本要求

通过教师不断提出问题，与学生不断互动解决问题，从而完成教学内容。课堂提问也是了解学生掌握知识的最有效的方式之一，因此，提问语的使用也要讲求策略，具体来说，要做到以下几点。

1. 提问要讲求策略

对同一个问题，教师可以有多种提问的方式和方法，如何选择合适的提问方式非常重要，直接影响到学生理解和回答的程度。因此，教师提问时要有明确的意图和目的，切忌随意提问。如果问题提得含糊，学生摸不清老师的意图，就很难回答好。有的问题，答案范围过大，也不妥当。为便于学生思考，每个问题都应该像出考试题一样，字斟句酌。所提问题的逻辑要严密，语言要简练、清楚、确切，切忌出现科学性错误，使学生心理受压，影响正常的思路展开。

2. 提问要难易适度

适度是指问题的深度、难度和数量都要适当，不能低于或过分高于学生的实际水平。问题太易产生不了应有的教学效果，问题太难则会挫伤学生的学习兴趣。数量太多会使学生厌学厌答，影响教学效果。也就是说，问题的大小要适宜，难易要适度，表述要清楚。再者，提出的问题应紧扣教材内容，围绕学习目标，抓住关键点，牵一发而动全身，攻克难点，揭示薄弱环节。

3. 提问要适时

提问要善于掌握时机，要在教师可以提问时提问，在学生跟随着教师的教学思路有疑而问、有思欲解而又不知其解不知其然时提问，所提的问题与学生对教学内容的认知进程相吻合。这样的问题就具有启发性，能使学生茅塞顿开，豁然开朗。

4. 提问要明确

各门学科的教学语言都讲求清楚明了，因此教师的提问就要结合学生认知特点，用自然语言表述要准确精练，不能含混不清。再者，提问时教师语调能抑扬顿挫，通过辅助语言让学生明确问题的关键所在。例如，一位历史教师在讲“鸦片战争”的内容时设计的提问是：“中国落后于西方的根源是什么?”这就比把提问语设计为“战争前中西方社会的情况怎样?”更明确、深入,学生也更容易把握。

5. 学生回答问题后,要及时予以评价

在课堂教学中,教师和学生都是信息的输出者和输入者,因此,处于一个动态的教学过程当中。这就要求教师要善于猜测和判断学生的思维动向,学生回答问题时,教师要注意倾听,做好及时反馈学生的准备。教师要能事先想到学生可能回答的内容,能敏锐地捕捉和及时地纠正学生答案中的错误或不确切的内容以及思想方法上的缺陷。善于采用归纳、小结的方法,帮助学生形成答案,及时告诉学生为什么正确,为什么不对,并要能有理有据地加以分析说明,让学生对教师的评价心服口服。同时,评价学生的答、问要态度和蔼、亲切,以鼓励、表扬为主。

(三) 提问语的类型

提问语根据功能和形式两个方面分类。

提问语从功能方面分类,主要有以下几类。

(1) 回忆性提问。这一类提问侧重于检查课堂知识的掌握情况。要求学生用所记忆的知识照原样来回答,而不需要更深入地思考。例如,“什么是新陈代谢?”又如,“鲫鱼的外部形态中有哪些特点与其水生生活相适应?”

(2) 了解性提问。这一类提问主要目的是培养学生对所学内容感知的能力,为其深入理解打下基础,一般用于在讲本堂课的重点、难点过程中,通过了解性提问,掌握学生对课堂教学内容的理解程度,为进一步讲解打下基础。例如,“请你用自己的话简要说说,《一面》这篇课文写了一个什么样的故事?”

(3) 理解性提问。这一类提问主要目的是培养学生利用知识来理解课堂教学重难点的能力。例如,一位化学教师为证明盐酸和氯化氢的性质不同,他向 A、B、C 三支洁净的试管里各放入一片干燥的蓝色石蕊试纸,然后向 A、B 两支试管里分别加入盐酸、干燥的氯化氢气体,问同学 A 试管试纸显示什么颜色? B 试管试纸显示什么颜色? 由此推出教师向 C 试管中加入一种什么物质?

这则提问难易适度,关系到学生思维活动开展的广度和深度,能引导学生沿着符合逻辑的思路去分析和研究。

(4) 运用性提问。这一类提问是以心理学中迁移的理论为依据,要求学生把所学的知识运用到解决问题中去,从而把所学基础知识转化为解决问题的技能。学习知识的目的就是为了应用,因此这一类提问是每门学科均提倡使用的。例如,一位物理教师在教学牛顿第一定律时的提问:从斜面上释放的小车在水平面上运动时,小车受到的阻力与前进的距离有什么关系? 假如小车在无限光滑的平面上运动,会如何呢? 由此可得出什么结论?

这种提问的设计既为学生积极思维创造了条件,又与生活结合降低了思维的难度,这样得出的物理定律,学生就会感到易理解、好掌握,容易应用到生活中,因此受到学生的欢迎。

提问语从形式方面分类,常见的有以下几种。

（1）直问。就是直截了当地提问，开门见山，单刀直入，目的在于学生能直接答问，这类问答一般用于知识性问题的提问。各个学科的提问常常用到这种提问方式。例如，语文学科的例子："鲁迅的《故乡》写于哪一年？"讲《散步》时教师提问："散步时发生了什么分歧？"再如数学学科的例子：一位教师在讲数学归纳法这一节课的内容时，提问"数学归纳法为什么要有两步证明过程？每一步的作用是什么？"这几则提问均言简意赅，让学生知道该从哪些角度回答。

（2）曲问。就是迂回的问法，学生通过对所学内容的认真思考才能做出正确的回答，这类问题的提问要注意提问的逻辑性，提问的问题与前后所学知识的联系。这一类的提问不适合于低年级学生。例如，一位历史教师在讲"宋金南北对峙"这一节的内容时的提问："东京保卫战取得了胜利，可是北宋为什么还是灭亡了？""岳飞深受百姓拥护，可秦桧为什么还要杀死岳飞？"这两个问题不能从课本上找到答案，需要学生结合当时的背景资料，并有一定的社会学、哲学知识，而且善于独立思考才能回答得较好。

（3）反问。反问与正面提问相反，是从反面提出假设性问题，从矛盾的对立面设问，利用矛盾，激发学生思考的兴趣，刺激学生的逆向思维，进行正反比较后得出结论。例如，一位教师在讲《散步》这篇课文时设计的问题："散步时发生了什么分歧？作者是如何解决的？"在学生回答："母亲要走大路，儿子要走小路。作者通过思考决定走大路"后，教师接着反问："作者的决定对不对？如果是你，你该怎么办？"通过反问学生对课文的理解就会更加深入。

（4）环问。提出环环相扣的一系列问题，学生循着连环成组的问题，进行连锁性思维，或由表及里，或由浅入深，或由近及远，或由此及彼。例如，有位教师教《说"屏"》一课，向学生一连提出了三个问题："什么是屏？""屏有哪些种类？""每一类的作用是什么？"这三个问题，每一个问题都是在能够回答前一个问题的基础上提出来的。这就是环问。又如，一位数学教师在讲映射的概念时，设计了以下问题。下列对应 f 是否为集合 A 到集合 B 的映射：①$A=B=\mathbf{R}$，f：取倒数；②$A=B=\mathbf{R}$，f：平方；③$A=B=\mathbf{R}$，f：乘 2 加 1；④$A=\mathbf{Z}$，$B=\mathbf{R}$，f：取以 10 为底的对数；⑤$A=\mathbf{N}$，$B=\mathbf{Z}$，f：取绝对值。提问：①哪些是映射？哪些不是？为什么？②判断是与不是的依据是什么？从而你认为映射这一概念中关键字词是什么？③你认为映射这一概念包含几类对应关系？通过上面有顺序的提问，就会促进学生的思维活动，使学生加深理解，掌握映射这一概念，为进一步学习函数、反函数概念打下基础。

四、应变语

应变语是指教师在课堂上，针对随时出现的意外情况，风趣幽默地处理课堂突发事件时所运用的语言。课堂教学往往不能按照教师既定的目标推进，会有一些意想不到的偶然情况发生，这时候教师要靠反应迅速，临场发挥，应变语的质量高低直接关系到教学效果。因此，应变语是教师教学机智和语言机智的表现，是教师渊博、机智、幽默的教学风格和热情、专注、求实的教学态度的凝聚点，是教师自觉发挥口语优势的着力点，又是教师启发学生领悟、激发他们求知欲的临界点。

（一）应变语的作用

课堂教学是一个动态的过程，课堂上经常出现不定的因素，这就要求教师要有很强的应变力，教师通过使用合适的应变语来使课堂教学按着既定的方向发展。因此，应变语的作用很大，具体来说，有以下几点。

1. 引起学生注意

当课堂上出现意外情况时学生很容易分散注意力，这时就要求教师用应变语将学生的注意力拉回到学习内容上。例如，一天，在一堂讲授“汉语疑问句”的课上，一位语文教师设例“谁是最可爱的人”，并问学生：“这是什么问句?”这时，一个调皮的学生拉长声音叫道：“我……”并得意扬扬地环视大家，惹得全班哄堂大笑。老师心平气和地说：“某某同学的回答可以说是对的。”话音刚落，全班顿时安静下来，学生一个个呈现出惊诧的神情，注意力一下子被吸引过来。于是，她说：“特指问句是要求回答句子疑问代词所指的内容，而某某同学是针对‘谁’这个疑问代词所指的内容来回答‘我’的，从这个角度上来看，可以说回答是对的。”这一番话重新激起了同学们的求知欲。这时，她抓住时机继续发问道：“某某同学的举动对吗?”大家异口同声地说：“不对!”“那么，这种对提出问题做肯定或否定的回答的问句是什么类型的问句呢?”“是非问句。”同学们响亮地回答，接着她趁热打铁巧设选择、正反、反问等问句。如“对某某同学这样的举动你是怎样看的?”“上课能不能自由散漫、随随便便?”“某某同学犯了错误，应该耐心教育还是讽刺挖苦?”同学们根据这几种类型问句标点，一一作答，气氛十分热烈。①

2. 调控教学过程

课堂上学生不一定均按照教师预设好的思路往下进行，因此教师在教学过程中往往要靠机智巧妙的语言来调控。这时尤其体现出教师的课堂应变能力，考查的是教师敏锐的观察力、灵活的应变能力和驾驭课堂的能力。例如，一位数学老师讲圆的相关知识，学生们显出浮躁的情绪，同学们左右说话，教师为了控制课堂，调整教学策略，对学生出现的骄傲的情绪进行教育。

师：同学们，关于圆的知识我们已经讲完了，大家掌握得很好。现在请看黑板上这两个圆。如果要问它们哪一个接触的圆外面积大，同学们一定知道是大圆，因为大圆的圆周大，接触的圆外面积自然就多。咱们打个比方，如果把圆的面积比作人们已经掌握的知识，圆外的区间比作人们还不知道的无穷领域，同学们说说看，怎样才能开拓那未知的领域呢?

生：增多已知的知识。

师：这就告诉我们，造诣越高的人，越知道这探索学问的路更长，因而越能勤奋地学习，保持谦逊的作风。相反，知识甚少或偶有一得的人，才自命不凡，得意忘形。相信通过对圆的知识的学习和刚才的比喻，大家一定会谦虚谨慎，不骄不躁，以顽强的斗志勤学好问，刻苦钻研，掌握更多的文化知识。②

---

① 国家教育委员会师范教育司.教师口语训练手册(试用本)[M].北京：北京师范大学出版社，1994：302.

② 翟雅丽.教师口语技巧[M].广州：暨南大学出版社，2001：121.

（二）应变语的基本要求

高质量的应变语可以融汇教师的事业心、品德修养、创造性思维品质、言语表达功底、课堂民主作风、积极参与意识等诸多因素于一体。因此，教师要恰当地使用好应变语，必须做到以下几点。

1. 要有针对性

教学应变语应该有明确的针对性，也就是要紧紧围绕完成课堂教学任务这个中心来进行机智地应变。面对课堂上发生的一切偶然事件，教师都要针对教学活动中学生思维活动的特点和走向，以进一步激活学生思维、最有效地调动学生学习的积极性为目的。也就是通过教学应变语的运用，能够使课堂教学正常进行。

2. 要有分寸

教师运用应变语时不宜过分夸张、做作，也不能过分平淡，失去吸引学生兴趣、调动学生注意力的作用。在内容和时间的处理上，也应该相机而动，既不能喧宾夺主地大段插说，也不能不顾学生的情绪而操之过急。

3. 要自然

教学应变语是教师处理课堂教学突发事件的技巧，是教学过程的一个“插曲”。这就要求教师处理应变事件时，为了保证学生学习情绪的相对稳定，为了保证教学过程的相对顺畅，教师必须运用教学应变语，使教学过程过渡自然、衔接紧凑、不露痕迹，顺理成章。

（三）应变语的类型

常见的应变语的类型主要有以下几种。

1. 纠错式应变语

课堂教学是一种极其复杂的创造性劳动，尽管教师在课前已做了充分的准备，但是在上课过程当中难免出现一些意想不到的失误，如教师出现口误、笔误或处理教学内容不当时，教师就要机智地运用应变语来补救自身的失误。例如，有位英语教师常喜欢采用直观教学的方法，用实物来启发学生思考，以追求更好的教学效果。有一次，在教单词 pencil 和 pen 时，无意中将手中的铅笔说成了“This is a pen.”等他意识到自己说错时，有些学生也已经注意到了。这位教师没有马上纠正，干脆接着反问一句：“Is this a pen?”学生们齐声回答：“No，It isn’t. It is a pencil.”这种灵活而又果断的问答，使学生误以为教师在考问他们句型呢。①

2. 处理偶发事件式应变语

学生在听课过程中或对内容产生疑问，提出一些与教学无关的问题或教师当时无法解决的难题等，教师要用应变语及时调整，以便提高课堂教学的效率，保证教学的正常进行。例如，上课了，教室里仍然笑声不断，韦老师在门口站了一会儿走上讲台，笑声还没绝

① 翟雅丽. 教师口语技巧[M]. 广州：暨南大学出版社，2001：83.

止。“笑一笑，十年少。”他面带笑容地说，“这节课，我们一起学习老舍的《小麻雀》。”边说边习惯地打开粉笔盒，伸手拿粉笔，呀，毛茸茸的，吓得他出了一身冷汗，教室里又咯咯地笑开了。原来，粉笔盒里关着一只羽翼未丰的小麻雀。韦老师沉静片刻后说：“好有心计的同学，找来了一只活标本。大家看看，小麻雀的眼睛是不是像老舍描写的那样，小黑豆似的。”小麻雀传开了，大家不住地赞叹老舍的观察仔细，比喻生动，也从内心佩服老师的应变能力。[①]

五、总结语

总结语又叫收束语、结尾语，是指教师讲完课程内容，对该节课作总结、巩固时教师所使用的语言。就像中国画的线条一样，虽简洁却能勾勒全景，虽粗略却能体现意境，有人形象地将总结语比喻为“梳子”。总结语也是下节课的“引子”，通过总结，学生也可以窥探到下节课要学习的知识。因此，总结语要言简意赅，画龙点睛，梳理脉络，突出重点，并促进学生对所学内容的理解。完美的总结语不仅会直接影响课堂教学效果，还会影响学生的思维习惯。

（一）总结语的作用

总结语是整节课内容的高度浓缩、高度概括。在整个课堂教学中起到提纲挈领的作用，具体来说，有以下几点。

1. 概括整理，巩固记忆

一个巧妙的总结语要能强调重要的事实、概念，概括相关的知识，形成知识网络，使学生更加清楚、明白、系统地掌握所学的知识。它能帮助学生整理概括，加深感受，巩固记忆。例如，顾军然老师执教《二泉映月》的结尾。

师：“同学们，阿炳用他那纤弱的琴弦、苦难的人生谱写了如此不朽的作品。此时此刻你能用一两句话来表达我们对阿炳由衷的敬佩吗？”（指名让学生回答，达成共识）

师：“阿炳的一生是苦难的一生，他用音乐诉说了自己坎坷的人生经历。同学们，如果这个时刻我再问你，《二泉映月》是什么，你还会简单地告诉我《二泉映月》仅仅是一首曲子吗？你会怎样回答呢？（师生互动探究，共同总结）——是的，《二泉映月》不光是一首曲子，它还是阿炳的一段人生经历，更是诉说阿炳的内心情怀，表达他与命运抗争，向往美好生活的一种精神。希望这种精神可以激励我们在座的每一位同学。让我们去追求理想、热爱生活吧！”[②]

通过用心聆听名曲，诵读课文，触摸文本语言，深入阿炳的情感世界，学生真正领会了《二泉映月》的思想内涵，加深了对该课的理解。

2. 启发思维，开阔视野，陶冶情操

好的总结语是扣人心弦、开启学生的智慧之门、陶冶学生情操的有效途径。例如，有位教师在学习完“九一八事变”这一课内容的总结语：“一切都过去了，一切又都留下了。

① 唐树芝. 教师口语技能[M]. 长沙：湖南师范大学出版社，2000：209-210（略有改动）.

② 李继珍. 课堂结课艺术例析[J]. 小学教学研究，2007(6)：15.

九一八，多么让人撕心裂肺的日子！许多年过去了，当我们再度翻开这一页日历时，我们记起的是什么？是耻辱，是灾难，更是对于和平的珍惜！让我们在这一天安安静静地思考吧，这样我们才能更加深刻地体会到和平生活的甜美！让我们更加努力地学习吧，这样我们才有希望实现中华民族的伟大复兴！"通过这段结束语，不仅让学生牢记"九一八"这个特殊的日子，牢记中华民族所承受的灾难，更让学生结合现实，产生"远离战争，珍惜和平"的意识。[①]

（二）总结语的基本要求

课堂教学的总结语非常重要，不但要做到水到渠成，自然妥帖；而且要做到语言精练，突出教学重难点；同时，还要注重课内外内容的衔接与沟通。具体来说，要做到以下几点。

1. 水到渠成，自然贴切

总结语是教学过程的一部分，它的设计要符合课堂内容的安排，要与前面的教学内容衔接自然，而不要给学生以画蛇添足或节外生枝之感；再者，总结语的设计要与学生的认知背景相契合，以学生的欣赏口味为标准，让学生受到启发，得到享受。

2. 语言精练，重点突出

依据课程标准，每节课的内容是有一定限度的。过犹不及，均非适宜。因此，总结的语言要精练，中心要明确，要能给学生留下鲜明的印象，切忌拖泥带水，拉三扯四，漫无中心。这就要求教师在课堂教学中突出教学重点、难点。年轻教师在设计总结语时常常会将本节课的内容从头到尾简单地重复一遍，胡子眉毛一把抓，不能有效地突出重点。这样的总结语像是炒夹生饭，索然无味，显然收不到应有的效果。

3. 形式多样，生动活泼

一般中学生注意力的最佳状态可保持 30 分钟左右，课堂结束时正是学生注意力分散和较疲惫的时候，形式新颖、方式独到的总结语不但可以缓解学生的疲劳，使学生保持高昂的学习劲头，同时可以帮助学生对所学知识进行记忆、思考和整理。

（三）总结语的类型

按照总结语的功能，将总结语分为归纳式总结语、画龙点睛式总结语、延伸拓展式总结语三种类型。

1. 归纳式总结语

归纳式总结语是教师在课堂教学中常用的一种形式。在课堂教学中，师生的思维都处于向前运动的动态过程，特别是学生对感知与理解所获得的信息还来不及梳理。结束时进行教学小结，有利于学生及时地归纳整理所学内容，促使知识系统化。这是课堂教学结束语中最常用的一种语言。例如，一位生理卫生教师授完"生物的遗传"一节课时，对这节课所学的内容加以总结，概括为四点：第一，生物形态特征和生理特性叫性状，生物的性状是由父母的生殖细胞传给子女的，动植物的性状也是由生殖细胞遗传给后代的。第二，生物细胞中含有遗传物质，遗传物质存在于染色体上，染色体在体细胞中是成对存在

---

① 李霞. 浅谈中学历史课堂结课艺术[J]. 科技信息(学术研究)，2007(30)：583.

的。第三，染色体上有决定生物性状的小单位叫基因，基因成对存在，基因有显性、隐性之分，基因一个显性、一个隐性，只有显性基因可表现出来。第四，遗传病是由于遗传物质发生变化引起的，而近亲结婚，婚配双方基因相近，婚后所生子女得遗传病的可能性就越大。为提高民族素质，为减少遗传病给家庭、个人带来的痛苦，我国《婚姻法》明确规定禁止近亲结婚。[①] 这则总结语语言简练，将庞杂的课堂教学知识点系统地串联起来，学生容易掌握，起到提纲挈领的作用。

2. 画龙点睛式总结语

用精练的语言和画龙点睛的方法，对课堂教学内容的一些关键之处在学生充分思考的基础上，于教学结束之前，再行点化。这种点化往往能使学生产生顿悟，思路大开，认识得到升华。例如，教学“分数的基本性质”时，可这样设计结束语：这节课，我们学习了分数的基本性质，即分数的分子和分母都乘以或都除以相同的数(0 除外)，分数的大小不变。这是学习分数和其他有关知识的重要基础。我们在学习数学知识的同时，还学会了一种观察事物、分析问题的方法，这就使我们在变化的数学现象中看到了不变的实质。这样的总结语，对全课的内容做了提炼，起到了承上启下的作用。

3. 延伸拓展式总结语

课堂教学虽然时间有限，能够指导学生学习的内容不可能太多。但是，如果处理得好，就可以使课堂教学得到无限的延伸，学生的所得会远远超出课堂教学内容的范围。拓展式的课堂教学结尾，就能起到这种作用。例如，有位历史教师在讲“繁花似锦的戏曲”一课后，采用了“延伸课外”的方法：教师说“同学们，我们一起欣赏完了元杂剧、明传奇和清京剧，你们还知道哪些优美的戏曲种类呢？请每位同学课后搜集一个自己喜欢的剧种的音像资料，下节课大家一起分享”。这会再一次激活学生的思维，下课铃响起，但教师仍可以从学生意犹未尽的脸上看到他们对这一问题的兴趣盎然。这样的结束语，不仅巩固了本课知识，同时还丰富了学生的课外知识。

第二节　教育口语

教育口语是教师在课堂以外采用谈话、指导、评价等方式对学生进行思想道德、行为规范教育的一种职业口语形式，也称作课外教育口语。课外教育口语是教师口语的主要组成部分，是课堂教学口语的有力补充。从所解决的内容上，教育口语可以分为谈话语、指导语、评价语三类。

一、谈话语

在教育情境中的谈话语就是教师在课堂之外消除学生心理隔阂、取得心理认同的话语。教师通过与学生的谈话，掌握学生的生活、家庭环境和社会环境等客观材料，了解学生的心理发展状况，了解他的个性及技能等情况，从而在谈话中能抓住学生的心理，解决

① 池玉明.如何设计生物课堂结束语[J].山东教育，2005(29)：41-42.

学生的心理困惑。

（一）使用谈话语的原则

谈话内容和进程的控制需要具备多方面的能力与技巧，比较复杂。一般来说，在控制谈话的内容和进程方面，应该遵循以下原则。

1. 主题性原则

主题性原则即始终坚持谈话内容要围绕主题进行，通过摆事实、讲道理，找准影响学生认识的症结所在，指明问题的性质、危害和根源，并且做到表达明晰通俗，态度平易近人，让学生心服口服，使学生易于接受、乐于接受。例如，一位学生想参加表姐的婚礼，老师不主张他参加，和他谈话如下。

老师问道："告诉老师，你去能给表姐帮什么忙？抬东西吗？要不就是管理事情？"看着学生直摇头，老师温和地说："老师知道，去吃表姐的喜糖是你盼望已久的事情。如果她在节假日结婚，我们不上课，能去当然好。可现在情况不同，明天数学、语文都学新课，连你们活动老师也说，明天活动课上还要搞小制作比赛。你要是不来上学，那损失有多大呀！假如你只是想去凑热闹，那太不划算了；想吃好东西，可以让你爸爸、妈妈多捎些回来。"学生站在老师面前，眼睛里有泪珠在滚动。"这样吧，老师已帮你把事情分析了，对你请假的事，老师不说'行'，也不说'不行'。至于怎么办，你今晚可以回家再好好考虑一下。"①

这则谈话语教师用晓之以理、动之以情的方式指出该学生不能参加表姐婚礼的原因，主题明确，学生被老师的劝说打动了，打消了参加表姐婚礼的计划。若教师用命令的口气，或者将学生以前的表现又翻出来作评判，学生可能就不服。

2. 平等性原则

与学生谈话是一个双向交流的过程，不可居高临下，盛气凌人。不要把自己的观点强加于人，要把学生放在与自己平等的地位，消除学生顾虑与拘束，允许学生发表自己的观点和看法。教师要让学生在平等、和谐的气氛中受到启发，得到教育。经验证明，师生关系越是平等，交谈就会越融洽，越能充分地展开。例如，针对一个高三学生不交作文的现象，学生显出烦躁的情绪，一位老师是这样和学生谈话的。

你和我一样，是在农村长大的。高中读书三年寒窗，你远离父母，寄宿在学校，生活上、学习上吃了不少苦头。我衷心希望你在高考中取得好成绩。但你历来总是语文这条腿短，作文水平更差，再不多下点功夫，总分就会被拉下一大截。老师是为你好，但可能对你要求过严。上高三压力大，偶尔急躁发火，也是很正常的。我请你到办公室来，只想跟你交交心，如果你现在愿意跟我谈谈，那挺好；如果一时还想不通，你起身走也无妨……②

那位学生被老师的话深深地感动了，向老师承认了错误。

这位老师的谈话以情动人，与学生站在平等的位置上，以理服人，使得学生被感动。

---

① 罗明东.教师口语技能[M].昆明：云南大学出版社，2007：71.

② 罗明东.教师口语技能[M].昆明：云南大学出版社，2007：105.

3. 适时性原则

捕捉谈话时机，把握谈话火候，谈话效果将事半功倍。一般情况下，当学生知错认错，试图改变，需要帮助时；当犯了错误，已经自责，需要谅解时；当遭遇不幸，悲痛万分，需要安慰时；当内心抑郁，愁绪满怀，需要排遣时；当取得成绩，满心欢喜，需要认可时；当遇到麻烦，一筹莫展，需要指点时，均是与学生谈话的最佳时机。过早，时机不成熟，“话不投机半句多”；过迟，时过境迁或事态已扩大，于事无补，悔之晚矣。时间的选择要根据工作安排情况及学生思想状况与情绪表现。如学生情绪不稳，容易激动发火，此时不宜谈话。如学习太忙，学生也会心不在焉。地点、场合的选择对个别谈话尤为重要。一般而言，应选择比较清静易于定心，不受外来干扰的场所，应尽量避开人多的场合，应选择学生感到亲切、自在的地方。总之，在与学生的交谈过程中，什么时间需要调控，在什么情况下需要调控，都要遵循适时性原则。例如，一次语文课上，老师布置学生们进行小组讨论。但小明那个组却闹起了矛盾，要分组。玲玲委屈地对老师说：“不是我不愿意在组里交流，而是他们不想听我发言，总说我又引用书上的话来显示自己了不起，所以我不想和他们说了。”小组的其他同学则说：“每次发言的时候，玲玲只想我们听她说，我们发言的时候她从来不认真听。而且，她经常影响我们小组得五星。所以，我们不希望再和她一个组。”老师看出他们之间的矛盾已经较深了，说：“既然你们已经不愿意在一个组，我可以同意，只是有个条件。”听到老师居然爽快地同意他们分组，同学们都很惊讶。老师接着说：“我不希望看到你们带着对别人的抱怨分开。因此，只要你们说出对方三个以上的优点，我就给你们另外调组。”话音刚落，他们都轻松地舒了口气，觉得这个条件太容易了。小明抢先说：“玲玲读书多，知道的知识多，值得我们学习。”“玲玲的想法经常很独特，也值得我们学习。”……大家争先恐后地说了很多玲玲的优点。老师看见玲玲的眼睛里闪过一丝惊喜，有些泪花在涌动。她的声音有些颤抖：“我以为自己在你们心目中肯定很糟，没想到……其实我觉得这个组也很好。比如，小明的数学很好，值得我学习；而丁丁的电脑特棒，让我羡慕……老师，我现在不想离开这个小组了。”这时小明他们都明白了，其实他们这个组的每个成员都很优秀，于是都说不分组了。“好啊，你们自愿不分开了，那你们上课时该怎么合作呢？”组长小明说：“老师，您不总说以实际行动来证明吗？您就看我们的表现吧！”[①]

这位教师发现了孩子们的问题，及时与学生谈心，纠正他们的一些错误想法，使得同学之间的矛盾及时得到了解决。

4. 诱导性原则

教师与学生谈话时要通过巧妙的谈话和引导，把偏离了主题的交谈内容重新引回正题，方法越是巧妙而不露痕迹，效果就会越好。如果一旦学生的谈话背离了主题就横加干涉，强迫他们回归主题，就会为后面的教学带来许多负面影响。

在调控的方法方面，可以用“问”“提”“评”“换”等方法。不论用哪一种方法，都要突出一个“巧”字，做到“巧问”“巧提”“巧评”“巧换”。

(1) 巧问。即当学生的谈话陷于停滞或需要引入新的交谈内容的时候，教师通过巧

---

① 罗明东. 教师口语技能[M]. 昆明：云南大学出版社，2007：110.

妙的设问,引起学生重新开始交谈或转入新的谈话内容的兴趣。

(2) 巧提。这里的“提”,是提示、提醒的意思。所谓巧提,就是当谈话陷于停滞或偏离主题的时候,教师不失时机地加以提醒或提示,以使交谈继续沿着既定的主题进行。

(3) 巧评。所谓巧评,一般是在课堂交谈偏离主题的时候,教师通过巧妙的评价或评点,指出学生谈话内容的偏误或不当之处,同时巧妙地把谈话主题引到正确的方向上来。

(4) 巧换。指当课堂交谈内容偏离主题或需要变换谈话内容时,教师通过适时发言,巧妙地更换一个新的交谈话题。

(二) 谈话语的类型

根据谈话对象的多少,可将谈话分为集体谈话和个别谈话两种。集体谈话是教师面向全体学生的谈话,一般在同学们存在共性问题时的谈话。更多的是教师与学生的个别谈话。集体谈话可分为以下几种。

1. 漫谈式

漫谈式是一种“形散而神不散”的谈话方式。“形散”指谈话内容丰富多彩,方法不拘一格。“神不散”指紧紧围绕谈话的主旋律,不走题,不分散。这种方式一般适用于贯彻规章制度,对学生进行理想教育、爱国主义教育、集体主义教育等。如果采用简单、空洞的说教,学生必然感到枯燥乏味。教师把教育目的“掩藏”起来,以事明理,情理结合,密切联系学生思想上的热点和兴趣,以小见大,就会使学生听得心悦诚服,点头称是。进行漫谈式谈话时教师要做到态度和蔼、亲切、自然、诙谐机智、循循善诱,使学生在宽松和谐的气氛中消除心理障碍加大情感交流,从而提高教育效果。例如,一位年轻的教师因一名学生当众直呼其名而恼怒,抬手打了该学生一记耳光。这件事引起班级同学的不满,联名给校长写信要求处理这位教师,班主任为了不使事态发展,来给学生做工作。

教师:你们为什么非要用写告状信的方法呢?

学生:让校长尅他。

教师:也让他尝尝挨训的滋味。

学生(似乎听出了教师的话外音):有那么点儿意思,不过那可不是主要的。

教师:主要的是什么?

学生:当然是让他接受教训,以后不打人啦。

教师:太好了,做事就是要有正确的目的,良好的动机,但仅有这些并不一定能把事情做好。还有一个方法问题。听说过一只对主人很忠诚的熊,想用石头砸死落在主人脸上的苍蝇,结果却将主人砸死了的故事吗?(有学生点头)熊之所以做了蠢事,就是在解决问题的方法上出了毛病。你们说,方法是不是也很重要?(学生们点头,若有所思)想想看,在你们犯了错误之后,最不愿老师怎么做?

学生:那还用说,告家长呗。

教师:为什么?

学生:我们有错,老师给我们指出,我们改了就行了,告家长、挨顿打骂,说不定我们还更不服呢!

教师:对,其实这也是个方法问题。那么你们写告状信,动机没说的,可是不是最好的办法呢？

学生：（一学生手拍脑袋）老师，你是说我们的做法，与老师告家长相类似。

教师：（点点头）不是吗？

学生：那怎么办好呢？

教师：让我说，亲自找这位老师谈谈，怎么样？

学生：（面露难色）那么可不可以仍用写信的方法？不过不是写给校长，而是写给这位老师呢？（有学生点头，其余仍不作声）或者由我去面对这位老师转达你们的意见？

学生：（交换了目光）这办法可以。不过我们还有点儿担心，用这个办法，他能诚心改过吗？

教师：能不能诚心改过，还得让事实说话，我们要给人改错的机会，对吗？

学生：（异口同声）对。

教师：那这封信……

学生：就放您这儿吧！①

2. 问答式

问答式就是由学生提问，教师回答来达到谈话目的的一种方式。这种方式适于指点学生思想上的困惑，行动上的迷惘，以及沟通师生之间的理解。教师要深入了解学生，摸清学生思想上的障碍，做到心中有数，对于学生的提问不压制不取笑，机智娴熟地运用语言技巧，做出入情入理的回答。在回答学生的一些问题时，应结合其实际，论据充分地陈述利弊，表明自己的观点，促使学生思考讨论，从而形成统一的认识。问答式谈话，能充分调动学生的积极性和创造性，让学生敞开心扉，从而形成相互信任的教育氛围，达到共同进步的教学效果。

3. 讨论式

讨论式就是通过学生互相讨论，教师归纳总结从而达到谈话目的的一种方式。这种方式适用于对社会上某些问题存在模糊看法，或者某些讨论尚未定论，是非尚难分辨的问题上。教师要精心策划、组织，根据学生实际情况抛出讨论纲要。发动学生搜集有关论据，写出辩论提纲，委托班干部将学生按不同观点分成小组，鼓励学生敞开思想，坚持摆事实、讲道理的原则进行相互讨论。讨论过程中，可以促使学生增强自我教育的能力，充分发扬民主，通过参与活动，激发学生的责任感和义务感。

针对不同的教育对象，个别谈话可分为以下五种不同方式。

1）和风式

对学生“润物无声，春风化雨”般的慰问式谈话，一般适用于期望、激励，鼓励学生好学上进，也适用于性格内向、感情细腻脆弱、心理承受力低的学生，特别是一些女生。谈话时，班主任要措辞得当、委婉曲折，态度和蔼，情感真挚，切忌态度生硬，“暴风骤雨”般倾向学生。和风式谈话，像和煦的春风掠过学生的心田，在其心底荡起阵阵涟漪。如一个孩子因为妈妈对他的评价不合理，任凭妈妈道歉仍不肯原谅妈妈。老师知道后与他谈话。

---

① 郭启明，赵林森. 教师语言艺术（修订本）[M]. 北京：语文出版社，1998：225-226.

老师：小刚，你知道老师为什么要找你谈话吗？

小刚：知道，是要批评我……

老师：错了，我首先要表扬你。

小刚：表扬？我有什么值得表扬的？

老师：我要表扬你的坦率，敢于指出妈妈不实事求是的缺点。

小刚：就是嘛，我妈妈就不爱实事求是。

老师：不！你妈很实事求是，值得你我学习。

小刚：（表示不解）

老师：你妈妈能实事求是地承认她的评语写得不切实，还能向自己的孩子检讨，这是一般妈妈做不到的。以前我也错怪过我的孩子，当孩子申辩时，我为了维护尊严，还打了孩子，这一点和你妈对照，我很惭愧……

小刚：（不好意思地低下了头）

老师：对知错的人，谅解比责备更有说服力，生活中谁能无过呢？你能谅解你妈妈吗？

小刚：老师，我错了。我对妈妈不礼貌，让她伤心了。[①]

经过老师的谈话，小刚和他妈妈的关系和好了。

2）诱导式

对学生指点开导，循循善诱的谈话方式，一般适用于染有坏习惯，自觉性、自控力较差的学生。班主任在诱导时，要有诚心、耐心、恒心，抓好反复，晓之以理，动之以情，导之以行，持之以恒，切忌急躁冒进，“一口吃成一个胖子”。特别对一些后进生、顽皮生，班主任要“精诚所至，金石为开”，用爱心滋润学生的心田，相信“变好”的一天一定会来到。例如，一段时间，流行音乐当中的爱情歌曲充斥校园。上海建平中学的冯季春老师感到很忧虑，他是这样处理的。

他先放了一首女生独唱歌曲《我一见你就笑》。放完后他问：“请同学们想一想，我一见你就笑的女青年是个什么样的青年？”学生回答：“这个女青年热情纯真，追求真善美。”冯老师接着说：“但是，我觉得她不太成熟，因为歌词说‘我一见你就笑……你可能还不知道’，这很明显她这种爱是一厢情愿的，是单相思。这个单相思的结果会是什么样呢？我先不作结论，请同学们再听一首流行歌曲。”接着放了《你到我身边》，冯老师接着引导：“你们在生活中遇到了类似的烦恼要向这位男青年学习，他处理矛盾的方法是完全符合五讲四美三热爱精神的。他没有骂这个女青年：你神经出了毛病。而是告诉她：‘爱要真诚，不能分享，……待到你心中也有了他，你就会理解我现在的烦恼。’最后，他很有礼貌地对这位女青年道了声再见：Bye-bye。（全场爆发出热烈的掌声）那么我明明有感情，你又说不能我一见你就笑，那么这感情该怎样处理呢？我请同学们再听一首台湾校园歌曲《小秘密》，（冯老师将这两首歌中的女孩作了比较）这两个女青年，都纯真热情，追求真善美，但她们处理感情矛盾的方法却截然不同，哪一个更成熟呢？我看是后者，而不是前者。心中的秘密，只能埋藏在心底，只能变成永久的回忆，万万不能我一见你就笑，给你带来无穷

① 傅惠钧.教师口语艺术[M].杭州：浙江教育出版社，1999：231.

烦恼。你们中学生十五六岁、十七八岁，正是豆蔻年华，情窦初开。今天我看见一个眉清目秀的异性，谈得很投机，心中一个秘密，明天看到一个落落大方的，心中又多了一个秘密，这可就麻烦了。我们国家人口众多，天长日久，这两个因素加起来，心中埋满了一个又一个小秘密。心灵的天地是有限的，小秘密多了，数理化、英体美就通通挤到脑子外边去了。到最后的结果会怎样呢？”再听《小儿郎》。冯老师通过循循善诱的语言方式，表达了严肃的道理，使得学生心服口服。①

3）警戒式

警戒式一般适用于胆大老练、屡教不改、小错不断、大错不犯的学生，敲响警钟，施以严厉的态度是很有必要的。对于这类学生，教师措辞要严肃，言之有据，指出问题的严重性及其后果，响鼓重敲，使其幡然醒悟，改错图新。敲警钟时要注意，虽然教师态度“硬了点”，也要让学生感到教师有爱心，感到自己还是会改好的，不要让学生产生逼进牛角尖之感受。例如，吃饭时，一位农村来的学生将一只肉包子一掰两半，啃掉肉馅，就将皮扔进泔水桶里。被值班的老师发现后，因为知道这位学生性格外向，值班老师就直接找他谈话：“你写一篇文章，按照下列思路进行：①你当时是怎么想的，过后有没有想过这件‘小事’；②这个肉包子是你花钱买的，但这买包子的钱是哪来的；③你父母是农民，如果他们看到了你刚才丢包子的情景，将会做出什么反应；④我建议你写这篇周记，你认为是否必要。今天下午必须写完给我。”这位学生认识到自己的错误，认真写了文章，并且向老师承认了错误，以后再也不乱扔东西了。

4）直接式

直接式是一种单刀直入，就事论事不扯前事的谈话方式，适用于一些性格外向，开朗、直爽的学生。教师谈话时要直截了当，快人快语，切忌婆婆妈妈，引起学生内心反感。直接式谈话，顺应学生的性格，能使学生感到老师的信任，从而产生上进的动力。例如，陶行知在育才小学当校长的时候，有一次看到一位名叫王友的同学用泥块砸班上的男同学，当即制止了他，并让他放学后到校长室来一趟。放学后，陶行知来到校长室时，看到王友已经等在门口准备挨训了。不想陶行知从口袋里掏出一颗糖递给王友说：“这是奖给你的，因为你按时到了。而我却迟到了。”王友惊异地接过糖果。随之，陶行知又掏出一块糖果放到他手里，“这第二块糖果也是奖给你的，因为我不让你再打人时，你立即就住手了，这说明你很尊重我，我应该奖你。”王友更惊异了。陶行知又掏出第三块糖果塞到王友手里，“我调查过了，你用泥块砸那些男生，是因为他们不守游戏规则，欺负女生。你砸他们，说明你很正直善良，且有跟坏人做斗争的勇气，应该奖励你啊！”王友感动极了，流着眼泪后悔地喊道：“陶……陶校长，你打我两下吧！我砸的不是坏人，而是自己的同学啊……”陶行知满意地笑了。他随即掏出第四块糖果递给王友，“为你正确认识错误，我再奖你一块糖果，只可惜我只有这一块糖果了。我的糖果完了，我看我们的谈话也该完了吧！”②

5）示范式

示范式是用名人、老师或同学的人格、经历、成功的事例来激励学生的谈话方式。用

---

① 傅惠钧．教师口语艺术[M]．杭州：浙江教育出版社，1999：225-226．

② 张全喜．名师批评艺术谈[J]．教学与管理，2002(8)：21．

自己的亲身经历教育那些意志薄弱、缺乏恒心的学生，从而能使学生以老师为榜样激励自己，不为困难所屈服，增强战胜困难的信心。例如，一位老师讲他教育学生的例子。

我班有个学生经常抄作业，我批评他，他推说反正做不过来，不让抄，作业就没法完成了。于是，我在他的作业本上写下了陶行知的《打胜仗的秘诀》："没有做，莫说做不通。做得不够，莫说做不通。做了99次都失败了，第100次会成功。"第二次作业上交时，这个学生在作业本上夹了一封短信："……陶行知的诗言中了我偷懒的要害，作业我不是做不过来，而是贪玩没去做。今天我认真做了，终于有了第100次的成功。今后我还要争取更多的第100次成功。"①

二、指导语

这里所说的指导语是指教师在课堂外为解决学生学习中存在的疑难问题而使用的语言，指导语也叫答疑解惑语或辅导语。由于指导语能够帮助学生答疑解惑，所以发挥好指导语的作用，可使学生时刻感受到亲切和拥有动力，让学生在收获时，有进一步探究的动力；当学生在失意时，能享受鼓励和关注；当学生取得一点进步时，能领略到被欣赏的感觉；当遭遇到挫折时，能得到信任和帮助。使之乐于参与，乐于探究，能够全身心投入，实现教学相长。

（一）使用指导语的原则

指导语一般都是针对单个学生进行的，灵活性较强。但是，由于教师对学生的缺点了如指掌，因此，也容易触动学生的伤心处。教师在指导学生时，必须遵循以下原则。

1. 要据需指导、因人指导

教师在指导学生问题时必须富有针对性，答是所问，实实在在地解决学生脑子里的疑问。切忌漫无边际，不得要领。教师要仔细倾听学生的提问，了解其疑问的实质，之后有针对性地指导。有时学生的提问不能准确地表达心中的疑问，需要教师进行分析或进一步了解后再作回答；有时学生的问题旁枝逸出，问的不在点子上，教师要能够因势利导，纳入正规指导。另外，教师还要针对不同对象来指导。同一个问题，不同的学生提出来，也可以做出不同的回答。因为即使是所提的问题一样，不同的学生有着不同的接受能力和认知习惯，甚至他们的实际需要也是不同的。所以，作为教师，就要分析提问者的接受能力和认知习惯，分析他们的实际需要。如果是接受能力和认知习惯不同，就要采用不同的方法来指导；如果是实际需要不同，就要从不同的角度，回答出不同的深度。比较典型的例子就是《论语》中孔子指导子路、曾希、冉有、公西华关于"仁"的问题。

2. 语言准确明晰

教师在指导学生提出的问题时必须做到准确无误，明白清晰。有的教师在指导时态度随便，不假思索，信口作答，用词不精确、不严密；有的对所指导的问题心中无数，不能准确把握，以"也许""大概""可能"之类的模糊词予以应付，这都是不科学的。因为指导的目的是解开学生头脑中的疑团，若教师的指导语言模棱两可，含混不清，就达不到目的。例

① 郭启明，赵林森. 教师语言艺术（修订本）[M]. 北京：语文出版社，1998：278.

如，一位学生不明白“速度就是单位时间内所走的路程”这句话，教师用“权威”式的口气回答说：“在初中这样定义是正确的，而且容易理解，因为毕竟路程前面有一个‘单位时间’的定语，与速度等于路程的含义不同。”教师语言不明晰，学生并没有完全信服。

3. 语言富有启示

教师在回答学生提出的问题时不仅仅是要把问题的答案告诉学生，还应理清解决问题的思路，给他们以方法上的启示，使他们在掌握问题答案的同时，领悟到解决这类问题的方法，从而能够举一反三，触类旁通，促进思考。有时，解决某一问题不止一种方法，或不止一个答案后，还应该给学生以提示，使他们知道还有别的解决问题的方法，能给学生回味思考的余地。有时，学生的问题并不难，只是一时没有找到突破口，教师要善于启发，让学生自己思而得之。使他们的思维能力得到更好的训练。例如，学习了《中国石拱桥》后，有学生问赵州桥和卢沟桥的区别时，教师指导学生：“赵州桥和卢沟桥，它们既有自身独有的特点，同时又有中国石拱桥的一般特点。它们独有的特点叫个性，它们具有的中国石拱桥的一般特点叫共性。个性是存在于共性之中的。请同学们记住这个道理。共性也就是一般，个性也就是个别。个性之中存在着共性，或者说个别之中存在着一般。这正如赵州桥和卢沟桥体现着中国石拱桥的共同特点。如果你们今后在分析其他现象或问题的时候，能够从事物的个性里看到一般的共性，那就深刻得多了。”①

（二）指导语的类型

根据指导语的难度及老师回答的程度可以分为直答式、诱导式和点拨式三种类型。

1. 直答式

直答式即学生问什么，就回答什么，怎么问，就怎么回答。教师抓住所提问题的实质予以直截了当的回答。直答的前提条件是学生经过思考不能独立解决的问题或是因时间短暂学生无法解决的问题。运用直答式，学生较易直接把握问题的答案。

2. 诱导式

诱导式是指教师不直接说出答案，而是一步步引导学生寻求问题的答案。这类问题一般通过学生自己的思考不可能解决，即使在教师的指导下也需要学生认真与老师配合才能解决问题。比如，一个学生问教师《孔乙己》文末有这么一句话“我到现在终于没有见，——大约孔乙己的确死了。为什么使用‘大约’和‘的确’这两个词语?”教师首先让学生解释“大约”和“的确”这两个词的一般意思，然后再引导学生联系小说中作者关于别人对孔乙己的态度的描写以及孔乙己最后一次来酒店的情形进行思考，这样学生就能找到问题的正确答案。这样既解决了问题，又让学生掌握了解决问题的方法，启发了学生的思维，从而收到良好的效果。

3. 点拨式

点拨式即教师不直接说出问题的答案，而在关节处稍作指点，开启一条解决问题的思路，让学生自己悟出问题的答案。这是教师答疑解惑的最主要的手段。通过点拨，教师会

---

① 刘金星.语言技能强化技能[M].北京：人民教育出版社，2001：12.

引导学生自己动脑、动手去解决，在关键的地方点拨一下，尽可能加大他们的思维活动量，使他们尽可能地参与到解惑的活动中来。最终让学生由大惑变成小惑，小惑则可得到化解。例如，一位学生问教师“林黛玉进贾府”的一个问题“黛玉回答宝玉的‘妹妹可曾读书’的询问，为什么跟回答贾母的问话截然不同?”他先是追问“为什么林黛玉后来要说假话?”让学生明白文学作品中的人物言行与人物的思想性格有着紧密的联系，要求学生从林黛玉进贾府前的思想准备(步步留心，时时在意，不肯轻易多说一句话，多行一步路，唯恐被人耻笑了他去)并联系贾母对林黛玉问姊妹们读何书的问话的回答(“读的是什么书，不过是认得两个字，不是睁眼的瞎子罢了!”)去深入思考，这样学生就不难找出林黛玉后来改口的深层原因。

(三) 使用指导语需要注意的问题

需要教师指导的学生，肯定是学习上遇到难题的人，因此，他们比较敏感，教师指导他们时一定要做到以下三点。

1. 态度要和蔼可亲

学生有了疑难问题，一定非常难受。作为辅导的教师一定要理解学生在学习活动中的难处，尊重学生人格，善气迎人，以学习伙伴的身份，用亲切的话语、诚恳的态度对待学生，并从实质上给予学生学习上的帮助。

2. 找准疑点，对症下药

首先是耐心地听学生表达，尽量从他们较混乱的语言中找出问题所在。其次是换角度思考，通过较为混乱的语言，撇开表面现象，抓住问题所在，确定解决办法。

3. 善去疑团，教给方法

教师要善于采用巧妙的辅导方法帮助学生解答问题。需要个别辅导的学生，说明他对教师先前使用的方法不能很好地接受、理解。因此教师要动脑筋，研究学生为什么出现这种情况，通过重新组织自己的语言进行表达，或用直观教具、媒体等手段进行实验操作来演示难点，或创设情境激起学生的发散思维帮助解决疑点——使学生云开雾散，从而找到解决问题的方法。

三、评价语

评价语是指教师对学生的学习成果或行为活动做出评点和估价的语言形式。评价语是帮助学生认识自我、建立自信、调动情绪、激发热情、沟通师生感情的有效方式，主要针对学生的思想进行评价。评价语分为课堂教学评价语和课外指导评价语，这里探讨的是课外指导评价语。课外指导评价语具有口语的、即时的、情境性的特征，它能灵活地点拨、引导、激励学生的学习。

(一) 使用评价语的原则

毋庸置疑，质量高的评价语对学生心灵的震撼是十分强烈的。因此，要很好地使用评价语，必须做到以下几点。

1. 要注重预设

教师在平时积累、储备一些常用评价语，特别是在新理念下的一些启迪性、赏识性、激励性、反思性评价语是必要的，以便作“有米之炊”；在评价前对学生读书答问的情况做些猜想和预测，对如何评价做些设想与模拟也是必要的，以便实施从容而有效的评价。例如，对一位成绩总是呈现波浪形的学生，一位教师了解到该学生在成绩面前，易沾沾自喜，产生骄傲自满情绪，只有等到下次考试退步了，他才从打击中醒悟，又开始重整旗鼓，认真对待学习，他总是在这种怪圈中循环。经过深思熟虑，这位老师找学生谈话后送给他两句话：“没有最好，只有更好。”“学如逆水行舟，不进则退。”之后，这位学生的成绩一直很好。

2. 要有针对性，注重引导

要做到引导首先就要做到以理服人，只要把道理说清了，就能使学生幡然醒悟。学生学习是一个积极主动的建构过程，因此学生关注教师对自己非学业内容的评价，注重教师对自己学习和发展过程的评价。他们厌烦教师的评语抽象、笼统、公式化，千篇一律，千人一面，对每个学生几乎都是相同的空话、套话，无关痛痒的希望，不能使学生正视自己的缺点，不冷不热的赞扬，也不能激发学生奋发向上的热情，这使学生感到每次都是那几句套话，看后无动于衷。因此，我们对学生所做的评价要依据学生的文化程度、性格及特征和存在问题而写。例如，于永正老师给一个学生的评价语：有个小朋友叫张斌，作文成绩不好。二年级下学期开学不久，他终于哼哧出一篇文通字顺的文章，那篇作文竟没用我（于永正——编者注）动一个字。激动涌上了笔端，想写几句鼓励的话。二年级的小朋友，思维靠的是形象。对！于是，话变成了一幅画——于老师在作文簿上画了一只跷起大拇指的手，并在旁边写了一个加拼音的“棒”字（二年级的小朋友没学过“棒”字）。于老师在班里读完他的作文后郑重宣布：下次张斌的作文还能写得这么好，全班同学为他唱一支歌。小朋友鼓掌，这位学生来了劲，下课了还跪在凳子上写。就凭这个感人的姿势，能不给他得高分吗？于是，于老师又一只跷起大拇指的手出现在他的作文簿上。从此，小朋友以作文能得到于老师画的一只跷起大拇指的手为荣。

3. 要坚持平等性，注重尊重

不管是表扬、鼓励还是批评，目的是帮助学生认识自己的行为。因此教师要尊重学生的主体地位，调动学生的积极性，全面观察分析每个学生，善于发现及开发学生潜在素质的闪光点，因材施教，给学生自主发展的空间，使他们的个性得到充分自由的发展。素质教育强调培养学生的创新意识和创新能力。因而对学生的评价也要强调学生潜在素质的闪光点，强调激发学生的创新意识和创新能力。为了达到这个目的，教师要放下架子，不能板着师道尊严的面孔，要用平等的态度和得体的语言，更要抱着和学生交朋友的心态去写评语。例如，一位于老师发现有位学生上课经常捣乱，于永正老师找到这位学生，这位学生直言不讳地说：“我对于老师有意见，他太偏向。”于老师问：“怎么偏向？偏向谁？”这位学生说：“有时不是我的事，却怪我。那天，同位的说我抄他的作业，于老师不问青红皂白，狠训了我一顿，其实，我根本没抄他的，只不过想跟同位对对得数。”由于不满于老师的偏向，所以就故意和于老师作对，例如，上课往前排同学的背上贴乌龟等。可见教育学生时一定要尊重学生，弄清事实的真相。

4. 要准确客观，实事求是

教师的评价要准确客观，实事求是。一是表扬时教师的感情要真诚，不勉强做作。一个真正热爱学生的教师，会用欣赏的眼光去看待自己的每一个学生，会为学生的每一点进步而欣喜，会发自内心地去赞赏他、鼓励他。切忌为表扬而表扬的形式主义，如学生发言后，不管回答如何都是“你说得真好”“你真聪明”，等等。二是表扬的事实要准确，不能夸大其词。表扬的激励作用是建立在真实基础上的，如果表扬的事实有出入，就会适得其反。如一位教师辅导学生读《春》一课，老师的激励性评语可谓热情洋溢。当学生结结巴巴读完第一段时，老师随即表扬：“你读得真好！”读完四个季节后，老师问学生：“你们最喜欢哪个季节？”一生答：“老师，我喜欢夏天，因为夏天我可以到河里去游泳。”老师听了后满意地说：“你真聪明，还会游泳呢！”在这个阅读指导过程中，教师的评价缺乏针对性、准确性，就像个大帽子，扣在谁头上都行。没有针对学生出现的问题给予他指正，这样的评价显然不是准确客观，是不恰当的。

（二）评价语的类型

评价语按照评价的结果分为批评、表扬、鼓励三种类型。

1. 批评语

批评语是指在教育活动中，对学生群体或个体所表现出来的错误思想和不良行为的否定，以使被批评者改正，避免再次出现类似问题的一种教育语言。批评对人的身心发展有利，但是一般人都愿意受到表扬而不愿意受到批评。因此批评语的使用要慎重，使用不当效果就会适得其反。批评语的类型主要有以下几种。

1）肯定法

常言道，“良言一句三冬暖，恶语伤人六月寒”，教师的教育语言即使是批评语也要重情理，教师要善于发现学生的优点，通过肯定学生的优点，给学生自信，之后再谈到他的缺点，这样让他容易接受。尤其是对于性格内向或不自信的学生采用这种办法较好。例如，某中学有个初一学生，成绩极差，考试时他在卷面上写下了这样一段话：“零分我的好朋友你在慢慢地向我靠近零分你如此多情难道你把我当作一个无用的人不我不是一个无用的人我是人我也有一颗自尊心再见吧零分。”班主任找到这位学生，让他读了他自己写的那段话，然后帮助他校正了错别字，又指导他重新组织了那段话，成了下面的样子。

零分，我的好朋友，
你在慢慢地向我靠近。
零分，你如此多情，
难道你把我当作一个无用的人？
不，我不是一个无用的人，
我是人，我也有一颗自尊心。
再见吧！零分！

这位教师说：“这是诗，一首很好的诗！”一番话说得学生的脸上露出了笑容。班主任又说：“诗贵形象，这首诗是有形象的；诗言情，诗言志，从这首诗中可以看出作者是不甘心与零分为伍的人，这正是言情志。”“这是诗？我也能写诗？”这位同学非常激动。他没想到老师会有这样的评价。班主任热情的话语驱散了他心中的阴影，增强了他的进取之心，坚定了他向零分告别的勇气。经过努力，两年后，他终于考取了高中。

2）暗示法

暗示法就是指运用含蓄、委婉的方式，如聊天、讲故事、讲笑话、讲趣闻等的方式来达到批评目的的方法。这种方法一般用于比较内向的学生，这样的暗示往往使学生容易接受。例如，一位学生成绩不佳，且屡屡旷课，老师把他叫到办公室对他说：过去我曾经找你谈过，还记得吗？在那次谈话后，你给我留下了一个印象，想知道吗？（他的无所谓的脸上露出一丝急于想了解的神色。老师继续说）一个懂得好歹，将要成熟而又血性的男子汉！（他的眼睛蓦地一亮）从那次谈话以后，我一直在观察你，如上课的表现，完成作业的情况，我认为你有进步，尽管测验多次不及格，但比起原来的成绩，总是一次次地提高了。这说明你是在努力，在进步。我想，你是明白老师对你的希望的；而老师也能看到你的进步，可以说，我们是相互了解的！你又旷了课，在前进的道路上有一点小反复不要紧，只要你能认识并改正就好。怕的是老师看错了人，不知你怎么想，我却自信没有看错人！[①]

3）幽默法

幽默生动的评价语言在令人发笑的同时，给人启发，令人难以忘怀。同时，这样的评价语也有利于调节紧张、沉闷的学习氛围，促使心灵之间和谐沟通，让学生在轻松愉快中接受教育、获得知识。例如，有一次，几位男同学在寝室闹着玩，把盛满水的塑料袋放在门上边，等着一位同学进门。就在这时聂老师去寝室找人，看门虚掩着就随手推门而进，“哗”的一声，一袋子水顺身而下，早上换的衣服全湿了。房间里的学生都吓得目瞪口呆，静等老师的训斥。谁知道聂老师却笑着说，“今天是泼水节吗？我怎么不知道啊！再说我们这里是不过这个节的。”大家都笑了，那位往门上放水的同学不好意思地低下了头。老师走过去，抚摸着他的头说：“同学之间说个笑话是可以的，但不要这样。”

4）宽容法

宽容法一般适用于多犯错误或犯严重错误，学生已经意识到错误的严重性或性格较为内向的学生犯了错采用这种方法较为合适。例如，于永正老师给一个文学社做辅导员，刚上课听后面有人说：“什么‘特级’原来是个‘四眼’。”其他学生立刻向这位胖学生发起攻击，开始这位学生不屑，后来这位学生稍微有点儿紧张。于老师见状，急忙“救驾”。

于老师：安静，请大家安静！我感谢大家为维护老师的面子而“仗义执言”……

学生：不是面子，是尊严，老师的尊严！

于老师：谢谢！不过，这位新来的同学只是说话不得体，观察力还是很强的，一下子便抓住了我的特点。

（全班同学睁大了眼睛，直直地望着于老师。）

于老师：同学们，我们相处快两个月了，不知大家对我的印象如何？

（大家七嘴八舌议论开了。）

于老师：猜猜看，我有多大年纪？看谁最有眼力？再估计估计我有多高？实事求是，

① 傅惠钧．教师口语艺术[M]．杭州：浙江教育出版社，1999：246-247．

我不怕别人说我是个二等残废。之后于老师写下了今天的作文题目《于老师印象记》。并且于老师特意走到刚才捣乱的同学面前问他："你刚来，觉得有内容可写吗？"学生急忙站起来说："有。"①

于老师先是忍耐，更重要的是宽容，这样才创造出和谐、轻松的班级氛围。

2. 表扬语

表扬语是指在教育活动中，对学生个体或群体所表现出来的良好的思想品质、言语行为给予肯定性的评价。目的是强化被表扬者的良好表现，将这些言语行为巩固起来，也为全体树立榜样。据研究，学生的学习情绪呈波浪状态，要使学生的学习情绪始终处于高潮点，紧密结合学生的学习进程，恰如其分地进行表扬是必不可少的。表扬性评价语就像学生的学习情绪"催化剂"，从学生内部激起学习的新动力，构建一个新的学习平台。它比平时我们从外部强加给学生的提醒（如"小朋友要坐好""要积极动脑"等）要有效得多。表扬语的类型主要有以下几种。

1）当众表扬

当众表扬具有权威性和广泛性，表扬的人或事应与当前大力提倡的、着重要抓的事件紧密结合起来。当众表扬提到的优点和缺点在被表扬人的心中和其他听众的心中优点总是容易被放大，能收到很好的教育效果。例如，一位教师曾经教过这样一位学生，由于家长缺乏正确的管教，她从小养成了说谎和偷盗的坏行为，常常受到斥责和打骂，在班上也受到同学的讥笑、歧视而抬不起头，但她爱劳动。每当看到这个情况，这位教师便在班会上多次重点表扬她，久而久之改变了同学们对她的偏见，也渐渐树立起她的自信。与之配合的还安排班里干部帮助她提高学习成绩。使这个同学既明白道理，又深深地感到老师、父母和同学对她真情善意地关心、爱护，从此痛改前非，改正了不良行为。这位教师针对该学生的实际情况，对她进行当众表扬，对树立她的自信很有好处。但是当众表扬需要注意的问题是：用语一定要贴切、恰当，不要说过头话，说得过分了，被表扬的人难以领受，甚至会觉得有被戏弄的感觉，旁听的人以为是在过分地讨好人家，也会产生厌烦情绪。

2）个别表扬

教师对学生的表扬更多的是采用个别表扬，因为个别表扬更具有真实性和情感性，而且个别表扬能体现出师生之间的默契，容易激发学生的积极性。对于个性内向文静、不喜欢张扬的学生较为适用。另外，有些不适于公开表扬的事也可采用这种形式。对学生个别表扬主要是肯定他的成绩，指出他的进步，对他以后的发展具有指导性，在私下表扬中谈到一些问题、缺点、不足，会使学生保持清醒头脑更注意改正缺点保持优势，这样的表扬更具有建设性和实效性。这样的例子很多，在这里不列举了。

3）随时夸奖

教师在与学生的接触中随时看到学生的言行中的闪光之处，随时表扬他们的点滴进步，强化学生的意识，巩固学生的好行为，培养学生形成良好的习惯。例如，一位教师班里

① 于永正. 教海漫记(增订版)[M]. 徐州：中国矿业大学出版社，2005：13-15.

有一位自制力弱,平时上课说话较多的学生,但是这位学生在打扫卫生、提豆奶、为合唱比赛服务等方面表现积极认真,班主任就及时表扬其讲卫生、关心班集体的优秀品质,从而引导这个学生改掉自制力较差、平时多说话的坏习惯。

3. 鼓励语

鼓励语是教师在学生有畏难情绪、信心不足时,帮助他们树立信心,推动他们前进的教育语言,也是在学生取得一定成绩,激励他们向更高目标迈进的教育语言。鼓励语和表扬语有相似之处,都表达了对学生的肯定与激励,都能帮助激发学生的自信心、上进心。它们的不同之处在于:表扬语着眼于评价学生以往或当下的言行,鼓励语着眼于对学生未来言行的期望;表扬语重在肯定,鼓励语重在激励。鼓励语一般不单独使用,而是常常与别的教育语言结合使用,在表扬、批评、启迪后,用鼓励语激发学生的信心,指出努力的方向。鼓励语的类型主要有以下几种。

1)夸奖式

教师适时给予学生夸奖式的评价,会更加调动学生的积极性,这种鼓励方式适合于内向、敏感的学生,夸奖式评价,也会让学生对教师产生亲切感,师生感情融洽,使学生学习兴趣浓厚。例如,一位教师想鼓励一个不认真学习的学生,但是该生写字较好,在给她批作业时他总是用夸奖式方式:你的作业,老师真爱看;批你的作业,真是一种享受。在老师多次的鼓励下,这位学生果然学习成绩提高了。

2)启发式

启发式是一种能够得到比较好的教育效果的教育方式,也是一种教育原则,更是一种教育思想和素质教育的理念。这种鼓励方式适合于容易有骄傲自满心理的学生。这种方式既让学生的信心得到鼓励,也使学生看到努力的方向。例如,全国各阶层人士捐钱为贫困山区的孩子献爱心。为了使学生理解“希望工程”的意义,激发学生刻苦学习的精神,老师组织学生举行了“希望在我心中”主题队会。主题队会结束时,辅导员老师说。

同学们,“希望工程”是对我们贫困山区孩子的关怀,我们中队有60名队员被列为救助儿童,对这件事我既高兴又难过:高兴的是有了这些资助,同学们能够安心学习了;难过的是,我在想,为什么我们这里这样贫困,自然环境不好是一个原因,但还有一个重要原因就是文化教育落后。文化教育落后造成各方面的落后,导致贫困。因此我殷切希望你们要发奋学习,多掌握科学知识,将来为摆脱贫困做贡献,用实际行动来回报全国人民对贫困地区孩子的关心、爱心。①

这位教师巧妙地利用这个主题队会启发学生要发奋学习,因为被资助的学生就在他们中间,所以学生容易产生真情实感,真正激起他们学习的热情。

(三)使用评价语需要注意的问题

前面关于评价语的基本要求谈论了很多,但是由于教师的评价语对学生的影响太大了,有的可以说影响学生一生,因此,教师要自如的运用评价语,还要做到以下几点。

① 程培元.教师口语教程[M].北京:高等教育出版社,2000:200-201.

1. 要注意语言得体

俗话说："良言一句三冬暖，恶语伤人六月寒。"譬如，一个学生的数学成绩很优秀，但英语成绩却很一般。如果我们不加考虑，会给出这样的评语："你的数学学得不错，希望你在英语上也多下功夫。"这个评语不能说太坏，但很一般，不如说："从你数学考试的优异成绩中，老师似乎看到了你不懈努力的身影和较高的智商，梅花香自苦寒来，有了数学学习成功的经验，相信你的英语成绩也一定会提高得很快。"相比之下，后者的表达方式更好，能体现出老师对学生的尊重，它不但提出了学生的不足之处，并且给学生指明了方向，更重要的是学生乐于接受，并从中得到赞赏和前进的动力。

2. 要以激励为主

写给学生的评语要注意多鼓励，少批评。在遣词造句时应尽量婉转，既不伤害学生的积极性，又能将学生存在的问题点明，使学生既可以及时纠正错误，又能保持学习上的进取心，更加努力地参与学习，对老师产生好的感觉，体会到老师对自己的关心、爱护，在思想感情上与教师产生共鸣，从而达到对英语学科产生浓厚兴趣的效果。要严格把握评价用语，切忌用那些伤害学生自尊心的语言，例如，"作业潦草""基础太差""作业不认真""一团乱麻"等具有强烈负面作用的评语。

3. 评价态度要鲜明

学生认识世界是一个由不了解到了解、由不懂到懂的过程，他们在认识的过程中会遇到这样或那样的疑惑，他们的思维方式会有些怪异，他们处理问题的方法也许有些愚笨，有时还会出现背道而驰的现象。教师对学生的评价，应该有一个明确的态度。对的就加以肯定，错的就给予否定并予以纠正。教师若对学生的回答或看法不置可否，态度暧昧，就会造成学生认识上的模糊和混乱。

第三节　教师口语艺术风格

捷克教育家夸美纽斯所说，具有好的口语技巧的老师教起课来"既使人感到愉快"，又"教得彻底"。可见，独具风格的教师口语对教育教学工作起着十分重要的促进作用。教师口语艺术风格是教师教育教学风格形成的重要标志，教师口语风格一方面是教师口语艺术的高度凝练；另一方面也是教师成熟丰满的人格魅力的集中体现。"风格即人"，教师要实现"经师"与"人师"的完美统一，就必须培养自身独具个性的良好的口语风格。本节着重讨论教师口语艺术风格的表现与类型、教师口语艺术风格的培养及教师口语艺术风格的赏析等问题。

一、表现与类型

（一）教师口语艺术风格概说

1. 教师口语艺术风格的内涵

不同的人有不同的风格。风格可以从一个人的言谈举止、音容笑貌上表现出来。从理论上讲，每个人的语言也都有自己的风格。正如王希杰先生所说的："没有自己言语风格的人，是没有的。”[1]因而每位教师，无论是语文教师还是数学教师，小学教师还是中学教师，出色的教师还是普通的教师，他的教学语言也都有自己的风格色彩。不过，这种风格“有一般与典型之别，自成体系与否的差异”和“好的风格和坏的风格”之分。当然，人们一般关注的是典型的、自成体系的、好的风格。因为这是一个教师语言运用成熟的标志。

我们这里只说教师的言语交际风格，并且限定在口头的言语交际，即教师职业口语的风格。因而，我们可以这样理解教师口语艺术风格的内涵，即教师在运用标准语言从事教育教学活动的过程中所展示的口语表达技巧并由此而形成的特有的言语气氛和格调。它是教师言语个性的重要体现。

2. 教师口语艺术风格的意义

教师是以“舌耕为业”的。教师口语艺术是实施教育教学工作最基本、最直接的手段，是开启学生智慧之门的钥匙。一名优秀教师的口语艺术风格的教育教学质效也容易达到最优，对学生的影响也最深刻。捷克教育家夸美纽斯曾说过，具有好的口语技巧的老师教起课来“既使人感到愉快”，又“教得彻底”。可见，独具风格的教师口语对教育教学工作起着十分重要的促进作用。

1）提高教育教学的质量和效果

苏霍姆林斯基在谈到教师的素养时指出：教师语言修养的优劣，很大程度上决定着学生在课堂上的脑力劳动的效率，优秀的教师口语，能化抽象为具体，化深奥为浅显，化平淡为神奇，化干戈为玉帛，激发兴趣、启迪心智、滋润心灵，从而提高教育教学质量与效果。优美动听的教学口语，是增强教学吸引力和感染力的重要因素。富有激励性、启发性、诱导性的教学口语能调动学生学习积极性、提高学生学习有效性。

2）促进学生多方面能力的发展

教师口语水平不仅影响教师教育教学任务的完成、效果的优化，而且直接影响学生多方面能力的发展。

（1）影响学生逻辑思维能力的发展。“语言是思想的直接现实”。教师口语水平的高低直接反映其逻辑思维能力的高低，有序严密的逻辑思维是艺术表达的前提。学生通过老师高超的口语艺术，获得教师思维进程的信息，学习到老师思考问题和解决问题的良好方法，体验到动脑思考的快乐，从而激发学生的兴趣，提高逻辑思维能力。生动形象的教学语言会影响到学生的形象思维，理性概括的教学语言会影响到学生的抽象思维，机敏灵活的教育教学语言会影响学生思维的敏捷性与灵活性，严谨深邃的教育教学语言会影响学生思维的独立性和深刻性。爱因斯坦说过，“一个人的智力发展和他形成概念的方法在很大程度上是取决于语言的”。教师逻辑性强的语言对学生的思维品质有着不可低估的迁移作用。

（2）影响学生语言能力的发展。教师语言不仅用来授业解惑、教书育人，还对学生的语言表达起着示范榜样作用。教师优美动听的语音、生动准确的表达，侃侃而谈的风度，能言善辩的风采，出口成章的本领，都是学生学习的榜样。学生在教师言之有物、言之有

---

① 王希杰. 修辞学通论[M]. 南京：南京大学出版社，1996：503.

理、言之动情、言之生趣的教育教学口语的潜移默化地熏陶下，会对语言产生浓厚的学习兴趣，产生学习的冲动与愿望。

（3）影响学生审美能力的发展。教师口语风格是教师口语艺术的高度凝练，如同其他艺术一样具有强烈的美感，特别是教学口语艺术，它既有日常口语的通俗平易、自然活脱的优点，又十分讲究得体、匀称和洗练。它接近书面语，是具有书面色彩的口头语，优秀教师会尽可能地摄取书面语的严谨、精确、典雅、形象生动和创新活用，使课堂语言充溢浓浓的书卷气，从而使学生获得深层次的审美感受，引发审美想象，丰富审美情趣，培养和锻炼学生的审美创造力。苏霍姆林斯基说："教师讲的话带有审美色彩，这是一把最精致的钥匙。它不仅开发情绪记忆，而且深入大脑最隐蔽的角落。"

3. 教师口语艺术风格的主要特征

教师口语艺术风格是教师在长期的教育生涯中刻苦磨炼、不断创造才逐步形成的带有某种稳定性、独创性和显著个人特征的语言风格。优秀教师口语艺术风格是和他们教学艺术的风格一致的，即带有明显的个体性特征、创造性特征和审美性特征。

1）个体性

人的语言风格的差异决定了教师口语艺术风格具有鲜明的个体性特征，文如其人，话亦如其人，教师的口语表达更能真实地反映出一个人的本色。教师口语艺术风格的个体性不仅与性别、年龄和性格等先天因素有关，也与教师的审美情趣、文化学识、生活阅历、思维方式、教育教学理念等有着密切关系，换句话说个体性实质上是这些因素综合作用的结果。

2）创造性

教育教学过程中受教者、学生个体的差异和各学科的不同规律以及教育教学过程中的不确定因素必然影响着教师口语的表达，因而，教师在教育教学过程中就得充分考虑学科特点，研究学生差异，结合自身的特征不断地、创造性地调整言语策略。在语词选择和语句组合方面、在用独特的语言形式灵活处理教学内容方面、在用机智语言巧妙应变课堂突发、偶发情境和教学矛盾方面都能很好地体现出教师口语艺术风格的创造性。

3）审美性

教师口语艺术风格具有丰富的审美效应。审美性表现在口语的两个方面，第一，在内容上体现出语言的思想美和人性美，因为"教书育人"是教育的根本，且"情动于心而形于言"，这是教师口语的灵魂；第二，在形式上体现出教师的语音美、语调美、节奏美、语言形象美和非言语表达美等，两者相辅相成，缺一不可。

（二）教师口语艺术风格的表现与类型

由于形成口语艺术风格的教师、学生及教育教学内容等主客观因素的纷繁复杂，教师语言艺术的多姿多彩和鉴赏角度的各不相同，决定了教师口语艺术风格的千姿百态，异彩纷呈。让我们从下面的示例谈起。

【示例 1】

师：你看你，也算是考了个第一名，可惜是倒数的。你动不动脑子啊？

生：考最后一名也是我动脑筋考到的。

师：你还有理？你要把这歪脑筋用正道上就好了，死不要好。

生：你要好干吗在这乡下学校教书，神气什么？

【示例2】

师：这次好像又考砸了，看来数学真是你的弱项。你想不想改变这一穷二白的面貌啊？

生：当然想，可是……

师：想就有戏唱，老师愿意帮助你。这样，放学后你在教室里等我，我们来个不见不散，怎么样？

生：嗯，谢谢老师。

师：我们可要约法三章，吃小灶啦，那就只能进步，不许后退。接受挑战吗？

生：听老师的，请相信我！

上述两位老师的教育方法，你赞同哪一个呢？哪一个会取得理想的效果呢？不言而喻，当然是后者。这是因为后者说话讲究了口语艺术风格。

首先，这位教师有一颗爱护学生的心，不轻易伤害学生的自尊心，其言语风格表现出的基调是友善型的，措辞得体，用了许多表示委婉语气的词，而语义明确，如"好像""又""看来""真是"等，既让学生感觉到问题的存在，同时又不失学生的"面子"。更让学生感到贴心的是：老师考虑到学习不好的学生到老师办公室可能会拘谨、紧张，这样，老师诚恳地提出在教室补课。其次，老师在摸准对方想学好的心理后，趁热打铁，适时地提出了合作方案，明确目标，要求学生积极配合，"有戏唱""愿意""不见不散""约法三章""只能进步，不许后退"等，言语间充满了期望，让学生感到老师既亲切平和，又严肃认真。至此，老师取得了信任，学生树立了信心，教与学走上了良性循环。只有把握了教师口语艺术的人才会获得这样的成功。像第一位老师采取破坏性的言语策略，讽刺挖苦，当众揭短，导致学生自暴自弃，其结果是两败俱伤，容易形成教学的恶性循环。

那么，教师口语艺术风格究竟有哪些类型呢？从功能分，教师口语艺术风格分为教学口语艺术风格和教育口语艺术风格；从学生不同学龄层次分，教师口语艺术风格分为小学教师口语艺术风格、中学教师口语艺术风格和高等学校教师口语艺术风格；从学科性质分，教师口语艺术风格有文科教师口语艺术风格和理科教师口语艺术风格；从性别角度分，教师口语艺术风格有女性教师口语艺术风格和男性教师口语艺术风格。各类型会存在相互交叉、相互渗透的现象。我们根据教师口语体的表现特点，把教师口语艺术风格大致分为平实通俗型、生动鲜活型、简约严谨型、繁丰疏放型、庄重典雅型、幽默诙谐型共六种。以下分别加以说明。

1. 平实通俗型

教师在叙述、讲解、分析、议论时，平平常常、实实在在地道来，不加修饰，不作渲染，不事雕琢，辞达而已，朴实无华，通俗易懂，具有一种语言的朴素美和纯真美。用词多是通俗晓畅的口语词、常用词；句法多用简短句、叙述句；辞格很少使用夸张、比拟、借代、反语等藻饰性辞格。这种风格以质朴平易、通俗自然、明白晓畅为特点。李白所谓"清水出芙蓉，天然去雕饰"，正是这种风格所表现和追求的境界。

特级教师斯霞的口语艺术风格的显著特点就在于平实质朴、通俗自然。平实质朴不是乏味寡淡，通俗自然也非苍白无力。她的这种平实质朴、通俗自然的口语艺术即是一种

提炼加工而显得极为纯净的富有表现力的艺术结晶。如她讲“能手”。

师：什么叫“能手”？

生：“能手”就是很能干，又可以叫“巧手”。

师：“能手”和“巧手”又有点不同，射箭能手在哪一方面能干，本事很好？

生：射箭方面本事很好，叫射箭能手。

师：假如这个人枪打得很好，叫什么？

生：射击能手，神枪手。

师：如果种棉花种得特别好，或是种水稻技术特别好，叫什么？

生：植棉能手，种水稻能手。

这样的语言，平实中见智慧，通俗中寓深意，化深为浅，化难为易，这样的平实体现了教师长期锤炼语言文字的功夫，看上去朴素、明朗，其实正是练达、老到和炉火纯青的标志。

2. 生动鲜活型

生动鲜活型是一种与平实通俗型相对应的风格。这种风格以清新优美、形象生动、鲜灵活泼为特点。用语讲求辞采，注重修饰，而且情思丰富，色彩鲜亮。用词注重词语声音的和谐，多使用色彩鲜明的形容词；句式不拘一格，灵活多变；辞格运用上多用比喻、借代、比拟、拈连等富有形象性和生动性的辞格。

特级教师于漪的教学语言的底色就呈现出生动鲜活的风格。她在讲述《绿》时设计了这么一段导入语。

同学们都熟悉王安石的诗《泊船瓜洲》，大家一起背诵：京口瓜洲一水间，钟山只隔数重山。春风又绿江南岸，明月何时照我还。大家都知道这首诗第三句写得好，第三句中“绿”字用得最好。据说他为选用这一字煞费苦心，曾用过“到”“入”“过”“满”等十几个字。“绿”字用得妙，形容词动词化，有色有形，化静为动，一字用妥，尽得风流。我们今天将要学习的朱自清的散文，也以“绿”为题，表明他对绿的钟爱。绿是生命的象征，生命之树长青！《绿》这篇散文是一幅明丽诱人的图画，是一块纯洁温润的美玉，是一首才情横溢的诗歌，是一曲幽雅动听的乐章，让我们一起来欣赏这绿的美吧。

这段话，一开始就以诗入题，轻松地引出了“绿”的主题，给人形象生动、鲜灵活泼的印象。运用排比、比喻的修辞格把《绿》这篇散文比作明丽诱人的图画，纯洁温润的美玉，才情横溢的诗歌，幽雅动听的乐章，更是增添了“绿”的鲜亮色彩。这样的教学用语，诗中有画，画中有诗，怎能不让学生情思神往，趣味盎然。

3. 简约严谨型

顾名思义，这种风格用语形式简约，意蕴丰富严谨。讲究语句的斟酌，以尽可能少的语言表达尽可能多的意思，并做到严谨周密，略无疏漏。表达简练，力戒冗词赘语，有时也用一些诸如省略跳脱、短小的排比、精警的比喻等修辞手法。《学记》中所谓的“约而达，微而臧，罕譬而喻”，实际上就是这样的一种语言风格，其特点是简明扼要、言少意周。叶圣陶先生也力倡教师的语言要简练周密。

历史教师郝陵生讲授《原始社会》有这么一段话。

原始社会分两个阶段：第一阶段是原始人群，主要有元谋人、蓝田人和北京人；第二

阶段是氏族公社。前一时期是母系氏族公社，其典型是前期为山顶洞人，繁荣期是半坡氏族和河姆渡氏族。后一时期是父系氏族公社，其典型是大汶口文化中晚期。[①]

这段话概述“原始社会”的分期，提纲挈领，信息量大。用语极少使用虚词，没有一个冗词，句子主干突出，极少修饰。既言简意赅，又严密周至。

简约和严谨是相互联系的。简而不严，那是苟简。另外，简约严谨的风格往往也是平实通俗的，但简约严谨型更注重意蕴丰富，简练而周详的风格，平实通俗型则多质朴浅显，晓畅明白。

4. 繁丰疏放型

繁丰疏放型是与简约严谨型相对应的一种风格，以表述详尽、粗放不拘为特点。叙事说理，尽情发挥，随意铺陈，不避繁复，力求把话说深、说细、说全，且表达自如，不受拘束，注重细节表述，极尽铺排之能事。用词多同义联用，句式多用叠句、散句，辞格上常用排比、穷举等。

山东青年特级教师程翔在讲述《孔乙己》时说。

孔乙己就这样在人们的笑声中死去了。孔乙己静悄悄地死去了，他的死一点也没有惊动这个社会，他的死就像树上无声地落下一片叶子，就像荒野中悄悄枯死了一棵无名小草。孔乙己在笑声中出场，在笑声中度日，最后在笑声中死去。他活着的时候，封建社会公开地侮辱他、损害他，用封建意识毒害他、麻醉他。他盲目地挣扎了一辈子，被别人践踏，自己也践踏自己。这个可悲的下层小知识分子啊，被吃得干干净净；这个可悲的孔乙己啊，成了封建科举制度的一个牺牲品。[②]

这是程翔老师对孔乙己悲惨命运的描述，可谓挥洒自如，发挥尽情。不仅在笑声中死去了，还“静悄悄地”，“一点也没有惊动这个社会”，然后运用比喻，继续形容死得悲惨，不避繁复。控诉封建制度也如是，侮辱、损害、毒害、麻醉、践踏，都在语境中具有相似的意义，而程翔老师不受拘束，同义联用，随意铺陈，繁丰疏放的风格鲜明可见。

5. 庄重典雅型

庄重典雅型体现在教师的教态上多是沉稳持重，庄重斯文。用语注重摄入书面语，句式平稳，整句、长句出现频率略高，善于引用典故、诗词、成语、格言、警句等，典雅含蓄，优美精练，有着浓厚的“书卷气”。

湖北萧红耘老师上《醉翁亭记》有这么一段。

《醉翁亭记》中的“醉翁”可以看作一个人物形象，也是作者自我人格的真实写照。醉翁之“醉”大有深意，作者愁肠百结，郁闷万种，尽在一“醉”之中，这里的“醉”，是愤懑之情的排遣，是自得之志的宣泄，是待时而出的寄托。这一“醉”，深刻地揭示了一位封建文人既忧国忧民、守志直行，又忠君卫道的复杂思想感情。因此，今天我们读第一人称或第三人称写的散文时，要注意发掘其中人物形象的内蕴。[③]

这是萧红耘老师分析课文、概括文章的一段话，用语优美精练，句式平稳，斯文雅致，

---

① 王铎全. 名师授课录(中学历史)[M]. 上海：上海教育出版社，1993，12：4.

② 程翔. 语文课堂教学的研究与实践[M]. 北京：语文出版社，1999.

③ 萧红耘. 一半清醒一半醉[J]. 语文学习，1996(1)：27.

韵味醇厚，庄重典雅之风扑面而来。

6. 幽默诙谐型

幽默诙谐型的特点是机智风趣、奇巧生动、妙趣横生、益智明理、轻松活泼。教师讲课时谈笑风生，诙谐幽默，寓庄于谐，话语的语速较快，语流顺畅，妙语连珠，课堂里不时传来笑声。善于创造课堂幽默效果的教师，都善于利用语言的音变、形变、义变。由变异而形成的移时、拈连、歇后、析词都是常用的幽默手段。

幽默诙谐型的教师口语艺术风格是教师机智的表现。请看陈应生老师上《林黛玉进贾府》的精彩讲述。

师：现在要讨论的是，曹雪芹写这些贾府的"软件"所表达的"精神"，与院落房屋的"硬件"所表现的"显赫"，其作用是什么？

生：意在揭示一个封建大家庭的鼎盛繁荣。它的富贵尊荣，不仅是物质的，还有礼教的……

师：对！贾府的环境，有着丰富的文化内涵，我们得感谢"导游小姐"林黛玉，她让我们得以领略这种无从亲临参观的"历史风景"。当然，最终功劳还是曹雪芹的，是他一手"策划"了我们这次穿越"时间隧道"的"故国神游"。①

这是陈应生老师在引导学生分析了贾府院落房屋、规矩礼法的描写后说的一番话。他把贾府气势恢宏的院落和布置精妙的屋内陈设称为"硬件"，把林黛玉进贾府所感受到的"一种逼人的神魄"，亦即贾府的"规矩礼法""繁文缛节"称为"软件"，把林黛玉称为"导游小姐"，另外还有"历史风景""策划""时间隧道""故国神游"等词语，这些都是通过突破语言常规的变异，或曲用，或移时，使话语充满着幽默韵味，达到教学效果的。

二、艺术风格的培养

（一）形成因素

教师运用特定的口语表达艺术向学生"传道授业"，然后学生做出反应，教师再调整言语重新向学生答疑解惑，这样循环往复的过程便形成了教师口语艺术风格。由此可见，教师口语艺术风格的形成是多方面因素合力的结果，概括地讲，主要有表达主体（教师）、接受主体（学生）、表达对象（教育教学内容）和表达载体（语言本身）四个方面。

1. 表达主体——教师

教师是形成口语艺术风格的主观因素。风格总是属于人的。"言，心声也""吐纳英华，莫非情性""文如其人，人如其文"讲的都是这个道理。教师的性别、年龄、个性等先天因素和后天形成的品德修养、知识结构、思维品性等各方面的主观因素，对教师口语风格的形成都具有十分重要的影响。从某种意义上，我们可以说，教师口语风格是教师"自我"在语言上的一种体现。

1）影响教师口语艺术风格差异的先天因素

影响教师口语艺术风格差异的先天因素主要有性别、年龄和性格等。首先是性别，男

① 陈应生.贾府的"软件"[J].语文学习，1994(5)：27.

教师和女教师在言语风格上有着明显的差异。男教师的言语风格以刚健、直接、朴实、自然、深沉、幽默见长，主要表现在语气、选词、语速、语势、音质诸方面。语气上显出刚健，选词上显出直接，语速上显出自然、朴实，语势上显出平易流畅，音质上显出深沉、浑厚。而女教师的言语风格则以温柔、委婉、激情、生动、含蓄、典雅多见。语气上显出温柔，选词上显出委婉、含蓄，语速语势变化上显示激情、典雅。当然，以上区分也不是绝对的，现实中存在着交叉现象。其次，年龄也是影响言语风格的要素之一。不同年龄的教师有不同的言语风格，同一教师在不同年龄阶段言语风格也有所变化。青年教师多显热情奔放，苦乐溢于言表；中年教师则显稳重、深沉；老年教师多显得耐心、朴素等。最后，性格是构成教师言语风格的最重要的因素。性格不同，风格迥异。性格开朗、豪爽的教师，其语言往往具有刚健、率直、奔放、幽默的特点；性格沉稳、持重的教师，其语言往往具有严谨、朴实、含蓄、庄重的特点；性格温和、淳厚的教师，其语言往往具有亲切、随和、平易、柔婉的特点；而性格干练、爽直的教师，其语言则往往具有简洁、明快、干脆、利落的特点。魏书生老师疏放奇异的语言特点的形成与他豁达开朗、趋新求异、兴趣广泛的个性特征是分不开的。

2）制约教师口语艺术风格形成的后天因素

教师作为个体的人，通过后天的学习逐步形成稳定的具有个人色彩的品德修养、知识结构和思维品性，我们暂且将其作为制约教师口语艺术风格形成的后天因素。

教师品德修养的差异，如教师道德感和责任感的不同，教师对教育工作和教育对象的态度的不同等，都直接制约着教师的语言运用，影响教师口语风格的形成。斯霞老师亲切、纯真、质朴的口语风格，显然与她对学生的爱是分不开的。她深深地热爱自己的学生，“像母亲一样地对待自己的学生”①，这份挚爱体现于她的言语活动的各个方面，体现于她的整个教学生涯。毫无疑问，这是她富有个性的口语风格的重要成因。

教师知识结构的差异，如知识储存量的大小，知识内容的差别，知识广度、深度、新度的不同等，对教师口语风格的形成同样产生影响。疏放的风格多属于那些知识储存量大、阅读面广的教师，如魏书生老师的言语表达收放自如、开合有致，这显然与他具有广博新异的知识是分不开的。一个知识之褊狭、阅读面窄的教师与疏放的言语风格是无缘的。而典雅的风格则往往属于那些文学素养较高，尤其是古典文学功底较为深厚的教师。

教师思维品性的差异，如思维灵敏度的不同，偏重于形象思维抑或偏重于抽象思维的不同等，同样影响着教师口语风格的形成。长于抽象思维的教师往往具有严谨、平实、明快、简约的风格，而长于形象思维的教师则与典丽、鲜活、繁丰的风格有更多的联系。钱梦龙老师善于逆向思维，经常从反面、侧面切入思考问题，进行提问或讲授，在语言表达上常常出奇制胜，因而，新奇成了他的语言风格的一个侧面。

2. 接受主体——学生

教育教学活动是师生双方的合作行为，为学生所理解接受，是风格形成的目的，是风格存在的价值。所以，教师口语艺术风格在形成构建中一定要充分考虑学生这个接受主体，只有得到学生普遍认可的风格才是成熟理想的风格。学生的年龄特点和认知水平对

① 袁微子. 于质朴中见真功夫——略论斯霞的教学风格[M]. 杭州：浙江教育出版社，1992.

风格的形成有引导和制约作用。

譬如，七八岁到十二三岁的小学生的心理特点还处于幼稚阶段，他们的思维以形象思维为主，逻辑思维能力还较弱；注意力还不够稳定，不易持久，容易被新异的刺激所吸引；知识面还较窄，语言的理解和表达能力不强，词汇量小；感情易于外露，对教师依恋的情感很明显，等等。这些特点都制约着教师的语言运用，要求教师的语言具有更强的直观性、趣味性、浅易性、亲切性，从语气音调到遣词造句，从语言到体态语都富有稚气童真的韵味。再比如，处于少年向青年过渡时期的中学生，其心理特点由半成熟而趋于成熟，抽象思维开始占主要地位，注意力的稳定性、持久性加强，知识面逐渐拓宽，语言的理解和表达能力增强，语汇量扩大，等等。这些特点同样影响到教师的语言运用。中学生喜爱教师形象、生动、浅显、有趣的语言，但是对教师富有理智性、抽象性、典雅性的语言同样表示欢迎。就教师来说，这一阶段，在注意语言的形象性特点的同时，有意识地强化语言的抽象性、逻辑性，适当增加书面语成分，对培养学生的抽象思维能力、提高语言水平，是很有必要的。而这些正是理智型、典雅型等言语风格形成的基础。

3. 表达对象——教育教学内容

教育教学内容的性质特点直接影响教师语言的选择与运用。各学科特点的不同以及各年级内容的差异等都会直接影响风格的形成。文科教学内容具有很强的人文性，教材本身就有较为强烈的情感因素和形象色彩。要求教师不仅教给学生有关的理性知识，还要通过情感的陶冶、形象的熏染以塑造学生的美好心灵。这种特定的教学内容和教学目标，要求文科教师的教学语言更多地具有情感性和形象性。数理化等学科的教学内容具有严密的科学性。它们是从自然现象中抽象概括出来的，是由一系列概念、原理、公式、定律、法则构筑而成的知识体系。这种特定的教学内容，要求理科教师的教学语言更富有准确性、逻辑性和简洁性。

4. 表达载体——语言本身

虽然教师、学生、教育教学内容对语言风格的形成具有十分重要的作用。但是，语言风格形成的物质基础，还是语言本身。任何一种风格的形成，都离不开语音、词汇、语法等语言要素，以及由这些要素组合而成的语言手段，如辞格、辞规等。

1）语言要素

（1）语音要素。语音，作为语言的物质外壳，是语言风格赖以生成的重要物质材料。在教师口语中，汉语声韵调的不同特点，汉语音节的不同配置等因素自然也是表现风格的重要物质材料。需要指出的是，教师口语，作为口头语言，其语音是动态的、活的、立体的。不同的音质、音量、音速、语气、语调、停顿、节奏等，对风格的形成都具有一定影响。有的教师声音甜润优美，有的洪亮高昂，有的纤细柔和，有的则沉稳低缓，这就表现出各种不同的风格。魏书生老师疏放奇异的口语风格，与他对语音的个性化运用是密不可分的。

（2）词汇要素。词汇，作为语言的建筑材料，具有巨大的风格潜能。汉语词汇中的同义形式极其丰富，不同的形式往往蕴涵着不同的风格色彩。如下面两组词语，其风格差异就十分明显：

故乡—桑梓　　知道—获悉　　打听—询问　安排—部署

三天打鱼两天晒网——一曝十寒　生米煮成熟饭—木已成舟

前一组通俗浅近，后一组则庄重典雅。再如“内心”“心中”“心情”等词，具有平易朴实的色彩，而“心坎”“心田”“心曲”等则具有形象藻丽的色彩。显而易见，教师对不同风格色彩的词语的选择和运用，是其语言风格的重要成因。请比较下面两段话。

(1) 蔚蓝的天空，没有一丝云。一条潺潺的溪水从卵石中间穿过，卵石在清澈的水中忽隐忽现，清晰可见。溪边端坐着一位长者，面庞清瘦，双目炯炯有神！

(2) 嚯，这天可真蓝哪！一点儿云彩也没有。有一条小河哗哗啦啦地流着。这水可清亮啦！水里有好些圆石头，像鸡蛋似的，人们都管它叫卵石，这些卵石在水里可以看得清清楚楚。在河边坐着一个老头儿，长得虽然瘦，可是挺结实，那双眼睛可有精神啦！

这两段话基本语意相同，但风格迥异。后一段是著名儿童教育家孙敬修根据前一段进行加工后说给儿童听的。与原文清丽雅致的语言相比，孙敬修的话则具有浅近、通俗、亲切的风格特点。这种差异主要是由不同色彩的同义词语的运用而形成的。如清澈、清亮，端坐、坐，长者、老头儿，清瘦、瘦等，其风格差异是显而易见的。

(3) 语法要素。不同的语法形式对语言风格的形成也具有重要的作用。以句法而言，汉语的句式丰富多彩，每种类型的句式都有其独特的表现功能，其中蕴涵着不同的风格因素。如短句、松句，简洁活泼；长句、紧句，丰繁周致；省略句、设问句，含蓄婉转；完全句、直陈句，直接明快；常式句，平实质朴；变式句，奇巧生动；描写句，形象鲜明；感叹句，感情强烈；等等。教师根据表达的需要和各自的特点与习惯，对这些不同的句式进行选择和运用，都能体现出不同的风格色彩。另外，虚词的运用也能体现不同的风格。如少用关联词语，多用语气助词，选用口语化的虚词等，具有简明、通俗、平易、活泼的风格色彩。前引孙敬修先生的话语中，运用了叹词“嚯”，语气词“哪”“啦”，代词“这”“这些”“好些”，介词“管”等，这都是其独特的口语风格的重要成因。

2）语言手段

语言手段，主要指辞格。运用比喻、比拟、借代、摹状、对偶、夸饰等辞格，有助于形成典雅藻丽的风格；运用双关、拈连、比喻等辞格，有助于形成含蓄柔婉的风格；运用反复、排比、穷举、联用等辞格，有助于形成繁丰疏宕的风格；等等。魏书生老师善于运用贯口式排比、悬想式的示现、新奇的比喻，也常用奇问、奇设，有时还使用抑扬、图示、警策等。这些符合他个性特征的丰富多彩的修辞手段的运用，正是他疏放奇异风格的重要体现。

（二）培养途径

虽然教师口语艺术风格形成的因素很多，但归根结底，教师口语艺术风格反映的是教师本人的教育理念、文化学识、修养品位、语言特色和性格品质。没有语言表达的主体，也就无所谓风格了。所以，提升教师自身的文化积淀、审美修养、整体素质以及驾驭语言的能力是培养教师口语艺术风格最有效、最直接的途径。

1. 修炼过硬的语言基本功

普通话是教师从事教育、教学的工作语言，是教师必备的基本功。只有“既知教之所由兴，又知教之所由废”，才是一个善教者，才能使教学语言成为一种艺术，形成一种风格。过硬的语言基本功，不仅仅是指普通话的规范使用、准确无误地表述，还包括生动风趣地

驾驭口语，能够熟练掌握语言表达的技巧和开拓创造语言表达的艺术方式。语言表达的外部技能技巧有吐字、发音、气息、共鸣、顿连、重音、节奏、语气语调等方面，熟练运用这些技巧，能使语言变得清晰流畅、生动传神，大大增强教师口语的表现力。语言表达艺术特点主要有趣味性、灵活性、针对性、抒情性、启发性等，这些特点直接影响风格的构成，因此教师要把握教师语言的特点，开创性地设计出各具特色的语言表达方式，学会积极地调动各种常见的修辞格，如比喻、拟人、夸张、对偶、排比、仿拟、回环、闪避等，多积累通俗易懂、活泼新奇的民间谚语、歇后语、惯用语和新词新语，以提高教育教学效果。

2. 培养科学创新的教育教学理念

首先，正确科学的教育观是风格形成的内核，它是形成优秀教师口语风格的舵盘，起着导向作用。大凡优秀的教师都具备先进的教育教学理念，具有良好的师德修养，有高度的责任感，能面向每一位学生开展工作，能积极探索各具特色的教育教学方法，有“乐教”的精神，能运用得体的教师口语，出色地完成教育教学任务。其次，开拓创新是风格长存常新的必要前提和有效保障，教师口语风格形成是一个漫长的艰苦探索过程，必须有脚踏实地、乐于奉献的开拓创新精神，创新是创造风格的前提条件，没有创新就没有未来。所以教师在探索中，既要博采众长、为我所用，又要根据自己的特点，独辟蹊径，独树一帜。周恩来总理说过：“艺术是一种创造性地劳动，用跟踪的办法是不能超越别人的。”教师要形成自己独特的风格，必须不断地超越别人，也要不断地超越自己，可以说形成独特口语风格的教师都是勇于向常规陋习挑战、突破窠臼并做出成就的人。

3. 培养积极健康的个性品质

教师个性品质的差异是形成教师口语风格的心理基础。稳定的心理素质、丰富的兴趣爱好、积极乐观的人生态度、诚信真挚的待人原则是构成积极、健康、真诚、乐观的个性品质的重要内容。这些个性品质的综合反映就是教师的人格特征，它是教师口语风格的灵魂。教师口语艺术终究是对教师人格的折射，包括对思想教育观点的折射、对教师行为的折射、对科学文化信息的折射等，所以教师要充分考虑到自己的个性品质对学生的影响，积极追求教师的人格之美。只有具备高尚的人格美，才能创造美的教师口语风格。

4. 构建广博厚实的知识结构

广博厚实的知识结构直接决定着教师的思维品质（广度和深度），是语言艺术的源泉，是教师口语风格形成的基本条件之一。“问渠哪得清如许，为有源头活水来”，学者冯友兰说：“一个教师讲一本教科书，最好的教师对这门课的知识，定须比教科书多许多倍，才能讲得头头是道，津津有味，信手拈来，皆成妙趣。如果他的知识和教科书一样多，讲来就难免结结巴巴，看来好像是不能畅所欲言，实际上他是没有什么可言；如果他的知识少于教科书，他就只好照本宣科，在学生面前唱催眠曲了。”所以教师首先要力求获得专业知识的广博与精深，学习本专业的知识以及与教育学科有关的知识。还要广泛涉猎，博览群书，不断完善，不断更新，为形成良好的口语风格做好充分的知识准备。

5. 提升高品位的审美修养

“没有一条富有诗意的、感情的和审美的清泉，就不可能有学生全面的智力发展”，教师口语无疑是这条清泉中的重要支流。教师应具有高品位的审美修养。它包括对美的感知能力、欣赏水准、评价能力和创造能力等方面。审美修养也意味着自信心和责任心的和谐统一;意味着自我为社会做出奉献后精神上得到无限愉悦感;意味着热爱生活,积极进取、昂扬向上;意味着对自我人生和社会他人的双重创造。对教师来说,审美修养是非常珍贵的心理品质。真正具有高品位审美修养的教师,能在他的举手投足、一言一行中透出卓尔不群的魅力去影响一代又一代的学生,使之受到感染和熏陶。

三、艺术风格的赏析

我们在前面的内容中已经谈到了根据教师口语的表现特点,可以把教师口语艺术风格大致分为平实通俗型、生动鲜活型、简约严谨型、繁丰疏放型、庄重典雅型、幽默诙谐型共六种。其实,教师口语艺术风格很难刻板地划为某一种类型,因为优秀教师的口语艺术风格往往会根据不同的教学内容、不同的教育情境和不同的教育、教学对象而有所变化,其风格是专一性与多样性的辩证统一和有机相融。下面,我们通过两篇《荷花淀》的课堂实录再来进一步体悟教师口语艺术风格的特点。

【示例 1】

教师:同学们,刚才发下去的讲义,都是有关战争题材的古代诗词。从这些诗词中,大家能否概括或提炼出关于“战争”的情形来?

学生:(七嘴八舌)烽烟四起,荒凉萧瑟;白骨遍地,血流成河;你死我活,激烈悲壮……

教师:诚然,战争是残酷的、血淋淋的,它是恐怖的源头,罪恶的温床,因此,文学作品中对战争情形的描述是属实的,也与大家刚才所表述的一致。今天我们将重温离我们不算太遥远的战争故事,那就是孙犁的《荷花淀》。这是一篇以战争为题材的短篇小说,看看与“常规战争”以及与讲义中的“战争印象”是否另类?不过,这是后话,暂且不表,现在我先简单介绍一下作者及其作品和基本风格。

孙犁,1913 年出生于河北。从 1939 年开始,写了许多表现抗战时期冀中平原一带人民斗争和生活的短篇小说,后收在 1958 年出版的他的小说和散文结集《白洋淀纪事》中,其中写于 1945 年春的《荷花淀》是其代表作。这个结集显示了作家成熟的艺术风格:淡雅疏朗的诗情画意与朴素清新的泥土气息的完美统一。这一独特的风格对当代文学产生极大的影响,造成了一个数量相当可观的河北作家群,被当代文坛誉为“白洋淀派”,与赵树理风格的“山药蛋派”齐名。

本堂课我们将采用讨论的形式。4 个小组,每组领受一个讨论题,然后再分成 4 人小小组;每个小小组按惯例推举一位最不愿发言的同学作为“新闻发言人”,阐述本组结论。

【讨论题】

1. 本文为何用诗情画意的手法来表现血雨腥风的战争?

2. 本文为何要选择一群荷花淀女人来作为战争的“主角”?

3. 本文人物语言朴素自然、真实有趣,尤其是划船寻夫过程中的“妙语”令人忍俊不禁,请用“实话实说”的方法“译出”它们的“潜台词”。

4. 小说最讲究细节,请找出文中有关的细节,并探究这些细节的作用。

(学生分组、分小小组讨论,教师巡视、指导。时间 6 分钟。)

教师：下面咱们各个击破。请各小小组“新闻发言人”陈述，本组成员可作补充；外组成员可在了结一个讨论题之后发表看法。

学生1：我们的理解是，既然诗情画意是孙犁小说的一贯风格，那么作为代表作的《荷花淀》也不应该例外。

（众学生笑）

教师：请坐。其实这都是我的错，——我真的不是故意的（学生笑）——要是我预先不讲孙犁小说的基本风格，你们小小组就不会有这现成的答案了。不过，你的理由也算成立，只是捡了个便宜。

学生2：我们觉得这些诗情画意的描述，是在暗示着荷花淀青年妇女的美，美丽的外表和美丽的心灵，所谓“一方水土养一方人”；另外，美好的景致、美丽的家园，更能激起人们保家卫国的信念和斗志。（本小组成员鼓掌）爱，不仅仅是一种呵护，更是一份抗争！（全体鼓掌）

教师：经典。为爱而恨，为美丽而流血，为呵护而抗争。还有补充吗？

学生3：我们的意见基本也是如此，但我个人现在有新的看法。残酷的战争与美丽的背景，造成一种强烈的反差，而这美的景色可以淡化战争的阴影，它让人们洋溢着乐观的必胜的信心，激发起人们打仗的欲望。（有学生发笑）

教师：很有见地。如果去掉“打仗的欲望”，表述将更加精彩。毕竟，荷花淀的女人们不是好战分子。（学生放声笑）第一个讨论题以我个人的感觉已基本搞定，第一小组的阐述我觉得基本到位，为以后问题的解决开了个好头。

学生4：我们认为，女人的参战更充满生活的情趣，更能让战争变得不再恐怖。

教师：此话怎讲？

学生：“三个女人一台戏。”（学生笑）她们没有经历过战争，因此一上场时时闹出笑话，不但自己相互取笑，也被丈夫取笑，是不是体现了乐观的精神面貌？

教师：诸位意下如何？

学生：好。

教师：那就好。尽管真理往往掌握在少数人手里，但少数人还得服从多数，我也赞成你的观点。

学生5：“天下兴亡，匹夫有责。”连女人们都上战场了，说明这战争已是相当危急。如果说“天下兴亡，匹夫有责”是爱国的表现，那么“天下兴亡，小女有责”是更深层次的爱国表现……

（教师带头鼓掌，学生掌声一片）

学生6：女人上场，证明夫妻并肩，全民皆兵，万众一心，这样的战争，同仇敌忾，没有打不赢的，日本鬼子终将灭亡，所以证明了正义的战争必将最终取胜的真理。

教师：理由之充分，论证之严密，结论之合理，非我辈所能比肩，后生可畏哪！（学生笑）下面进入第三关。（教师学央视主持人李咏主持《幸运52》中的“出拳”动作，学生大笑）

学生7：这些对话的“潜台词”其实只有一句话，就是“几天没见，我真的好想他”。（学生会心而爽朗的大笑）

教师：大家觉得有什么不对吗？我觉得他说的虽然是“普通话”，却隐含着“真理”在其中。不过只是说得简单了一些，也稍稍的随意了一点。有补充的吗？

学生8：我们觉得她们的谈话太落后了。语言虽然真实、有趣，总不大切合场合。（底下有学生议论纷纷，对上述说法提出异议。）

学生9：孙犁的小说就是真实和朴素，所谓的"落后"恰恰反映了这些年轻妇女的特有的羞涩，她们有血有肉有感情，这样塑造出来的人物形象真实可靠，非常具有人情味和女人味；（学生笑）况且，女人总比男人牵肠挂肚。

（有学生击桌叫好）

学生10：我们为这些对话组织了一首打油诗，算是献丑了：一件衣裳一份情，一句话儿很要紧；快去快回不碍事，只怨婆婆不放心。（哄堂大笑，纷纷称妙）

教师：你们倒是挺懂得挖掘和欣赏的。——如果再"正经"一些，更会有诗情画意的效果。不过，你们确确实实地都理解了，也就不必过于注重表达的"俨然正色"。言外之意，弦外之音，正是语言的高级层次。现在，咱们做最后的冲刺，完成第四题。

学生11：细节描写在本文有两处，一是水生嫂"吮手指"；一是众女人寻丈夫。"吮手指"表明水生嫂的吃惊和不安，寻丈夫表明她们对丈夫的担心和关心。

教师：简洁明快，但"作用"似乎没有涉及。谁作补充？

学生12：我们也认为主要是这两个细节。"吮手指"通过掩饰的动作来掩盖水生嫂内心的震动，是她内心矛盾复杂的外在表现，似乎是软弱的表现，这是真实的；同时她也很快地挺过去了，又说明她的坚强和顾全大局。"寻丈夫的脸"同样写得很真实，也富有情趣，应该是营造了一种和谐的气氛，表现了乐观主义的精神。

教师：言之有理，几乎是"标准答案"。

学生13：我个人还认为那些女人们与丈夫的"掉包"也是一个传神的细节。一边把战利品扔到船上，一边把小包裹丢给丈夫，扔来扔去，很有生活气息，也是和谐的、乐观的。

教师：好极了，"补充"正是"完整"的必要。夫妻的恩爱，并肩的战斗，还有什么最美的人情！还有什么打不赢的战争！风光美丽白洋淀，战火纷飞黑硝烟。保家卫国匹夫心，女子也敢上前线。（学生鼓掌）应该说，本堂课我们已经比较完美地完成了教学任务，这得感谢诸位的潜心投入、积极参与。四个讨论题，其实就是这篇小说的四个特点，下面有请语文课代表用四个短语表达这四个特点。准备1分钟——计时开始。（教师看表，倒计时）

学生14：诗化的意境，美丽的女性，生动的语言，传神的细节。

教师：说得比唱得还漂亮。但"美丽的女性"好像不应该是"特点"之一吧？请同桌发扬一下风格。

学生15：诗化的意境，战斗的精神，生动的语言，传神的细节。

教师：虽不如课代表说的美丽，但更朴素、更贴切。让我也不自量力来一个概括：诗化的硝烟，乐观的情趣，美丽的谎言，可爱的细节。

其实，这篇小说传递给我们的不仅仅是这些有形的事物，它把"特别的战争"献给了爱好和平的人们。如果联系我们的写作，我们又得到另一种收获，那就是：文章的主题原来可以这样"反问"表现，人物的语言原来能够如此"有趣"地展示。

当我们轻松而愉快地学习并欣赏这篇小说，当我们为白洋淀诗情画意般的景色所陶

醉，当我们为荷花淀上那些年轻的女子们纯朴的心灵和战斗的意志所感动，大家是不是觉得战争并不那么可怕，反而给人一种神往？实际上，小说想要告诉读者的是：战争是恐怖的、可怕的，但恐怖可怕的战争并不能吓倒人们，保家卫国是人民永远的信念；充满乡土芬芳的《荷花淀》，带给我们的应该是积极乐观的抗日情绪，而不是悲观消极的没落思想。

（停顿半分钟，给学生静静地思考和感悟）

最后，我恳请同学们，为《荷花淀》重拟一个标题，既要反映小说的主题，又能体现小说的风格，不知诸位能否胜任？好，小小组继续活动。时间2分钟。

（学生继续活动。教师乐得清闲）

学生16：诗情画意的战争。

教师：一语中的。

学生17：战争和女人。（学生笑）

教师：耐人寻味，但容易让人胡思乱想。（学生笑）

学生18：硝烟里的红粉气息。

教师："红粉气息"太重，不够明确。

学生19：战争，让女人上场！

（学生会心而满意的大笑）

教师：有部电影叫《战争，让女人走开！》，反其意而为之，立意高远。——让我也凑一分子，毛主席有诗云"不爱红装爱武装"，我觉得用在此处也颇为贴切。

同学们，白洋淀是美丽的，《荷花淀》同样是美丽的。欣赏这样的小说，是我们的享受，也是我们的福分。感谢生活，感谢孙犁，也感谢我们的默契配合……下课。

【示例2】（节选）

教师：在中国现代作家中，孙犁是比较特殊的一个。如果说有些作家是皱着眉头看世界的话，孙犁则是带着微笑看人生的——即使在艰难困苦的战争年代，他也总能发现生活的快乐和美感，《荷花淀》就是如此。今天，我们就要通过对语言的理解，来体会这篇小说的美感。（板书：荷花淀 深入言语 体会美感）

……

教师：小说情节的各个阶段都用小标题概括好了。哪几个小标题跟课文的预习提示概括得一样啊？

学生：夫妻话别、敌我遭遇、助夫杀敌。

教师：这三个小标题跟其余标题概括的角度一致吗？如果角度要统一，该怎样改？

学生：把"夫妻话别"改成"与夫话别"，把"敌我遭遇"改成"与敌遭遇"，"助夫杀敌"保持不变。

教师：真不错。看来还是你们的概括好呢。现在能根据这几个小标题把课文内容简单地复述一下吗？两百来个字就可以了吧。

学生：月光下的水生嫂在编着席子等待水生，水生回来后说要到大部队去。第二天，水生他们就走了。没过几天，水生嫂她们跑到马庄找丈夫，可是水生他们刚离开。她们回来时遇到了日本鬼子，日本鬼子追到荷花淀，正中了水生他们的伏击圈。水生他们击沉了日本鬼子的船，便离开了。水生嫂她们谈论着感受，当年就配合子弟兵作战。

教师：全面、概括，蛮不错的。但有两点意见供你参考，一是“他们”这个词出现的频率比较高，可不可以改成别的说法，让人听起来更清楚一些？二是如果能直接用上投影里的小标题，连成一段话就更好，当然这个要求比较高。看来同学们对小说情节比较熟悉了，现在我想把情节改动一下，砍掉“漫谈感受”和“迅速成长”这两个部分，行吗？

学生：因为小说主要写一群青年妇女，不是着重写战争过程，所以必须写妇女的内心感受和以后的成长。

教师：那换个角度，先写水生这几位青年参加地区队，家属们送别，接下去写这几位青年参加军事训练，进入荷花淀埋伏，最后写伏击战，并意外遇到女人们，最后写他们与女人们告别，消失在白洋淀的烟波里，这样安排好吗？

学生：像你这样改动就没有悬念了。小说这样安排是为了尊重女人，同时又吸引读者……怎么荷花淀里有游击队？这样安排才有悬念……（有些支吾）

教师：我把你的话概括一下，课文这样安排，情节上有悬念，人物能突出青年妇女，是吗？

学生：是的。

教师：但是像我这样安排就没有悬念啦？

学生：可能也有一点悬念，但作品主要是表现女人们在战争中的成长，如果照你那样去写，那么女人的表现就是一种陪衬了。

教师：二位说得真好。但我还有一个疑问。一般来说，战争总是男人们的事情，但孙犁为什么要选这几个女的做主角呢？

学生：因为这样写有代表性，抗战时期，不但水生他们投身抗战，连妇女最后也拿起武器，这样可以表现“全民抗战”这一主题。

教师：不错，毛泽东说过，“全国妇女解放之日，就是中国革命胜利之时”。因此，通过妇女的生活和思想，描写她们从理解到支持，从支持到参战这一经历，来反映抗日根据地人民的生活和思想，来反映抗日战争在人们精神上引起的巨大变化，来反映“人人皆兵，全民抗战”的主题，这在众多的战争小说中，它的构思就显得新颖独到，别具一格。（板书：构思之美，新颖）小说除了构思新颖之外，情节安排还很有特点，哪位同学说说？

（依次引导学生体会、总结作品的情节之美、景物之美、语言之美）

……

如果说构思之美在新颖精巧，景物之美有诗情画意，对话之美富有个性，那么，细节之美呢？下面我改写了三个细节，你们来比较一下，效果如何。（板书：比较法。并依次呈现投影片，引导讨论）

改写“手指震动”：“哎唷！”随着一声叫喊，女人的手指明显地震动了一下，想是叫苇眉子划破了手。“让我看看。”“没什么。”女人把手指放在嘴里吮了一下。

改写“湖山捞菱”：顺手从水里捞上一根菱角，菱角还很嫩很小，乳白色。“去你的吧！”一个女人用力一甩，把那棵菱角丢到远处，那棵菱角又安安稳稳得浮在水面上了。

改写“水生丢纸盒”：“不是她们是谁？一群落后分子！”说完，把纸盒顺手丢在自己的船上。

学生：第一处改了不好。因为水生嫂是劳动妇女，见一点血不会大惊小怪的；如果大

呼小叫，也不符合水生嫂文静含蓄的性格。

教师：分析得真好，从身份、性格两个方面批评了我的篡改。那么第二处呢？

学生：书上说年轻人会很快忘记自己的不快，这也是性格；而且她们当时还在说笑呢，如果改成你这样，好像她们还在生很大的气。

教师：不错不错，从性格、情境两个方面来否定我。那么第三处改得不错吧？（众笑）

学生：纸盒丢错了。水生表面上批评，实际上还是疼爱她们的，这叫作打是亲，骂是爱！（众笑）

教师：对，这就是细节的魅力，一个手指的震动，一棵小小的菱角，一个小小的纸盒，其中有身份，有情绪，有性格，有情境，有爱心。不点破，但我们有感觉。这就是含蓄传神的细节之美。（板书：细节之美 含蓄传神）这节课，我们用想象、比较、朗读等方法欣赏了荷花淀的美。扩而大之，任何一篇小说，我们都可以凭着多样化的手段鉴赏小说之美，这就是条条道路通罗马。下课。

示例1是浙江绍兴陈阿三教师的课堂教学实录，示例2是褚树荣教师的课堂实录。读完后，我们很容易感受到这两位教师的口语艺术风格的区别。当然这两种风格的区别也跟教学内容的欣赏角度有很大关系，示例1教学设计删繁就简，突出主干，围绕“诗化的硝烟”，提炼了四个问题组织学生进行讨论，深化《荷花淀》的主要艺术成就。示例2则将教学内容定位在“深入言语，体会美感”上，侧重学生感受作品的构思之美、景物之美、对话之美、细节之美，教学语言设计简约而严谨，层层深入。

示例1整堂课给人的总体感觉是生动鲜活、亦庄亦谐、畅快淋漓。教师语言时而简洁明朗，时而繁丰疏放，时而庄重典雅，时而诙谐幽默，口语艺术风格多样，很值得称道。最突出的特点是清新活泼，色彩鲜亮，机智幽默。借用、析词等辞格运用非常普遍，用词也常用一些变格转义的词语，变异词语用法，如“实话实说”“潜台词”“普通话”“真理”等。其次是语言雅致，韵味醇厚，庄重典雅。如询问学生意见时用：“此话怎讲?”“诸位意下如何?”等文言句式，在总结学生回答问题时索性就说，“理由之充分，论证之严密，结论之合理，非我辈所能比肩，后生可畏哪!”既品味出了“书卷”气息，又感受到了教师的机智风趣。再如，陈老师评价一个学生为《荷花淀》重拟的标题——硝烟里的红粉气息时说：“红粉气息”太重，不够明确。用词一语双关，机智幽默。再次，陈老师总结小说最讲究细节时说，“夫妻的恩爱，并肩的战斗，还有什么最美的人情！还有什么打不赢的战争！风光美丽白洋淀，战火纷飞黑硝烟。保家卫国匹夫心，女子也敢上前线。”总体看还属于繁丰疏放的风格，因为作为结语其实完全不用作押韵华美的辞藻，但是教师有感而发，不受拘束，疏放发挥，也更好地深化作品主题。另外，“言之有理”，几乎是“标准答案”“说得比唱得还漂亮”也体会到了平实通俗的味道；“诗化的硝烟，乐观的情趣，美丽的谎言，可爱的细节”能够全面的诠释作品的艺术特点，语言风格简约而严谨。

示例2总体面貌是沉稳、平实，简约、通俗。教师引导启发学生的语言严谨，设计得亦步亦趋。教师引导学生体会作品构思之美时总结说，“二位说得真好。但我还有一个疑问。一般来说，战争总是男人们的事情，但孙犁为什么要选这几个女的做主角呢?”作为教学语言平实通俗，但总结得很关键，很好地引导学生转换了审美的视角。另外，“一个美丽

而透明的借口”“不错不错，从性格、情境两个方面来否定我。那么第三处改得不错吧?”等教学语言也呈现出诙谐幽默的艺术风格。

第四节 教师口语常见失误

古希腊历史学家色诺芬指出：“最好的教师是会运用语言的人。”“教师的语言，是什么东西也不可取代的感化学生心灵的一种手段。教育的艺术首先应该包括说话的艺术——跟人的心灵打交道的艺术。我坚信，学校里酿成大乱子的许多冲突，都含有教师不善于跟学生谈话这个根源。”苏联教育家苏霍姆林斯基也这样阐述语言表达对教师的重要性。但是在教育教学工作中，有的教师却忽视自己对良好语言习惯的养成和语言精准度的锤炼，不管上课下课，对于讲话这个关乎教育成败的大问题，根本不予重视，讲话前不做充分准备，讲话时信口开河，随性而言，结果严重影响了教育教学效果，甚至造成对学生心灵的严重伤害。所以教师口语表达中存在的问题，应该引起每一个有责任心、有上进心的教师的充分重视和极度关注。

一、失误成因

语言包括语音、语汇、语法三要素，而语音、语汇、语法又各成体系并各自有着严格的规范。在运用语言的过程中，有时会因为违反相关的语言规范而产生语病，如语音不准、语义不明、语法不当等。但在口语交际的过程中，语病不仅仅表现在运用语音、语汇、语法本身上，而是表现在更多的方面上。它往往是一个人的性格、修养、说话习惯、知识结构、思维方式等多方面的反映。所以，只从语言构成要素的角度，来分析教师口语语病显然是不够的，还应从语言运用的具体表现等多个方面来分析教师口语活动中存在的语言问题。分析这些问题的目的是为了更好地改正缺点、修正错误，使得我们的职业语言——教师口语更加规范，更加完美，更加符合职业的要求。

（一）口语表达原理的阐释

口语交际中说话的过程是一个复杂的过程。人们有了交际动机，要把自己的思想感情传达给对方，首先就要在储存于自己大脑的语言词汇库中选取恰当的词语，并按照一定的语义和语法规则把它们有机地编排起来，组成言语编码。在这一过程中，说话人要力求编码正确。编码完成之后，说话人要通过发送器把编好的言语编码发送出去。口语的发送器是肺、声带、舌头、口腔、鼻腔等发音器官。发音器官根据大脑的指令协调运动，发出声音。编码和发送过程就是说话人的口语表达过程，它们是密切联系的，不可能截然分开(除了只想不说)。多数情况下是一边编码一边发送，也就是我们通常所说的“边想边说”。这种“边想边说”的特点，决定了它不像书面表达那样，先写出来再把错误的地方或效果不好的地方改过来之后才发表出来。特别是由于在口语交际中，“言”与“思”都来的较快，又来不及精细加工，因此出现口语表达上的各种失误也在所难免。

（二）教师口语常见失误的成因

教师口语虽属口语范畴，但又不同于一般的口语，它是在教育教学实践中逐步形成的

符合教育教学需要、适应教育对象心理特征、遵循语言规律的一种职业专业用语。因为它是一种规范的、科学的、文明的口语表达方式，所以教师口语表达中存在的问题及其原因也就显得更加错综复杂。

首先，在言语编码的过程中，有的人因为语言（或知识）贫乏，或因为对语言表达不够重视，导致语言单调、语言表达不严密甚至无话可说；有的人虽然语言（或知识）并不贫乏，也能够认识语言表达的重要性，但因心里、情绪或经验等因素的干扰，使得思维混乱，原本可以很好表达的内容也变得断断续续、反反复复甚至语无伦次。

其次，在把言语编码发送出来的过程中，由于说话习惯、个人性格、道德修养等方面的原因，往往产生一些问题：有的人口齿不清，语调呆板；有的人说话啰里啰唆、并加有很多口头禅；有的人性格上属于“慢性子”，说话慢条斯理；有的人则是“急性子”，说话快如连珠；也有的人修养不够，随便说粗话和脏话。

以上种种情况，都会严重地影响教师口语的表达效果，所以必须根据具体情况，分析形成的原因，寻找解决的办法。

二、教学口语常见失误

“教师的语言修养，在很大程度上决定着学生在课堂上的脑力劳动的效率。”苏霍姆林斯基的经验之谈告诉我们，教师的教学效果和教育质量很大程度上取决于他的口语表达能力。准确、活泼、形象的语言，会使学生聚精会神、乐在其中，激发其想象力和创造性，收到很好的教学效果。而生涩难懂，语音不清，喋喋不休，单调乏味的语言，只能让学生昏昏欲睡，收获甚微。教师口语的特殊性和重要性，要求每一位合格的教师，必须重视课堂教学语言的运用，认真锤炼自己的语言。否则，就会出现以下问题。

（一）语言啰唆、重复、枯燥，缺乏吸引力

有些老师由于备课、上课时，不注意课堂语言衔接的起承转合，不注意自己语言的准确生动，认为只要把知识烂熟于心，就可以走上讲台，以致养成了如下不好的习惯。如大多数语句以“哦”“嗯”开头；频繁使用“我们知道……”“就是说……”“再一个”等词语；语句结尾都带上“是不是？”“对吧？”“你们说是吗？”等语句；担心学生听不清楚，每句话都重复两遍，如“我们今天讲三个问题，嗯，三个问题”。

要克服并改正以上问题，首先必须在授课前认真准备，反复锤炼语言。特别是年轻教师，可以把教案写成课堂实录，反复练习，不断修改，这样可避免语意不清、表达不准造成话语啰唆重复的毛病，养成良好的语言表达习惯。其次请同事多听自己的课，并指出自己的口头禅和语病，并将其写在备课本上，备课、授课时放在一旁，提醒自己克服。

（二）语速失调、失控，课堂效果差

年轻教师和急脾气的老师上课时往往出现讲话过快的现象。上课时说话过快，看起来滔滔不绝，口若悬河，但学生听课效果并不好。这是因为讲话过快，发送的信息频率太高，使听课人对接收的信息处理不迭，势必形成信息的脱漏、积压，导致信息传收活动的障碍甚至中止。而老年教师和性子慢的教师说话往往比较慢，如果过慢，不仅会浪费许多宝贵的教学时间，更坏的结果是导致学生精神涣散，降低听课的兴致与效果。

要克服这两种问题，讲话快的老师尽可能多听听学生的意见，如果是一般性的语速过快，就改变自己讲话的速度，讲课前提醒自己一个“慢”字；如果是备课时设计的知识点过多，担心讲不完造成语速过快，就要在备课时，讲究一个“精”字，关键是教给学生思考问题、解决问题的方法，这样就可以给自己节省讲话时间，自然放慢语速。讲话慢的老师也不要按照日常生活的语言习惯去讲课，要根据学生年龄和教学内容，确定最科学、最合理的讲话速度，提高学生的听课兴趣。

（三）音高音量不当，造成听觉疲劳

有些老师讲课，不注意音高音量的调节。有的声音过低，不能让每个学生都听见；有的声音过高，让人心情烦躁；有的声音过亮，让人感觉尖利、单薄，情味不浓。这些现象都容易造成听觉疲劳，从而导致学生精神涣散，精力不集中。这说明，声音的掌控能力虽然并不是教师技能的一个重要部分，但是一种不恰当、不好听的声音却很可能阻碍教师事业的成功。

怎样解决这个问题呢？首先要做到音高音量适中、字字有声，保证声音能清楚地传到教室最后一排；其次要从表情达意的角度调节音高音量，用声以中音区为主，少用高音共鸣，多用中音或低音共鸣，声音的响度和亮度，要在一定幅度内随表情达意的需要适度进行调节，做到高低适宜、和谐动听。达到捷克教育家夸美纽斯所说的效果：“一个能够动听的、明晰地教学的教师，他的声音就该像油一样浸入学生的心里，把知识一道带进去。”

（四）口齿不清，发音不准，造成知识传授的障碍

有些教师由于没有良好的语音基础和正确的发音习惯，造成讲课时不能口齿清楚地进行讲解，从而影响知识的传授。比如，有的教师因发音器官运动不到位造成的语音含混不清、表意不明；有的教师因语音发飘、不扎实，造成话语朦胧不清晰，使人听不明白；有的教师发音不准，造成歧义和语义表达的不准确。

要解决这些问题，首先要找准自己发不准的音，并认真纠正；其次经常大声朗读各种文体的文章，要求字音到位，字正腔圆；再次根据“清、准、快、连”的要求，由慢到快、由短到长的练习绕口令，达到吐字清楚，发音清晰的目的。

（五）思维混乱，造成语无伦次、语流不畅、语义不连、理解困难

有些老师，由于备课不充分，再加上没有很好的思维能力和字斟句酌的语言习惯，就容易形成下列问题：或讲话不顺畅，吞吞吐吐，时常有卡壳现象发生；或思维停滞，反应迟钝，讲了上句，不知下句，急不择语、言不达意；或语意杂乱，语意跳跃，让人不得要领；或语无伦次、颠三倒四，随意插说，不着边际，东拉西扯，说话跑题。

要解决这些问题，第一，一定要认真备课，明确自己的讲课思路和重难点，讲课前可以先写一个讲话提纲或先打好腹稿，讲课时尽可能想清楚了再说；第二，可录下自己的几次讲课内容，再用文字整理出来，检查一下毛病在哪里，以便不断改正；第三，可以多多进行朗读训练，增加语感；第四，可以多进行思维和即席讲话练习，提高思维素质和言语的瞬间组织能力；第五，可以在实践中有意进行应急反应训练，增强对动态语境的适应能力。

（六）话语干瘪、单调乏味，造成讲课枯燥无味

特级教师于漪曾经有这样一段话：“教师的语言要善于激趣，巧于启智。要用新鲜、

优美、风趣的语言步步引导，激发学生的求知兴趣，带领他们不断进入求知新境地。”但有些老师，由于缺乏语言积累，讲课时总是那几个词语翻来覆去地说，缺少新意；再加上不会运用同义词语的技巧和各种修辞表达方法，从而使表达不生动、不形象，使课堂像一潭死水，激不起学生一点儿兴趣和半点儿思维的涟漪，从而使课堂失去它应有的魅力。

解决办法，首先，每次讲课前，一定要反复进行语言表达训练，推敲语言的精准度，尽最大努力做到语言表达的准确、生动和形象，不断提升自己的语言能力；其次，多读、多写、多听、多说，增加自己的词汇量；最后，经常进行同义词反复的技巧练习，并尝试用多种修辞方式进行语言表达，来增强口语表达的丰富性。

（七）语调呆板单调、没有抑扬顿挫，缺少口语表达应有的表现力

语调不是字调，没有现成的、一成不变的公式。如果非要把千变万化的语调纳入某种简单的、刻板的语调公式中，那就无异于削足适履，使本来富有生命的语言变得毫无生气。有的老师，由于没有讲课的欲望和激情或多年来形成的怠惰的习惯，所以在讲课时，或总是一个调子，一个节奏，像一架毫无变化的刻板的时钟，让人昏昏欲睡；或拿腔使调，一个模式，没有内心感受，更谈不上语气和色彩，让人感觉言不由衷。

要解决这样的问题，首先，必须端正态度，要怀有一颗热心、一颗爱心，献身教育事业，从而调动自己的能力，激发自己的潜能，让自己全身心投入讲课中去，从而使自己的语气语调充满生命力；其次，可以通过朗读，练习语气、语调、节奏、重音等技能技巧的运用，使口语表达自然而富有变化；最后，学会根据教学内容和教学情境，调节自己的语气语调，从而增加语言的抑扬顿挫的变化，使自己的课堂充满吸引力。

（八）满堂灌、一言堂，导致学生失去探索知识的兴趣

蔡元培先生曾这样告诫我们：“我们教书，并不像注水入瓶一样，注满了就算完事。最重要的是引起学生的兴味。做教员的，不可一句句，或一字字的，都讲给学生听。最好使学生自己去研究，教员不讲也可以，等到学生实在不能用自己的力量了解功课时，才去帮助他。”但有些老师，备课时不考虑学生的实际水平和接受能力，采用老一套的教学模式，认为只要自己讲清楚了，学生就可以接受得很好，结果形成满堂灌、一言堂的吃力不讨好的局面。比如，有的老师采用目中无人讲授法，无提问，无启发，一讲到底；有的老师讲课时语气无间歇，话流似洪水，造成学生听力疲劳，使学生成为被动接受知识的容器，而不是学习的积极参与者，从而对学习失去兴趣。

解决这些问题的方法，首先是了解学生，掌握他们的知识水平和接受能力，在此基础上，深入理解教学内容，搞清楚哪些需要讲，哪些不需要讲，并使自己的语言表达简练、准确性、清晰，用启发性的语言，有的放矢的引导学生自己解决问题；其次讲课过程中，学会运用设问句、反问句及各种提问的方法，增加积极意义的师生互动，提高课堂趣味性。

（九）话语过重、伤人自尊，挫伤学生上进心

有些教师，对教学缺乏耐心，对学生缺乏爱心，因此，对教学中学生出现的问题，不能采取合理合适的解决方法，而是用斥责的语言，发泄自己的不满，以致造成对学生的伤害。比如，对思维慢、基础差的学生缺乏理解和同情心，出语欠思考，话语过重，说一些如“烦死了”“讨厌”“随你去”“去去去”“刚才说过了，怎么还问”的话；再如，对学生的不足片面评价,不会委婉地表达自己的看法,如"错得一塌糊涂""头脑简单、四肢发达"等;还有的讲脏话粗话,如"笨蛋""呆子""傻瓜""神经病""滚出去""去死吧"等。这些语言都会深深伤害学生的自尊心,使他们变得更加缺乏自信和上进心。

解决办法,第一,要尊重学生,把他们看作是自己的孩子、自己的朋友一样爱护和尊重;第二,要提高自身修养,多讲文明礼貌用语;第三,面对学生的错误一定要戒怒,多进行换位思考,替对方着想,如果我听了这话会怎样?第四,学习委婉语、暗示语的表达技巧,学会用冷静、平和的心态来面对学生错误,用亲切、启迪的言语指出学生的不足。

三、教育口语常见失误

课外教育用语是指教师在课外同学生谈心聊天儿、帮学生答疑、解惑或者批评、表扬学生等场合,解决学生思想问题使用的语言,它除了具有一般教师口语的特点外,还要更具艺术性。因为这是心灵与心灵的碰撞,情感与情感的沟通,所以也更需要付出真情和爱心,更需要讲究技巧和方法。陶行知先生在《陶行知教育名篇》中曾这样说过:"真教育是心心相印的活动,唯独从心里发出来的,才能打动到心的深处。"中国近代教育家陈鹤琴也说过:"无论什么人,受激励而改过是很容易的,受责骂而改过,比较不大容易,而小孩子尤其喜欢听好话,而不喜欢听恶言。"这进一步说明,教育学生除了了解和爱护学生外,还要懂得语言的艺术,才能达到好的教育效果。不尊重学生,不讲究说话方式,教育学生懂事成人只能是一句空话,甚至会适得其反,伤害学生的心灵,负面影响他的一生。所以教育口语出现的失误更是不容忽视。下面就简要列出教育口语中容易出现的失误,以便我们"有则改之,无则加勉"。

(一)语言粗暴,恶语伤人

俗话说:"金无足赤,人无完人",是人就会犯错误,更何况是正在成长的学生。但有些教师却不能正确对待学生的错误,他们不是耐心的说服教育,而是采用非常简单粗暴的方式解决问题。他们或斥骂学生:"你真是个老油条,总改不了你这德行!";或指责学生:"你这是流氓行为!你真岂有此理!";或埋怨学生"你真没志气,总是给班级抹黑";或挖苦学生:"你没长脑子吗?你简直不可救药!"等。这样不仅不能帮助学生解决问题,反而容易伤害他们的心灵,形成师生的敌对情绪,不利于教育教学工作的开展。那么,怎样让学生既心平气和地认识自己的错误,又以积极的心态改正错误呢?我们首先应该真心热爱学生,平等对待他们,这样才能和风细雨地跟学生交谈,而不会让那些粗暴、斥责的语言随便出口。其次应该提高自身修养,养成说话和气,谦和友好的习惯。正如英国教育家洛克在《教育漫话》中所说:"做导师的人自己更应该具有良好的教养,随人、随时、随地,都有适当的举止和礼貌。导师自己如果任情任性,那么教育儿童克制感情便是白费力气的;自己如果行为邪恶,举止无礼,则儿童的行为邪恶,举止无礼,也就无法改正。"

(二)语言生硬,态度冷漠

有的老师发现学生的问题时,不是心平气和地沟通,而是过分严厉训斥,让学生难以接受。比如,"你没有自尊心吗?""你怎么能做出这样的事呢?"还有的老师,在学生面前居高临下,盛气凌人,自以为是。比如,"看你个熊样儿,你怎么努力也甭想超过×××"。

"我要怕你,就不当这个老师了!""好!看看到底是你说了算,还是我说了算!"等。这些语言,都很难让学生心服口服地接受,达不到很好的教育效果。

印度诗人泰戈尔说:"不是棒槌的敲击,而是水的载歌载舞,才造就了靓丽的鹅卵石。"所以在教育学生的过程中,我们要做到不要过分苛责学生,对学生要多鼓励,少打击。说话态度要文雅谦逊,和颜悦色。要多用美好的语言欣赏学生,而不是用伤人的言语责骂学生,他们才会变得更加美好。

(三)语言直白,缺乏艺术性

有些老师在教育学生的过程中,不够含蓄,直来直去。比如,"我算服了你了,真拿你没办法!""这件事就是你的错!""全校再也找不出你这样的学生!"还有的教师对学生进行全盘否定。比如,"我看你是完了,啥也学不好,干脆回家算了"。这些打击性话语,不但起不到教育效果,反而会引起学生抵触情绪,甚至会引起学生反感,致使他们自暴自弃、破罐破摔。

苏霍姆林斯基在《给教师的100条建议》中这样说过:"在拟定教育性谈话内容的时候,你时刻也不能忘记,你施加影响的主要手段是语言,你是通过语言去打动学生的理智和心灵的。"这就要求我们做教师的在跟学生谈话时,要讲究技巧和策略,应该既有批评又有肯定,既有冷静的分析,又有热情的勉励和殷切的希望。语言要做到委婉、含蓄、富有启发性和启示性。

(四)讽刺挖苦,话语失实

有的老师在批评教育学生时,不是就事论事,而是夸大其词,冷嘲热讽。比如,"白吃了十几年饭,一点儿也不知害臊!""你多厉害啊,你比老师聪明多了!"还有的老师以偏概全,不恰当地跟别人作比较。比如,"你和某某同学相比,简直相差十万八千里!""你和某某某一样没出息!""你什么都不行,活着有什么意思?"这种说话方式,不注意学生承受程度,只能使学生感到委屈、内心不服,知错难改或知错不改。

所以我们教师在帮助教育学生时,讲话要注意实事求是,尊重事实,顾及学生自尊心,不能只看到一个人的缺点,也要看到每个人都有优点,批评时既要严肃认真,又要热情诚恳,措辞恰当又要有分寸,这样才能帮助学生树立信心,改正缺点。

(五)讲话不注意场合、地点

有的教师在批评教育学生时,不注意场合、地点,在大庭广众之下,指责学生的不足或不当之处,使学生感到难堪下不了台。比如"你这种做法太少教了!""这是 个学生该做的吗?"等。又如,对一般学生来说,办公室是很好的谈话地点,而对一些内向、胆小学生来说,到办公室见着老师就会紧张、害怕,谈话就不会有好的结果。那些比较调皮的学生,也不要一有过失,就叫到办公室训一顿,因为来多了,他也就习以为常,无所谓了,甚至还会产生对抗情绪,也不会有好的教育效果。

这些都说明,跟学生谈话要因人、因事、因地而异,要在尊重学生自尊心的基础上,尊重他的性格特点,才会取得好的效果。还有不管什么人,出现了错误都会紧张,所以尽量不要当众批评人。

（六）大声训斥、情绪失控

有些教师，只要发现学生的错处和失误，不问青红皂白，就开始大声训斥，试图以声音压人。比如，“谁干的好事，太不像话了，哪还像个学生的样子！”如果学生不服管教，有些教师就会情绪失控，说出一些不恰当的话。比如，“你这样下去，早晚得进监狱！”“早晚得跟你算账，你等着瞧！”“走，到校长办公室去！”这种说话方式，只会使学生产生对立不满情绪，很难接受批评和教诲。

所以，做教师的一定要清楚，要解决问题，首先要心平气和地调查研究，了解原因，这样才能“对症下药”，才能更好地让学生认识问题，改正错误。大声呵斥，只能激化矛盾，而无法解决问题。教育学生说话音高要适度，音量要根据情况适时调整，说话态度要耐心、诚恳，语言要文雅、真诚，这样学生才会认识不足，改正错误。正如苏霍姆林斯基说的那样：“教育的不文明的现象常常表现于，一位教育者在用语言跟学生打交道时，往往只有三个目的：允许、禁止、斥责。而一位教育行家在跟学生打交道时，却有许多目的，其中最常见的目的之一是阐述道德真理、概念、规范。”

（七）说教空洞、缺乏针对性

有些教师，不注意学习新的教育理念，教育学生就那么几个词语，不能与时俱进。如“要听老师的话，听家长的话。”“要好好学习，遵守纪律。”等。不管跟哪个学生谈话，就会讲那么几个大道理。比如，“现在不努力，老大徒伤悲。”“我们要为祖国而学习！”等。这种说教只能被学生当作耳旁风，起不到任何作用。

所以作为一名教师，首先必须成为时代的先锋，要跟上时代前进的步伐，勇于接受新知识和新事物，了解学生的所思所想，说出的话符合时代的特点，符合学生的心理需求，才能恰如其分地做好学生的教育工作。其次要学会有针对性地跟学生进行交流，能走进学生的内心，了解他们真正需要什么样的鼓励，什么样的监督和批评。

（八）揭人伤疤，不留面子

有些教师批评学生，不尊重学生的人格，嘲笑学生的生理缺陷。比如，“看你胖得跟猪似的！”“看你瘦得跟猴儿似的！”“你的公鸭嗓子真难听！”还有的教师歧视自己不喜欢的学生，让学生抬不起头。比如，“你一点儿不讨人喜欢！”“你真烦人！”“一块儿臭肉搅了一锅汤！”“几颗老鼠屎，带坏一锅粥！”等，这些语言都将极大地伤害学生的身心，造成恶劣的后果。

作为教师，必须有海一样博大的胸怀，能够尊重、包容每个人的个性及特点，只有这样才能在谈话时考虑到每个学生心理、生理的差异，避免言语伤人事件的发生。另外，还要学会公正对待每一个学生，只有从心里对所有学生一视同仁，才能在讲话中不对差生产生偏见，才会及时捕捉他们的“闪光点”，并适时鼓励、表扬，促使他们更快进步。

（九）讲话过于理性，缺乏感情色彩

特级教师于漪曾说过这样一段话：“教师的语言要深于传情，语言不是无情物，情是教育的根。教师的语言更是一个饱含深情。带着感情教，满怀深情说，所教的课，所讲的道理就能在学生中引起共鸣，从而师生心心相印。”有的教师在教育工作中，却不注意学生的情感需求，只是简单下命令，就像标语口号。比如，“教室里不许吃瓜子儿！”“必须把卫

生打扫干净!""不承认错误,不许回家!"等。

教育心理学研究表明,富有情感的话比单纯表达理论的话,更能收到好的教育教学效果。因此跟学生说话时,我们要用满面春风的语态,带有浓郁情味的话语,饱含激情的语气来引发学生的情感,使学生为之所感,为之所动,产生共鸣。苏联教育家加里宁说过:"教育不仅是科学的事业,而且是艺术的事业。"教师在教书育人过程中,只有在热爱学生的前提下,讲究谈话技巧,才能更有效地做好学生的教育工作,使他们健康、快乐地成长。

第五节　教师口语训练

一、应变语训练

指出下列事件中,班主任处世的失当之处,并重拟处理本事件的方案。

一天,六年级一个学生进教室关门时,因用力过猛震坏了门上的一块玻璃。班主任知道后,当着全班同学的面,严厉地批评道:"你怎么破坏公物?"

"我哪里破坏公物了?"学生把"破坏"二字说得很重,但是未等说完,老师抢着说:"破坏公物还想狡辩?"老师显然火了。

"我就是没破坏公物嘛,跟你说明一下,怎么是狡辩?"学生不服气地说。

"破坏了公物还强词夺理,你给我放老实点儿!"老师说着用手在讲桌上狠狠地拍了一下。

"你到底想把我怎样?"学生挑战似地说。

"你不承认错误,我开除你!"

学生听后气愤地走出教室。

二、谈话语训练

(1) 有位性格内向的学生在课堂上被指定背课文,他背得不流畅,结结巴巴,有些同学议论甚至嘲笑他,他很难过。下课后教师同他谈心,请设计一段话,给他以鼓励。

(2) 针对下列事件设计教育谈话并练说:(可以同桌两人一组,互换角色进行练习)

(1) 数学王老师提了一个问题,接连几个同学都回答不上来。李华自告奋勇地说:"我来!"站起来准确做了解答。王老师表扬了她,她得意地朝那几位答不上问题的同学撇嘴,课后还说:"和他们一个班听课,真是浪费时间……"作为老师,怎样让她认识到自己的不足?

(2) 班上有位同学守纪律、爱学习、讲卫生,对师长也很有礼貌,可就是不太关心同学,很有点儿独善其身的感觉。为了帮助他克服弱点。全面进步,班主任决定单独找他谈话。

(3) 有个学生经常不交作业,学习成绩很差,常和班里的同学打架。假如你是他的班主任,怎样对他进行批评教育?写出提纲,然后把想法说给班里同学听听,看谁的说法好。

三、评价语训练

(1) 有比较才有鉴别,才能找到规律,下面是几组不同的教师口语,请对其优劣作出恰当评价。

① 在一个整体学习水平不太高的班级——

教师a：我们班学习用功的人是不少，可“几块臭肉，搅了满锅汤”，总评分怎么能上得去呀？

教师b：甘心落后的学生是没有的。有的同学成绩不怎么好，可我相信那只是暂时的。加把劲儿，步子迈大点儿，就同大家齐头并进了！

② 一位性格内向的女生又考得很差——

教师a：你永远是倒数第一，真没出息！

教师b：你是用了功的，我知道。这次没考好，恐怕是方法不对，改进了学习方法，我相信你会考好的。

教师c：不要苦恼，咱们暂时不同别人比，同自己比。你比上次考得好，向前跨了一步了。要继续努力，老师和全班同学都会为你加油的！

③ 教师辅导一位反应迟钝的学生——

教师a：唉！我从没见过像你这么笨的学生！

教师b：还没听懂？不能急躁，来，休息几分钟，过会儿咱们准听得明白！

教师c：你想问题比别人慢，但只要你动脑筋在想，慢一点儿没关系。你知道龟兔赛跑的故事吧？后来谁胜了呢？

④ 一位敏感、自尊心很强的学生回答问题后——

教师a：颠三倒四的，讲了些什么呀？坐下，好好听别人讲！

教师b：我听出来了，讲出了一些思路，只是说得有些乱，请坐！我们再请一位同学把这个问题讲清楚。

⑤ 一位理解力强、成绩好的学生回答问题后——

教师a：回答得很不错，好，很好！请坐！

教师b：真聪明，脑子就是灵，老师问什么都难不倒，将来一定有出息！

教师c：他用几句话，就把问题说清楚了。不仔细看书，不认真思考，很难回答得这么好！

(2) 试比较两位老师批评学生的方式，说明为什么会产生两种不同的效果。

学校组织学生去春游。一个男孩儿乐得忘乎所以，忽然出队到马路中间跑了起来，差点儿让一辆摩托车撞着。一位老师看到后，气势汹汹地吼道：“你疯什么？多危险！撞着你，谁负责任！”男孩儿瞪了这位老师一眼，又飞快地从马路中央往后跑。这时，另一位老师匆忙走到男孩儿身边，温和地对他说：“晓东，太危险了，快回到队伍里来，拉着我的手。”男孩儿甜甜地一笑，顺从地回到队伍里。

第十章

公务口语

公务，即公事，关于公家或集体的事务。狭义是指国家机关的事务性工作；广义是指党政机关、群众团体、企事业单位等的事务性工作。公务口语是指国家机关、单位工作人员在公务活动中传递信息、协调沟通运用的有声语言工具。良好的公务口语表达能力能够阐明立场意见、化解分歧矛盾、加深情感互信、促进和谐共赢。

第一节　公务口语的分类及特点

一、公务口语的特点

公务口语作为特定语境中的职务口语表达活动，有其自身固有的特点。

（一）庄重性

公务口语是公务人员代表所在组织机构发声，是职务行为，要求语言端庄、格调郑重严肃。

1. 职务行为

公务口语是履行职责的活动，与工作人员的个人行为相对应，须围绕组织授权的信息传递目标，采用符合职务身份的表达策略和方式。

2. 用语规范

我国疆域广阔，民族众多，语言文字丰富多样。为使公务交流准确高效，必须有一种通用规范的公务用语。《中华人民共和国国家通用语言文字法》第二章第九条规定："国家机关以普通话和规范汉字为公务用语用字。法律另有规定的除外。"第十三条规定："提倡公共服务行业以普通话为服务用语。"

3. 文明礼貌

公务口语展现的是公务人员修养，代表的是组织形象，须使用文明礼貌用语，言语得体，语气语态、表情姿势等要符合公务活动礼仪要求。

（二）精准性

公务口语要清楚、准确、有效地表达出组织机构在相关公务活动中的原则立场和决议意见。

1. 恪守原则

公务口语必须坚持正确的政治立场，遵循党和国家的路线、方针、政策，遵守法律法规，符合社会公德和公序良俗。

2. 严谨准确

公务活动涉及各行各业，口语表达要遵照相关行业的专业规范要求，做到实事求是、逻辑缜密、条理清晰、权威可信。

3. 精简高效

传递信息是公务口语的主要任务，最高效率和最优效果是根本要求。因此，公务口语的表达要简练明了、及时有效。

（三）互动性

公务口语的信息传递大多是双向的、互动的。绝大部分工作是通过面对面的、直接性的口语交流来完成。即便是公开讲话、发言，也不是唱独角戏，发言人要随时观察听众反应，及时调整口语表达策略，如增加幽默元素或添加具体例证等，以求演说或发言内容能被听众理解和接受。

（四）应变性

公务口语在面对不同的工作对象、环境和语境时，需要随机应变地做出反应，最大限度地达到沟通协调的目的。

1. 情感应变

成功的公务口语表达，不仅要告之以事、晓之以理，更要动之以情，面对不同的场合、话题与对象，说话的感情色彩要与之相适应，准确充分地表达信息内涵。

2. 对象应变

对不同的工作对象，语气和风格也要随之发生变化。比如，对长者要尊重谦恭，对群众要亲切随和，对敌对势力要义正词严等。

3. 应急应变

在突发状况下，往往需要以创新的思维逻辑、迅捷的思维反应、宏阔的思维展开，做出急中生智、出奇制胜、周全得当的口才应对，巧妙化解挑战和矛盾，做到有礼有节。

公务口语例 1

（五）通俗性

公务口语遵循公共事务“以公众为本”的要求，讲话时朴实自然、形象生动，以求贴近人、感染人、打动人，引起共鸣。

1. 通俗易懂

公务口语要以大众化的群众语言为基础，口语化、接地气，深入浅出，雅俗共赏，便于接受和理解，引起共鸣。

2. 生动丰富

公务口语要有亲和力、感染力和说服力，要深入汲取群众语言的营养和古今中外的文

化精髓，在朴实自然的基础上，针对不同语境，使用适度的修辞、精辟的典故、时尚的流行语、形象的大白话等，增强语言的魅力。比如，习近平总书记的讲话中，既有“功崇惟志，业广惟勤”的用典，也有“蛮拼的”这种网络语言，还有“打铁还需自身硬”“撸起袖子加油干”这类大白话，巧妙地运用在不同语境中，起到了画龙点睛的作用，并成为人们津津乐道的流行语。

二、公务口语的分类

根据公务活动不同的工作要求和形式，可分为以下几类。

（一）按工作内容分

按工作内容分，可以分为公务接待口语、公务会谈口语、公务宴请口语和政府发言四类。

1. 公务接待口语

公务接待是指对来到本单位办理公务的访客给予恰当的礼遇并妥善处理相关公务，有临时接待和预约接待等形式。国内公务是指出席会议、考察调研、执行任务、学习交流、检查指导、请示汇报工作等活动。公务接待口语的主要特点如下。

(1) 礼节性。接待语言谦和真诚，文明礼貌、不卑不亢，兼顾来访人员及本组织机构的尊严和形象。

(2) 服务性。不论接待对象是上级、下属、来宾还是群众，不论接待事项是否棘手，都要以人为本，充分体现服务意识，以良好的服务态度进行沟通交流。

(3) 适应性。按照访客的身份、性格、职业和语言特点，选择适合的语言表达方式与对方交流。

(4) 机敏性。嘴要勤，尽快全面地了解对方的来意和相关背景信息，快速做好安排；对临时突发情况及时沟通协调；不越权讲话，重大敏感事项及时向上级汇报处置。

2. 公务会谈口语

公务会谈是公务人员为解决公务问题，使工作目标达成一致，以面对面的形式进行磋商、协调和思想交流的活动，公务会谈口语的主要特点如下。

(1) 尊重性。尊重对方，讲话文明礼貌。认真倾听对方讲话，不随意插话。

(2) 严谨性。按照授权将己方的立场和意见表达清楚，语言既要简练通俗、形象易懂，又要专业严谨，没有歧义。

(3) 情理性。公务会谈口语通过以理服人、以情感人，达到理解、和谐、共赢的目的。

(4) 应变性。根据会谈的进程和气氛，通过适时变换语气，插入幽默语言等方式，营造和谐的交流环境。对于分歧和矛盾，在坚持己方原则立场的情况下，诚恳、巧妙地进行表达，求同存异，寻求共赢。

3. 公务宴请口语

公务宴请活动是国家机关、社会机构出于公务目的安排的宴饮聚会，它是公务交往中常见的一种礼仪活动。通过宴请活动，达到讨论问题、酬谢祝贺、联络感情、增进友谊的目的。重要宴请活动中主客方会有提前准备的正式致辞，宴请活动中双方的口语交流则相对活泼轻松。公务宴请口语的主要特点如下。

（1）礼节性。使用文明礼貌用语。求同存异，回避双方的禁忌类话题。

（2）友好性。充分尊重来宾感受，与每一位来宾亲切交谈。热情、真挚地赞美对方，肯定双方增进情感与合作的基础及努力，对未来的友好合作表达出信心和愿景。

公务口语例 2

（3）活泼性。宴请是一种形式活泼的公务活动，宴会过程中，在坚持原则的基础上，可充分运用幽默、博雅、通俗、时尚等不同的话题内容，营造活泼欢快的气氛。

4. 政府发言

政府发言是政府负责人或发言人代表政府机构向其他机构团体、新闻媒体、人民群众等受众发布信息和言论。包括年度例行的工作报告发言、公告发言、会议发言、新闻发言，及专题会议发言等。政府发言的主要特点如下。

（1）权威性。严格按照组织授权内容进行发言，保证信息准确度和可信度。口语表达庄重沉稳、铿锵有力、口齿清楚、语句流畅。

（2）简要性。发言内容简明扼要，突出重点，逻辑清晰，避免重复啰唆、表述混乱和空洞无物。

公务口语例 3

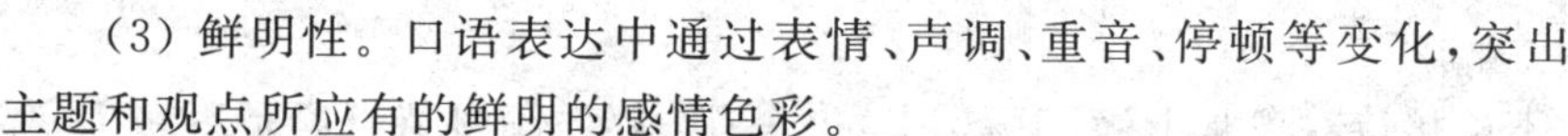

（3）鲜明性。口语表达中通过表情、声调、重音、停顿等变化，突出主题和观点所应有的鲜明的感情色彩。

（4）通俗性。避免生硬的官话套话、生僻的专业术语和艰涩的方言俚语，采用句子简短、解释性强的通俗易懂的普通话口语表达。

（二）按形式分

按形式分，可以分为临时口语和有备口语两类。

1. 临时口语

临时口语是在公务活动中对事先没有准备的问题进行协商或回答。临时口语是公务人员日常工作中最常运用的表达方式，如请示、汇报、协商、会谈、接待等，最能反映公务人员在思维反应、知识储备和口头表达等方面的能力。临时口语的主要特点如下。

（1）简短性。临时口语因没有充分准备的时间，一般不会长篇大论，而是简短明了。

公务口语例 4

（2）灵活性。临时口语的话题具有不可控性和随意性，涉及面广，语境复杂，需要灵活应对。

（3）务实性。临时口语针对的是临时问题，围绕问题的解释和解决而展开与结束，具有很强的针对性和实效性。

2. 有备口语

有备口语是在公务活动中实施口语表达之前，有较充分的准备时间，能进行必要的资料收集、整理、选择、运用，事先准备好发言的内容。如事先有计划安排的政府发言、新闻发言、会议讲话、工作汇报等。有备口语的主要特点如下。

(1) 得体性。有备口语一般用于较重要正式的场合，要求发言庄重，充分体现所代表组织机构的良好形象。

(2) 周密性。有备口语经过充分酝酿与准备，语言组织精确、逻辑关系严密、观点表述准确、鲜明。

(3) 口语化。有备口语是一种口语表达，不能组织成书面语稿件。要将所要表达的内容通俗化、口语化。

例如，习近平总书记系列重要讲话；国务院政府工作报告。

（三）按所代表的范围分

按所代表的范围分，可以分为代表个人发言和代表集体发言两类公务口语。

1. 代表个人发言

代表个人发言是以个人职务身份代表自身发表观点。如个人总结、汇报、会议发言等。代表个人发言突出自身职务特点，可以带有本人的个性化风格。

2. 代表集体发言

代表集体发言是代表所在组织机构及内设部门、组等集体身份发言。如政府发言、处室工作汇报、单位工作计划安排、公务会谈、代表部门的会议发言等。代表集体发言要体现所代表集体的意志，维护集体形象，要注意庄重得体。

第二节　公务口语的表达技巧

一、表述的技巧

（一）通俗的语言

公务口语要起到传情达意、言之有物、引起共鸣的作用，不能打官腔、说套话，要讲公众熟悉亲切的群众语言，充分运用“大白话”“网络语”。这也是对公务人员执政理念和自身水平的考验。

公务口语例 5

公务口语例 6

（二）简明的叙述

公务活动很多时候涉及阐明原则立场或公告事件真相，需要直接、简短、明了地叙述事情原委，表明观点、看法，句式多用陈述句，不隐藏模糊，不故弄玄虚。

公务口语例 7

（三）适当的修辞

在通俗易懂的前提下，在特定的语境中，公务口语要适度地运用修

辞手法，增强语言鲜明性、形象性，提高表现力和感染力，但不能烦冗堆砌、轻浮造作。常用的修辞格有比喻、排比、对偶、设问、反问等。

公务口语例 8

1. 比喻

比喻就是打比方，用本质不同又有相似点的事物描绘事物或说明道理。分明喻、暗喻和借喻三大类。

公务口语例 9

2. 排比

利用三个及以上结构相同（或相似）、语气相同、意思密切相关的句子或句子成分排列起来，达到加强语势、条理分明、节奏和谐、强化情感的效果。

公务口语例 10

3. 对偶

用字数相同、结构相似（或相同）、意义对称的一对短语或句子来表达两个相对或相近意思。

4. 设问

无疑而问，自问自答，以引起人们的注意和思考。常用于会谈、谈判、答记者问、讲话等场合。

公务口语例 11

5. 反问

反问是用疑问的形式表达确定的意思，以加重语气。反问只问不答，让听者从反问句中领会想要表达的意思。常用于会谈、谈判、答记者问等场合。

公务口语例 12

6. 用典

古典名句是中华文化长河中历经砥砺的智慧结晶，是传承中华民族优秀传统文化的经典载体。恰当地引用经典言论，能使讲话生动传神，寓意深邃，极具启迪意义。

（四）鲜明的情感

针对不同的语境和对象，通过表情、语调、语速、重音、停顿等方面的调整，充分表达出与信息内容一致的感情色彩。

公务口语例 13

二、沟通的技巧

（一）积极倾听

公务活动语境面对复杂的对象和诉求，学会倾听是良好交流的重要一环。有效的倾听需要用心和尊重。积极的倾听者要克制自己表达的冲动，以全神贯注的倾听引导说话者多讲话，使其能够充分表达想法、释放情绪；要有同理心，与对方换位思考，理解他的观点、情绪，而不先入为主地加入自己的批判；控制自己情绪化的反应，客观地分析对方话语中的合理性和关键点，与自身职责相结合，思考适当的回答方式和内容。

公务口语例 14

（二）“共同语言”

公务活动要面对形形色色的工作对象，他们的地域、性格、职业、学识各有差异，决定了他们对语言信息的要求是不同的。所以，在遵守公务口语基本原则的前提下，针对对象差异，见什么人说什么话是非常必要的。

1. 性格差异

通过对方动作、自我介绍、语速、表情等迅速判别性格类型。比如，豪放、粗犷的人喜欢听耿直、爽快的话，观点要鲜明，态度要尊敬而自然。而多疑、谨慎的人喜欢听耐心的、有理有据的话，每个观点都要用数据和事例讲得清清楚楚，态度要温和，不厌其烦。

2. 性别、年龄差异

一般来说，与男性交流多用直接、简明的语言，与女性交流则要相对温和、委婉一些。对于年轻人多采用亲切的、激励性强的语言，对中年人多采用平和的、理性的语言，对老年人则多采用尊重、协商的口吻。

3. 地域差异

针对不同地域的整体性格特点采用不同风格，如对于北方人可采用直率、坦白的态度，而南方人则要细腻、耐心一些。间或谈一下对方家乡的正面话题也有助于促进交流。

4. 职业差距

多了解不同职业的特点和相关专业知识，运用与对方专业关联较紧密的语言，可以增强信任度和认同感。

5. 文化差异

对文化程度较低的人要采用朴素、通俗的语言，多使用一些其身边的例子和数据。而对于文化程度较高的人，则可表达得相对文雅、专业一些。

（三）展开话题

会见、会议交谈一般为即席对话，没有事先准备。当与不熟悉的对象交谈时，常会遇到“不知从何说起”的尴尬局面。以下方法能够顺畅地开启和展开对话。

1. 开门见山

直截了当地正面提出话题，表明交谈目的、主要问题和探讨的重点，让双方快速进入交谈状态。常用于接待、咨询、访问、联系工作等场合。

2. 迂回入题

当会谈话题的分歧较大，对方持有抵触情绪的时候，可先谈些对方感兴趣的其他话题，消除对方的戒心，缩短心理距离，待时机成熟，再巧妙切入。常用于求助、劝谏、协商、谈判、处理矛盾时。

3. 即境入题

对于敏感性话题，或在对方缺乏沟通欲望的时候，巧妙利用谈话的自然环境、人文环境，创设出相关性的情境，借以打开话题。

（四）把握主题

会谈时经常会遇到话题偏离或跑题的情况，需要用自然礼貌的方法及时拉回正题。

1. 直接提醒

在对等会见、会谈中，或主持下级人员会议时，出现偏题、跑题现象，可以在对方讲话停顿的时候，直接礼貌地提醒，将谈话拉回到正题。比如，"对不起，请允许我打断一下，您讲得很好，不过我们还是探讨……问题，请谈谈您的意见"。

2. 巧妙纠偏

当参会人员长者、尊者发言跑题时，可利用眼神、姿势进行暗示，或主动为其沏茶低声提醒，或在其发言间隙、提问时主动接过话题，对当前话题进行简短评论后拉回到会谈主题上去。

公务口语例 15

（五）委婉表意

当遇到难以正面拒绝的问题，或进入僵局难以进展的话题，或要批评教育对方时，可用以下方法委婉地表达自己的意图。

1. 巧妙封堵

利用对方自己的逻辑判断否定其不合理的意见。

2. 答非所问

通过对双方共识方面的强调，或对对方在合作、优势方面的赞赏，将话题巧妙转移，从而表明自己的立场。

3. 以问表意

不用肯定句式，而采用问句形式，辅以关心、协商的语气和内容，会产生良好的批评说服效果。

公务口语例 16

公务口语例 17

公务口语例 18

（六）机智应变

在涉及处理矛盾、解决分歧、请求帮助等会谈活动中，有时需要将表达的意思借助语法、修辞、逻辑等手段进行加工，既维护自身尊严，又表明自身的善意，显示出文明而高雅的风度，从而赢得沟通的成功。

1. 语意巧解

同一个字、词或同一句话往往含有不同的意思，当遇到不友好或涉及保密性的问题时，可通过一词多解、有礼有节地予以化解。

公务口语例 19

2. 一针见血

在遇到涉及原则问题的恶意挑衅的时候，可直接指出相关事实公理，义正词严地予以回应。

公务口语例 20

3. 同义替代

汉语词汇丰富，同一个意思可选用不同的词表达，使意思变得委婉柔和。比如，下属工作出现差错，如果不是重大原则问题，批评时不一定用“错误”这个词，用“失误”代替，就使语义变轻，容易被同志接受。

4. 模糊分歧

在公务活动中，模糊分歧、明确共识往往能体现出求同存异、大气包容的格局，而形成合作共赢的良好局面。

公务口语例 21

（七）礼貌得体

礼仪是公务口语的基本要求。说话时要使用敬语尊称、礼貌用语，坚决杜绝低级、庸俗、粗鄙的语言。在与人交谈时不随意插话，确需插话时需要礼貌地请对方原谅和允许，如“对不起，请允许打断您一下，……”得到同意后再陈述自己的看法。在会谈中要充分尊重对方，回避对方在隐私、职业、风俗习惯等方面的禁忌话题。

第三节 公务口语常见失误及应变策略

一、倾听障碍

公务活动时出现假倾听，或自恋式倾听，将自己摆在高人一等的位置上，总拿自己和对方比较，随意打断、批判对方讲话；或应付式倾听，对讲话者和讲话内容漠不关心，只在表面敷衍对方，思想早开了小差；或选择性倾听，只对中意的或感兴趣的内容认真倾听和回应，其他问题置之不理。

应变策略：①强化服务意识，尊重工作对象；②集中注意力倾听；③少说话，更不要插话；④不过早进行评判或评论。

二、话不对题

讲话语气和内容与公务活动性质不相符。比如，在答记者问中发表诗情画意的长篇大论，或在宴请致辞时使用简短严肃的辞令。

应变策略：①及时调整发言策略；②参照以往的优秀发言。

三、官话套话

无论和谁打交道，一张嘴就官衙气、文件腔，说话没有内涵，不接地气。

例如，一位地方领导到农村调研，问一位老大爷：“老先生，今年咱们这个地方的GDP是多少啊?”老大爷一脸茫然：“GDP是啥东西呀?”

应变策略：①讲群众语言；②虚心向群众学习讲话；③将专业名词通过比喻等方法转为群众听得懂的语言。比如，“GDP”可以这样问：“咱们村所有人一年满打满算能挣多少钱啊？”

四、言不及义

公务口语语料组织偏离主题，措辞不当，词不达意，讲不到点上，听不懂。有的啰唆不清、逻辑混乱；有的简单空洞，言之无物；有的东拉西扯，不知所云。

应变策略：①重新组织并精选有用语料，突出重点，尽量简洁；②进行精确周密的逻辑排列；③运用通俗的语言，避免方言俚语和生僻词汇。专业名词可进行必要的解释。

五、感情失位或错位

语言表达缺少表情和语气变化，读稿讲话像“机器人”，毫无感情色彩，甚至在某些语境下出现感情错位，如在悲伤的语境下用轻松活泼的语调发言等。

应变策略：①全身心投入语境氛围，提高表现力；②换位思考，切实体会听众或讲话涉及对象的感情和感受。

六、发言卡壳

在脱稿讲话或即时发言时，突然出现忘词或思维“断片”。

应变策略：①重要讲话或发言一定提前准备讲稿，会议发言养成列提纲的习惯；②脱稿讲话忘词可自然停顿，浏览一下讲稿继续讲话；③即时发言情况下可减缓语速，或通过喝水等暂停发言，迅速重新组织词句，但一定要准确表达意图，切勿东拼西凑。

第四节　公务口语训练

按照上文所讲的公务口语的有关要求，模仿相关会务活动场景，参照例子撰写发言稿并发言，或进行现场即时发言交流，模拟发言结束后参训成员要进行互评，再由老师点评，查找不足，提高发言稿撰写能力和发言水平。

一、有备口语场景模拟

1. 政府发言

搜集资料，撰写学校或班级年度工作报告，并进行宣读。

2. 会议发言

模拟组织一个会议，确立会议主题，可以是一个或多个议题，撰写会议主题或专题发言稿，并进行发言。可参照下列会议议题：

(1) 如何管理上课使用手机。

(2) 志愿者服务活动动员。

(3) 勤工助学工资标准制订。

(4) 庆祝国庆节。

（5）开展书香校园活动。

3. 宴请致辞

模拟庆祝宴会、欢迎宴会、送别宴会，撰写宴会致辞并讲话。

4. 工作总结

模拟年度考核会议，撰写个人年度总结，并进行述职发言。

二、临时口语场景模拟

1. 模拟记者招待会问答

模拟一个记者招待会现场，大家轮流扮演新闻发言人和记者，就学校和班级事务，进行现场问答。

2. 模拟公务接待

模拟组织大型会议、业务培训、参观学习、上级视察、群众来访等不同类型的公务活动场景，大家轮流扮演接待人员和来宾，进行接待交流。

3. 模拟公务会谈

参与训练人员分成两组，模拟共建网店、组建考研学习小组、调整宿舍、争取活动赞助等场景，进行会谈。

4. 模拟应变场景

（1）会议马上进行，而会议室被占用了，作为会议具体组织者，你怎么和会议室管理人员协调？怎么向上级汇报？怎么向参会人员说明情况？先后顺序是什么？

（2）你参加一个国际学科竞赛，有人说：你的学校层次太低，是来垫底的吧？如何回应？

（3）你选择的学业导师对你很关心，经常亲自指导你做实验、写论文，生活上也很关心你。但是有一位新老师刚好来自你准备考研的学校，你想换这位新老师做学业导师，如何向原来的老师说？

（4）你在进行大学生创业讨论会发言时，突然被人打断，认为你的创业想法不切实际，没有实践价值，你将如何进行后续发言？

（5）你为宣传学院而开展了一次社团活动，借用学院摄像设备超期一个月，还设备时受到老师批评，你如何回应？

参考文献

[1] Michael McCarhty.口语与应用语言学[M].北京：世界图书出版公司，剑桥大学出版社，2006.
[2] 史宝辉，李健，孙亚.语言交际研究与应用[M].北京：社会科学文献出版社，2007.
[3] 何自然.认知语用学——言语交际的认知研究[M].上海：上海外语教育出版社，2006.
[4] 何自然，冉永平.新编语用学概论[M].北京：北京大学出版社，2009.
[5] 孙汝建.口语交际理论与技巧[M].北京：中国轻工业出版社，2007.
[6] 桂诗春，宁春岩.语言学方法论[M].北京：外语教学与研究出版社，1997.
[7] 刘虹.会话结构分析[M].北京：北京大学出版社，2004.
[8] 刘艳春.语言交际概论[M].北京：北京大学出版社，2007.
[9] 金幼华.实用口语技能训练——大学生汉语口语能力培养教程[M].杭州：浙江大学出版社，2006.
[10] 刘金星.语言技能　强化技能[M].北京：人民教育出版社，2001.
[11] 黄伯荣，廖序东.现代汉语(增订五版)[M].北京：高等教育出版社，2012.
[12] 邢福义.现代汉语[M].北京：高等教育出版社，1991.
[13] 张子泉.普通话教程[M].北京：清华大学出版社，2005.
[14] 毛世桢.新编普通话教程[M].上海：华东师范大学出版社，2007.
[15] 宋欣桥.普通话语音训练教程[M].长春：吉林人民出版社，1993.
[16] 熊伟，林志雄.普通话口语教程[M].上海：同济大学出版社，2007.
[17] 邓天杰.普通话教程[M].北京：清华大学出版社，2007.
[18] 国家语言文字工作委员会普通话培训测试中心.普通话水平测试实施纲要[M].北京：商务印书馆，2004.
[19] 姜岚.普通话水平测试理论与实践[M].上海：上海辞书出版社，2004.
[20] 徐恒.播音发声学[M].北京：广播学院出版社，2000.
[21] 彭莉佳.教师嗓音训练及保健[M].上海：华东师范大学出版社，2012.
[22] 王璐.播音员主持人训练手册[M].北京：北京广播学院出版社，1998.
[23] 吴弘毅.实用播音教程 第1册　普通话语音和播音发声[M].北京：北京广播学院出版社，2002.
[24] 王峥.语音发声科学训练[M].北京：中国传媒大学出版社，2014.
[25] 赵俐，李昕.实用口语表达与播音主持[M].北京：中国传媒大学出版社，2009.
[26] 张颂.中国播音学(修订版)[M].北京：中国传媒大学出版社，2003.
[27] 刘焕阳.普通话与教师口语艺术[M].北京：高等教育出版社，2010.
[28] 彭红.交际口才与礼仪[M].上海：华东师范大学出版社，2007.
[29] 李杰群.非言语交际[M].北京：北京大学出版社，2002.
[30] [澳]阿伦·皮斯.身体语言[M].贾宗谊，卢爱君，译.北京：新华出版社，2002.
[31] 张颂.朗读学[M].北京：北京广播学院出版社，1999.
[32] 曾致.朗诵艺术指要[M].北京：中国传媒大学出版社，2007.
[33] 罗莉.文艺作品演播[M].北京：北京广播学院出版社，1996.
[34] 邵守义，谢盛圻，高振远.演讲学教程[M].北京：高等教育出版社，1993.
[35] 邵守义.演讲训练教程[M].长春：吉林人民出版社，2005.
[36] 张韬，施春华，尹凤芝.沟通与演讲[M].北京：清华大学出版社，2005.
[37] 颜永平，杨赛.演讲与口才教程[M].上海：华东师范大学出版社，2012.

[38] [苏]Г.З.阿普列相.演讲艺术[M].赵文元,臧之权,译.长春：东北师范大学出版社,1987.

[39] 李元授,邹昆山.演讲学[M].武汉：华中科技大学出版社,2003.

[40] 曹可凡,王群.节目主持人语言艺术[M].上海：上海人民出版社,2005.

[41] 梁国智.广播电视节目主持技巧与艺术实用全书[M].合肥：安徽文化音像出版社,2004.

[42] 吴郁.主持人思维与语言能力训练路径[M].北京：中国广播电视出版社,2005.

[43] 徐莉,毕凤飞.主持人口语表达艺术[M].北京：中国广播电视出版社,2003.

[44] 陈竹.节目主持人实用口语训练教程[M].杭州：浙江大学出版社,2006.

[45] 应天常,王婷.主持人即兴口语训练[M].北京：中国传媒大学出版社,2009.

[46] 鲁景超.语言学与应用语言学书系：广播电视即兴口语表达[M].北京：中国传媒大学出版社,2005.

[47] 廖礼平.口语表达艺术面面观[M].南京：东南大学出版社,2002.

[48] 中国广播电视学会节目主持人委员会.主持人技艺训练教程[M].武汉：武汉大学出版社,2003.

[49] 广播影视业务教育培训丛书编写组.广播电视播音主持业务[M].北京：中国国际广播出版社,2009.

[50] 郭千水.实用口才训练教程[M].2版.北京：清华大学出版社,2008.

[51] 任莉.语言训练与修养[M].长沙：湖南师范大学出版社,2008.

[52] 潘桂云.口才艺术[M].北京：旅游教育出版社,2006.

[53] 张浩.新编会议文书写作培训教程[M].北京：海潮出版社,2014.

[54] 许迅.语言实践教程[M].2版.南京：南京师范大学出版社,2014.

[55] 国家教育委员会师范教育司组.教师口语训练手册(试用本)[M].北京：北京师范大学出版社,1994.

[56] 国家教育委员会师范教育司组.教师口语训练手册[M].北京：北京师范大学出版,1999.

[57] 傅惠钧.教师口语艺术[M].杭州：浙江教育出版社,1999.

[58] 傅惠钧.论教师口语风格的形成[J].浙江师范大学学报(社会科学版),1999(1)：113-117.

[59] 程培元.教师口语教程[M].北京：高等教育出版社,2004.

[60] 罗明东.教师口语技能[M].昆明：云南大学出版社,2007.

[61] 翟雅丽.教师口语技巧[M].广州：暨南大学出版社,2001.

[62] 唐树芝.教师口语技能[M].长沙：湖南师范大学出版社,2000.

[63] 罗明东,崔梅,单春樱,等.教师口语技能训练教程[M].昆明：云南大学出版社,2007.

[64] 杨秋泽.教师口语[M].济南：齐鲁书社,2000.

[65] 茅海燕,罗立新.教师言语表达学[M].合肥：中国科学技术大学出版社,2006.

[66] 程翔.语文课堂教学的研究与实践[M].北京：语文出版社,1999.

[67] 朱昌元.名师课堂教学实录[M].杭州：浙江教育出版社,2003.

[68] 陈国安,王海燕,朱全明,等.新编教师口语[M].上海：华东师范大学出版社,2007.

[69] 秦海燕.教师口语训练教程[M].济南：山东人民出版社,2008.

[70] 燕国材.非智力因素与学习[M].上海：上海教育出版社,2006.

[71] 李山林.语文课程与教学论案例教程[M].长沙：湖南师范大学出版社,2006.

[72] 覃祚胜.讲授语言艺术[M].桂林：广西师范大学出版社,1989.

[73] 李继珍.课堂结课艺术例析[J].小学教学研究,2007(6)：17.

[74] 李霞.浅谈中学历史课堂结课艺术[J].科技信息(学术研究),2007(30)：593.

[75] 池玉明.如何设计生物课堂结束语[J].山东教育,2005(29)：41-42.

[76] 郭启明,赵林森.教师语言艺术(修订本)[M].北京：语文出版社,1998.

[77] 王汉澜. 教育评价学[M]. 郑州：河南大学出版社，1999 年.
[78] 王希杰. 修辞学通论[M]. 南京：南京大学出版社，1996.
[79] 王铎全. 名师授课录(中学历史)[M]. 上海：上海教育出版社，1993.
[80] 袁微子. 袁微子小学语文教学记集[M]. 杭州：浙江教育出版社，1992.
[81] 贺阳. 公关语言学[M]. 北京：中国人民大学出版社，2005.
[82] 马志强. 语言交际艺术[M]. 北京：中国社会科学出版社，2006.
[83] 张鸿苓. 言语交际指津[M]. 北京：语文出版社，2000.
[84] 徐秋英. 公关口语[M]. 北京：中国经济出版社，2008.
[85] 黎运汉. 公关语言学[M]. 广州：暨南大学出版社，2004.
[86] 金幼华. 实用口语技能训练——大学生汉语口语能力培养教程[M]. 杭州：浙江大学出版社，2006.
[87] 龙长权，张婷. 沟通心理学[M]. 重庆：西南师范大学出版社，2014.
[88] 李珉. 普通话口语交际[M]. 北京：高等教育出版社，2003.
[89] 曹顺庆. 新视野大学语文[M]. 北京：北京大学出版社，2015.